21世紀への挑戦 2

グローバル化・金融危機・地域再生

伊藤正直・藤井史朗
［編］

日本経済評論社

21世紀への挑戦 2

グローバル化・金融危機・地域再生

目次

序章　問題の所在と課題の設定　伊藤　正直　1
はじめに／グローバル化をどうみるか／金融危機をどうみるか／地域経済をどうみるか／本書の構成と各論文の概要

第Ⅰ部　金融・経済危機と世界経済の動向

第1章　グローバル化と金融危機の三〇年　増田　正人　27
はじめに　27
1　世界経済の不均衡の拡大とグローバル経済化　28
2　金融危機の頻発化と国際金融システム　36
3　グローバル経済の進展とサブプライム危機　44
おわりに　52

第2章　世界経済の編成原理はどう変わってきたか　矢後　和彦　57
——国際金融機関の論争史

はじめに――国際金融機関における理論・学説と政策展開　57
1　第二次大戦後の国際通貨体制と国際金融機関　59
2　一九七〇年代から九〇年代へ――「無言の革命」　65
3　マクロ・プルーデンスと「BIS view」　71
おわりに――それは「新自由主義」だったか　75

第3章　一国経済と国際経済のつながり　菊池　孝美　83
――EUを中心に
はじめに　83
1　新自由主義と欧州統合の再出発　85
2　冷戦の終焉とグローバル化の本格的展開　92
おわりに　102

第Ⅱ部　金融・経済危機と日本経済の対応

第4章　戦後最大の経済危機とマクロ経済政策　岡田　知弘　115
はじめに　115
1　「グローバル国家」型経済政策の形成と展開　116
2　「グローバル国家」型経済政策の帰結　126
おわりに――民主党政権下での経済政策の動揺　136

第5章　変貌する産業構造　植田　浩史　143
はじめに――バブル経済崩壊とグローバル経済の変化　143
1　産業構造の変化　146
2　中小企業の減少と地域経済　158
3　日本的下請システムと産業集積の変貌　163
おわりに　169

第6章　日本農業の存続方策　加瀬和俊　173
――「国際競争力」についての考察を中心に
はじめに　173
1　農業の国際競争力とは？　174
2　農業の展望をめぐる諸論　180
3　政策についての考え方――所得補償政策を中心に　186
4　日本漁業の場合――農業との共通点と異質点を念頭において　189
おわりに　198

第Ⅲ部　地域経済再生への展望

第7章　グローカル展開に活路を見出す大田区モノづくり産業　山田伸顯　203
はじめに　203
1　日本産業の強みと大田区のモノづくり　206
2　グローバル展開に向かう大田区中小製造業　213
3　イノベーションと広域連携による産業再生へ　222

第8章　危機下の地域社会と再生の展望
――浜松を事例に

藤井　史朗・西原　純　235

はじめに　235
1　浜松のリーディング産業と進化――浜松はこれまでどのように危機をくぐりぬけて来たか　237
2　一九八〇年代以降の浜松における製造業の位置変化――第五の危機と産業構造の変化　246
3　楽器技術にみる浜松の産業イノベーションの実態――危機からの再生　254
4　浜松製造業へのグローバリゼーション・不況の影響と再生の展望　258
おわりに　266

編者・執筆者紹介　272

序章　問題の所在と課題の設定

伊藤　正直

はじめに

本書のキー・ワードは、タイトルの通り、グローバル化、金融危機、地域経済である。一九七〇年代初頭の二つの危機、通貨危機と石油危機は、それまでの調整可能な固定相場制としてのＩＭＦ体制を崩壊させたが、これを画期として、戦後資本主義世界経済とくに先進資本主義諸国の安定的持続的高度成長は終焉した。そして、この高度成長の終焉のなかで、それまでの先進国経済の成長と安定を支えてきたとされるケインズ的総需要管理政策への批判が噴出し、以後四〇年近くにわたって、マネタリズム、サプライサイダーズ、合理的期待といった反ケインズ主義経済理論が、先進国経済政策における政策理念の基礎、政策イデオロギーの基礎に置かれるようになった。

一九七九年からのサッチャリズム、八一年からのレーガノミックス、同じく八一年からの中曽根臨調・行革は、その内部にかなりの差異を含みながらも、いずれも、小さな政府、規制緩和、民間活力、効率性と合理性などをスローガンとして、「官」に対する「民」の優位、「政府の失敗」に対する「市場の規律付け」の優位を強調した。一九八〇年代後半の一連の東欧革命とソ連崩壊、中国、ベトナムにおける社会主義市場経済、ドイモイの推進も、経済計画や政府の役割に対する市場の優位を示しているようにみえた。この間、一九八二年の中南米危機、九〇年代初頭の北欧金融危機、九七年のアジア通貨金融危機と一連の国際金融危機が連続的に発生したが、そこで主張されていたのも、やはり、市場化の不徹底、身内資本主義という不完全・不健全なシステムこそが危機を引き起こしたというものであった。

しかし、二〇〇八年九月に勃発したリーマンショックは、こうした見方に強烈な反省を迫るものとなった。もっとも市場規律が働き、効率的で合理的な市場であるはずのアメリカにおいて、激しい金融危機が発現したからである。そして、この金融危機に際して、アメリカが実施した危機対策は、それまでアメリカやＩＭＦが強く批判してきたもの、そのものであった。しかも、間違っていると批判してきた対応策が、規模を拡大したり基準を緩めたりして実施されたのである。二〇〇八年から二〇〇九年にかけて、預金封鎖、銀行休業にはじまり、救済融資、公的資金の投入、国有化、合併、不良資産管理会社の設立、預金保険、財政援助、時価主義会計の一時凍結等々が次々に実施されていったのは、まだ記憶に新しい。

このアメリカ金融危機が世界に波及して世界金融危機となり、さらにそれらの地域での実体経済の悪化が進行した。そうしたなかで、この事態に国際的に対処すべきであるという主張が急速に広がり、IMFやOECDの場でも検討が始められた。ただし、検討の中心となったのは、それまでとは異なってG20＝金融サミットであった。それまでは、国際金融問題といえば、先進国財務相・中央銀行総裁会議、いわゆるG5、G7、G8といった場で検討されることがほとんどであった。英、米、仏、独、日の五カ国、あるいはこれに加、伊を加えた七カ国、あるいはさらにこれに露を加えた八カ国、最近ではこれに中国が加わった財務相・中央銀行総裁による会議である。しかし、G20は、こうした主要国だけでなく、ブラジル、インド、サウジアラビア、南アフリカ共和国など、いわゆる新興工業国、中東、南米、アフリカの各国も加わった二〇カ国会議として開催されたことに特徴があった。

このG20は、これまで、二〇〇八年一一月一四、一五日ワシントンDCでの第一回に始まり、二〇一〇年一一月一一、一二日ソウルでの第五回まで五回開催されたが、各国の主張はなかなか一致しなかった。とりわけ、「まず財政支出を拡大して景気回復を図るべきである」というアメリカの主張と、「まず金融規制を強化して、金融システムの安定を図るべきである」というフランス、ドイツなどヨーロッパの主張の対立がめだち、この対立は、二〇一一年の夏時点でも完全には解消していない。ここでは、市場原理主義への批判が登場し、政府の役割についての見直しが行われ、脱規制（de-regulation）から再規制（re-regulation）への転換が、ようやく始まったかのようにみえる。

だが、ことがらはそれほど単純ではない。一九八〇年代から急速に進行した世界経済のグローバル化の歯車は、リーマンショックによってその向きを反転させただろうか。脱規制から再規制への転換は、市場経済の世界的浸透と拡大を押しとどめただろうか。答えは、いずれも否定的である。確かに、グローバリズムというイデオロギーは存在するし、市場主義というイデオロギーも存在する。しかし、いうまでもないが、グローバリズムとグローバル化は同じものではない。市場主義と市場化もそうである。イデオロギーに対する批判と、進行しているグローバル化、市場化とは、安易に同置できない。グローバル化、市場化は、それ自体としては、直ちにはイデオロギーではないからである。

では、その進行そのものは、価値中立的な客観的過程なのか、といえば、それも正しくないだろう。現実の市場や国際関係は、アトム化された経済主体によって、フラットに構成されている訳ではないからである。グローバル化、金融危機、地域経済をどのように捉えたらいいのだろうか。以下、この点を簡単に鳥瞰することで、第1章以下の各論文の導入としたい。

グローバル化をどうみるか

一九八〇年代以来、急激に進行した経済のグローバル化をどのようにとらえるのかについては、現在でも鋭い見解の対立がある。一方の代表的な見方は、開かれた競争的なグローバル市場の拡大は、貿易や対外投資を増大させ、技術移転を容易にし、雇用機会を拡大することを通して、経済成長と人間の前進を可能にする、というものである。グローバル市場拡大のプロセスで、モノやサービスの交流が拡大し、非効率な部分が縮小し、全体の経済厚生が上昇するという見方である。開発経済学におけるトリックルダウン理論（雨だれ理論）もこの一種である。大企業や社会的上層が初発的利益を得たとしても、その余滴が雨だれのように中小企業や社会的下層にも落ちていって、全体として豊かになっていくという考え方である。アメリカ財務省、ＩＭＦ・世界銀行などの国際機関、多国籍銀行などの見解であり、ワシントン・コンセンサス、ポスト・ワシントン・コンセンサスなどと呼ばれている。

この見方に対しては、当然ながら、これまで厳しい批判がなされてきた。世界経済フォーラム（ダボス会議）に対抗して開かれた世界社会フォーラムにおける主張がその代表的なものである。世界社会フォーラムは、これまで二〇〇一年第一回のポルトアレグレ（ブラジル）に始まり、ムンバイ（インド）、ナイロビ（ケニア）などで開催されてきた。そこでの批判は多様で、批判の中身も一枚岩ではないが、現在進行しているグローバル化は先進国及び先進国企業による形を変えた植民地支配である、という点は、ほぼ共有されているといってよい。グローバル化が進むことによって、地域経済が破壊され、自立的な地域経済循環が分断され、先進国経済と線で結ばれることによって社会秩序が崩壊していく。豊かな者と貧しい者の格差が広がり、貧困が増加し、最終的には難民が多数発生し、暴力や自然破壊によって社会そのものが壊されていく。したがって、必要なことは、グローバル化の勢いをとにかく力ずくでもいいから止めることだ、というのである。

実際、最も豊かな国々に住む人々（最富裕五カ国）と最も貧しい国々に住む人々（下位五分の一カ国）の所得差は、一九五〇年の三五対一から、七三年には四四対一、九二年には七二対一となった。一八二〇年の格差が約三対一、一八七〇年が七対一、一九一三年が一一対一であったから、この二百年の間、国家間の経済格差、経済的不平等は、持続的に拡大してきたことになる（UNDP、一九九九）。もちろん、この二百年の間、先進国と後進国が完全に固定されていたわけではなかった。日本や南欧、中南米諸国、アジアNIESやASEANなど、先進国に追いつき追い越せの成長を遂げてきた国もあり、一八二〇年の最富裕五カ国と、一九九二年の最富裕五カ国は、すべてが入れ替わっている。

国家間だけではない。先進諸国でも、新興工業国でも、開発途上国でも、国内の階層間格差が、一九八〇年代以降劇的に進行した。OECD諸国をとってみると、ドイツとイタリアを例外として、ほとんどすべての国で、賃金の不平等が拡大した。ラテンアメリカ諸国では、一九七〇年代には所得分配の不平等がいったんは縮小したものの、八二年の中南米危機以降、短期間で不平等が再び拡大し、九〇年代の域内ジニ係数（〇が完全平等、一が完全不平等）は〇・五八ときわめて高い水準に固定されたままである。市場経済への移行を進めた東欧、CIS諸国でも九〇年代半ばまでの一〇年足らずで、ジニ係数は、平均〇・二五〜〇・二八から〇・三五〜〇・三八へと大幅に上昇した。この点からみれば、世界社会フォーラムの主張は、おおむね正しいように見える。

だが、この両者のどちらにも立たない主張も存在する。問題はグローバリゼーションそのものにあるのではなくそれをどのように進めるのかにあり、経済と社会についての特定の観念によってつくられた偏狭な思考パターン、すなわちワシントン・コンセンサスに見られるような偏狭な見方が事態を悪化させている、といった主張である。この主張の代表者は、かつて世界銀行の副総裁であり、二〇

○一年に「情報の経済学」についての功績でノーベル経済学賞を受賞したスティグリッツ（J. Stigliz）である。

彼は、「(グローバル化は）イデオロギーの問題ではなく、経済発展の中で不可避的に進行していくものである。多国籍企業の個別的な強欲だけがグローバル化を促進しているのではない。システムそのものが、そういう段階に発展していくのだ」と把握する。ここから、「より貧しい人々、貧しい国々、被支配層にとって、出来る限り矛盾がないようにグローバル化を進めていくべきである」、「主流派の考え方はひとつの先進国支配層イデオロギーであり、反主流派の見方も被支配層イデオロギーである。共に、経済と社会の在り方についての特定の観念によって作られた、観念先行の思考パターンが生み出したイデオロギー的理解だ」という両者への批判が出てくる。

このように異なった見方が並立しているグローバル化をどう捉えたらいいのであろうか。グローバル化を、資本・労働・商品・情報の国境を超えた移動の増加にともなう世界各地の相互依存の深化と捉えるとすれば、一九八〇年代以降にとどまらず、一六世紀および一九世紀にも、その大きな波が存在した。これらの大きな波と今日のグローバル化とでは、どこが同じでどこが異なっているのか。相違点を検出してみると、次の三点を指摘することができる。

第一は、グローバル化が、先進国、ないし先進国企業、あるいはＩＭＦに代表される国際機関の主導によって促進されて来たことである。国民経済の枠組みを超えた資本市場・商品市場・労働市場の国際的再編と再配置は階層性を伴っており、今までのところ、先進諸国や多国籍企業の意向に反する形では進んでいないようにみえる。とくに、非先進国における経済状況の悪化や、その克服のための負担を誰が負うのかをめぐって、世界は鋭く対立している。

第二に、グローバル化推進の基礎に、「アングロサクソン的新自由主義」という思考様式が強力に存在することである。新自由主義という言葉は、しばしば安易に使われるが、歴史をひもとけば、フランスにおける自由主義、ドイツにおける自由主義、非ヨーロッパ世界の自由主義など、自由主義にもさまざまな考え方が存在してきたことを知ることができる。現在進行している「自由貿易、規制撤廃、構造改革」は、そのうちの一つの考え方、すなわちアングロサクソン的新自由主義が産み出してきたものに他ならない。

第三に、経済のグローバル化の牽引力となったのが、貿易や労働移動といった実体経済の側の動きではなく、金融だったことである。世界中を駆け巡りたいというマネーの欲求こそが、グローバル化の起動力となっており、貿易や労働や情報の国境を越えた相互浸透も、この金融の動きと結びついて進んでいる。

現在のグローバル化は以上の三点から特徴付けられる。そして、その結果として、一方で金融国際化が進み、他方で金融危機が深刻化する。一部の地域で経済成長が促進され、他方で経済格差が拡大するという事態が進行しているのである。

金融危機をどうみるか

一九八〇年代以降のグローバル化の牽引力が、実体経済の側ではなく、貨幣経済の側、金融の側にあったとすれば、一連の金融危機とこのグローバル化がどのような関係にあったのかが解かれなくてはならない。

サブプライムローン問題に端を発したアメリカ金融危機は、二〇〇八年九月一五日のリーマン・ブラザーズの破綻以後、ヨーロッパ、アジアに波及し、国際金融危機へと広がった。危機は、金融部門にとどまらず、実体経済の悪化につながり、二〇〇九年六月一日には、一〇〇年の歴史をもち、前年まで世界第一位の座を保持していたアメリカ自動車産業の雄ＧＭ（ゼネラル・モーターズ）を破綻させた。史上最大一六兆七三〇〇億円の負債を抱えての破綻であった。

なぜ、こうした事態が発生したのか。リーマン破綻当初は、一九七〇年代以降アメリカで進んだ金融技術革新が非常に不安定なものでこれが危機の原因となった、あるいは、投資銀行ビジネス・モデル、すなわち証券化・デリバティブ・レバレッジをベースにしたビジネス・モデルが金融破綻の根本原因だという主張が盛んになされた。しかし、結論から先にいえば、そうした指摘自体はただちに間違いとはいえないものの、投資銀行ビジネス・モデルの破綻、金融技術革新の破綻は現象にすぎず、これらは金融危機の結果ではあっても原因ではないといわなくてはならない。

実際、リーマンショックとほぼ同時期、二〇〇八年九月に発表されたIMF調査によれば、一九七〇年から二〇〇七年までの三八年間に、二〇八カ国で通貨危機が、一二四カ国で銀行危機が、六三カ国で国家債務危機が発生している。金融危機は、先進国、新興工業国、開発途上国を問わず、アジア、ヨーロッパ、南北アメリカ、アフリカなど地域を問わなかった。これに対し、一九七〇年以前の時期には、国際金融危機や大規模な一国金融危機はほとんど発生していない。第二次大戦後に限れば、金融危機は一九七〇年以降の現象なのである。

では、一九七〇年以降の時期とはいったいいかなる時期だったのか。ここで直ちに想起されるのは、一九七一年八月のニクソン声明である。この声明を契機に、第二次大戦後から続いてきた「調整可能な固定相場制（adjustable peg system）」としてのIMF体制は終焉を告げ、以後、現在に至るまで、国際通貨体制は、管理フロートとフリー・フロートの間を揺れ動く変動相場制（floating system）として運営されてきている。この変動相場制の下で、ドルの地位は長期的に低落し続けたが、その低落に見合う形での、国際経済システム、国際金融システムは、残念ながら現在に至るまで構築されていない。

一九七〇年代初めのIMF体制の崩壊とその後の変動相場制の継続は、基軸通貨としてのドルへの信認が、傾向的・持続的に低下したことを示している。この四〇年近くの間に、ドルの対外価値はほぼ一貫して減価した（アメリカの取引関係は、南北アメリカ大陸諸国が最も大きいため、ドルの減価割合はその分だけ小さくなっている）。例えば、一九七一年までは一ドル三六〇円だった円ドルレートは、一九八五年のプラザ合意以後急速に円高ドル安に動き、一九九五年には、日本のバブル崩壊後にもかかわらず、一ドル七九円七五銭となった。そして、その後、ゆり戻しを含みながら、二〇一一年八月時点では一ドル七五円近くにある。ドルの価値は、この四〇年間で四分の一以下にまで落ち込んだのである。ドルは、円に対してだけではなく、大部分の主要通貨に対しても安くなっている。キンドルバーガー（C. P. Kindleberger）にならっていえば、このことは、「アメリカが基軸国としての役割を果たす力を失ったことを示している」かのようにみえる。

しかし、他方、世界各国のドル保有高は、近年、急速に増大した。とくに、一九八〇年代以降、世界各国のドル・バランスは急増した。変動相場制は、当然ながら為替リスクを高める。同じく、金融グローバル化はポートフォリオの機会を増大させ、利鞘を獲得する場を大幅に拡大する。その結果として、様々なリスクが発生し、そのリスクをヘッジし、カバーするために、あるいは、逆にリスクをとって儲けるために、デリバティブ（金融派生商品）が頻繁に利用されるようになった。

そこで使用される通貨の第一はドルである。実際、貿易やそれ以外の経常的な取引で必要なマネーは、世界を合計しても一年間で約八兆ドルといわれているのに、毎日の取引マネーは二兆ドルから五兆ドル、年間累計では九〇〇兆ドル以上に達している。実体経済が必要とするマネーの一〇〇倍ものマネーが世界を飛び交っているのであり、その筆頭がドルなのである。変動相場制というシステムや金融のグローバル化が、このようにドル保有の増大をもたらしたといえよう。

こうして、世界中をドルが駆け巡るようになると、ドルは、取引通貨、媒介通貨としてだけでなく、準備通貨としても、以前より大きな地位を占めるようになった。二〇一一年三月時点での主要国の外貨準備高（除く金）をみると、中国三兆六七一億ドル、日本一兆八〇六億ドル、ロシア四六五四億ドルで、以下、台湾、韓国、インド、香港、ブラジルと続く。とくに中国は、この五年間で外貨準備を倍以上も増加させたが、その外貨準備の多くはドルで保有されている。こちら側からみると、「アメリカは基軸国としての役割を果たす力を決して失ってはいない」ようにみえる。

両者を見比べるならば、長期的には、持続的に価値を下げ続けている通貨が、短期的には、最も低コストで効率的で安全な通貨となっていることがわかる。ここに、現在の国際金融システムの最大の問題が存在するのであり、国際金融不安を引き起こす根因があるといわなくてはならない。国際金融システムの動態とそのコアとしての基軸通貨のあり方こそが中心的問題なのであり、それと国民経済レベルでの金融危機発現の関連こそが問われているといってもいい。

しかしながら、この点は、これまで必ずしも十分には検討されてこなかった。第二次大戦後初めての大規模な国際金融危機であった一九八二年の中南米危機においても、一九九七年のアジア通貨金融危機においても、語られてきたことは、「これらの諸国で金融危機が発生したのは、それらの諸国の経済構造に問題があったからだ」というものであった。すなわち、「欧米諸国とは異なった腐敗・癒着、政争、利益圧力、権力の私物化、官僚主義、脆弱な金融システムなどに特徴付けられるCrony Capitalism（身内資本主義）という内部構造」こそが、危機の根因であるというのである。したがって、危機を克服して透明で健全な経済を実現するには、緊縮財政、金利引上げ、銀行・企業のリストラ、賃金抑制、情報開示、市場開放といった「構造改革」を遂行する以外にはないということになる。一九九〇年代日本の「失われた一〇年」においても同じことがいわれ、市場の規律付けが働くように、「構造改革」の必要が声高に叫ばれたことは、記憶に新しい。

こうした見方は、金融危機の内因説（fundamentals story）といわれる。つまり、金融危機が発生したのは、その国の経済の内部構造に問題があったためだ、あるいはその国の国内経済構造と金融システムの連関のあり方に問題があったためだ、という見方である。

しかし、こうした見方に対しては、当時から強い批判が存在した。金融危機の外因説（financial panic story）がそれである。とくに、一九九七年のアジア通貨金融危機の時には、一九八〇年代に危機に陥った中南米諸国とは異なって、アジア諸国は、低いインフレ率、均衡財政、高投資・高貯蓄、安定的為替レートなど、マクロ経済指標は健全であって、国際的投資家の「非合理的熱狂と自己実現的悲観主義」こそが危機を引き起こしたのであり、国際的な金融市場の不安定性こそが危機の原因である、という主張が登場した。

この見方は、当初は少数意見であったが、その後、スティグリッツ（J. Stigliz）、バグワティ（J. Bhagwati）、サックス（J. Sachs）のような新古典派経済学の主流部分にも同調者が広がった。例えば、スティグリッツは、マクロ経済政策を重視し市場経済化や自由化を万能視するいわゆる「ワシントン・コンセンサス」に強い疑問を提示し、アジア諸国が健全な金融システムと適切な政策を保持していたにしても危機は発生しえたと主張した。また、もっとも著名な自由貿易論者であるバグワティでさえ、現在ウォール街・財務省複合体（Wall Street-Treasury Complex）が国際金融秩序を支配している以上、開発途上国は資本勘定の自由化に慎重でなくてはならないと警告した。

論争は、その後も論点を拡大し深化しつつ進行したが、その対立点については、すでにかなりの場所で紹介されているので、ここでは繰り返さない。アジア通貨金融危機の経過をみる限り、危機の直接の原因が、資金の急激な対外流出にあったことは明らかだからである。国際的な投資資金・投機資金による通貨と信用の一挙流入とその反転である一挙流出＝海外逃避が、通貨危機・金融危機の引き金となったのであり、困難に陥った金融機関を閉鎖し、緊縮を要求するＩＭＦ方式の政策は、投資家の信認に打撃を与え、金融危機をさらに悪化させたのであった。

もちろん、急いで付け加えておけば、ＩＭＦが反論しているように、マクロ経済指標の良好さが、ただちに「構造問題」の非存在を意味する訳ではない。金融システムやガバナンスが脆弱であっても、マクロ指標の外見的良好性はそれらと並存しうるからである。とするならば、問題は、スティグリッツがいうように、金融システムの脆弱性やガバナンスの欠如と金融危機は直接の関連がないのか、いいかえれば国際的投資資金・投機資金の一挙的流出入こそが金融危機の根本的原因であるのか、それとも、金融危機と国内の実体経済問題との間にはマクロ諸指標の良好性というレベルでは捉えられない関係が存在していたのか、ということになる。国際投資家がパニックを起こし、「自己実現的悲観主義」に陥ったことが危機の引き金となったとしても、ではなぜ、国際投資家は、アジアに資金を注ぎ込んだのか、金融危機に陥ったアジア諸国の金融市場や金融機関が、なぜ国際的な投機ゲームの場となったのかが問われなくてはならない。さらに、さかのぼるなら、国際的投資家がこのように世界中に資金をばらまくことが可能となった根拠と条件が、問われなくてはならない。

地域経済をどうみるか

グローバル化と金融危機が、上に述べたような形で展開してきたとすれば、それに対する対抗軸はどこに求められるであろうか。アングロサクソン的新自由主義は、「公」に対する「私」の優位、「官」に対する「民」の優位を一貫して強調してきた。市場における自生的秩序の形成を信頼し、自己選択と自己責任に基づく「強い個人」の確立こそが、安定し成長する経済社会を作り出すというのである。アングロサクソン的新自由主義は、経済学的にはベンサム的功利主義に基づくものといってよいが、必ずしも功利主義に立たない政治哲学の領域でのリバタリアンの主張も、新自由主義的把握を厚みのあるものにしてきた。

代表的には、ロールズ（J. Rawls）の正義論がそれである。井上達夫（『他者への自由』、一九九九）の卓抜な整理によれば、ロールズによって定式化された「正義の善に対する優位（the primacy of justice over the good）」とは、「人々にとって善き生の追求があまりにも重要な問題であるがゆえに、国家は善き生を志向する人々の自律的探求を、従ってまた善き生の解釈の多元的分化を尊重し、多様な善き生の探求を可能にする基盤的条件としての正義の実現を自己の任務とすべきであるという理念に立脚するもの」であるというのである。いわゆる「小さな国家」や「国家の機能的中立性」は、ここからも導出される。

こうした主張に対しては、コミュニタリアンからの強い批判が存在する。近年、日本でも多くの読者を得るようになったサンデル（M. Sandel）の議論をみておこう。サンデルは、ロールズの正義論は、あたかも「何が価値あるものかを、自己の自律的選択によって決定できる」という自我を前提としているが、じつはこの自我は極度に無力化されている。「（ロールズの主張する）権利の政治が政府による個人の権利の保護の拡大・強化に関心を集中し、リバテアリアンは市場経済システムを……擁護するのに対し」、サンデルの主張する「共通善の政治（politics of the common good）」によれば、「真の人間的主体性を享受できる活発な公共生活への個人の参加を可能にし、公民としての徳を陶冶できるのは」、「国家と個人の間に介在する中間的共同体」のみである、というのである。

それでは、ここで主張されている「中間的共同体」は、それ自体として公共性の衰退や社会の断片化といった危機を克服する「うつわ」となるのだろうか。「中間的共同体」を、一定の地域的伝統や文化的価値を共有しうる自治組織、成員の共同生活全般を維持発展させるような公共の事柄に積極的に参加しうる自治組織と定義するなら、それは一次的には、市町村といった行政区分と一定程度重なりあう地域社会ということになるだろう。会社といった利益集団、ＮＰＯ法人などの自発的結社、宗教団体などは、さしあたりは、この「中間的共同体」とは区別されるだろう。

グローバル化や金融危機において、「官」と「民」の対立、「公」と「私」の対抗として把握されてきた過程を、「公」と「私」の間に「共」を置くことによって、危機を克服する道筋を見出すことができるかもしれない、これが地域経済を積極的に位置づけたひとつの理由である。もっとも、それが新しい公共空間を創出しえるのかどうかを検証するには、生産や雇用あるいは生活に関わる社会的制度や社会システムの検出だけでなく、そこに参加し、そこで活動する各個人が、どのように「真の人間的主体性」を確立していくのかの検証が必要だろうが、本巻の射程はそこまでは及んでいない。

本書の構成と各論文の概要

序章の最後に、本書の構成を見ておくことにしよう。本書は、全部で8章から構成されており、第1章から第3章は第Ⅰ部として、金融危機・経済危機と世界経済の動向との関係を取り扱っている。続く第4章から第6章は第Ⅱ部として、経済危機・金融危機に対する日本経済のマクロ的対応を検討している。最後の第Ⅲ部である第7章と第8章は、第Ⅰ部、第Ⅱ部でみてきた世界経済、日本経済の推移のなかで、地域経済がどのように再生の努力を積み重ねてきたかを検討している。

ただし、本書の分析の背後に存在する現在の新自由主義をどのように把握し、どのように評価するかについては、各著者の見解が完全に一致している訳ではない。また、現実に進行しているグローバル化の評価やそこで生起している事態に対する対抗戦略についても見解は分かれている。現代という時代の過渡性と受け止めていただきたい。以下、各章の内容について、ごく簡単にみておく。

まず、第I部である。第1章「グローバル化と金融危機の三〇年」(増田正人)は、続発する金融危機の三〇年を総括し、グローバル化との関係を明らかにすることを課題としている。この課題を果たすために、はじめに、一九七〇年代以降に急速に進んだ世界経済の不均衡と国際資本移動の拡大をアメリカ経済の推移と関連付けて分析し、アメリカの経常収支の構造的赤字化を支えるものとしてのドルの国際通貨としての機能の維持こそが、金融危機の根源にあることを明らかにした。続いて、そうした枠組みが、具体的な金融危機として発現する過程が、九〇年代初頭からの、欧州通貨危機、メキシコ通貨危機、アジア通貨危機に即して分析され、その帰結として、サブプライム危機から始まる二〇〇八年以降の世界金融危機があったとされている。結論部分では、金融危機に事前的に対処しうる規制と管理の強化がまず必要であり、より根本的には現在の国際経済秩序の修正と再構成が必要であるとされている。

第2章「世界経済の編成原理はどう変わってきたか」(矢後和彦)は、IMF、BIS、WBなど、第二次世界大戦後の国際金融機関が打ち出してきた政策・理論を歴史的に振り返りながら、それらの政策・理論において、世界経済の編成原理がどのように把握されてきたのかを検討したものである。分析は、IMFを軸として、一九五〇年代の「アブソープション・アプローチ」、六〇年代の「マネタリー・アプローチ」、七〇年代の「マンデル・フレミング・モデル」、八〇年代の「マクロ・プルーデンス」へと時系列的に行われ、これまでの通説的研究が強調する「ケインズ主義からマネタリズムへ」、「固定相場制から変動相場制へ」といった単線的把握が、理論的にも歴史的にもあまりにも過度の単純化であることを主張している。もちろん、本章の著者も、現代が「新自由主義」の時代であることは前提としてはいるが、「変動相場制に反対するハイエクも、コンサルテーションを通じて各国に介入するＩＭＦも、そのＩＭＦを批判するＢＩＳの伝統的立場も」いずれも「新自由主義」と把握すべきだというのが著者の立場であり、いわゆるワシントン・コンセンサスに「新自由主義」を収斂させること、「新自由主義」を、特定の利害（例えばアメリカないし多国籍企業）を代表するイデオロギーととらえることには否定的である。

第３章「一国経済と世界経済のつながり」（菊池孝美）は、一九八〇年代以降に急速に進展した経済のグローバル化に対応して一九九〇年代以降に進行したリージョナリズムの動きを、「地域経済統合がもっとも進み通貨統合を完成させ、政治統合までを射程に入れた段階に達したＥＵ」の動向と関連させつつ検討したものである。そこでの基本的視点は、「一国経済ではもはや米国主導のグローバル化と自由化の流れに対応できないという」状況が、多くの国や地域において「地域経済統合を選択」させたという点に置かれている。ＥＵの歴史的分析の文脈のなかで強調されているのは、いったんはアングロサクソン的新自由主義の対極に立った「欧州社会モデル」（一九八九年のストラスブール憲章）が、九〇年代には「ＥＵ産業競争力政策」（九四年一二月）という自由化と規制緩和政策に転換していくことである。いわば、そうした形で、ＥＵ型の「地域経済統合」の進展を特徴付けたのである。ただし、著者は、そうした方向への舵切りがなされえたのはＥＵのみであり、他の地域では、ＦＴＡという形の統合にとどまり、「ＥＵとは統合の段階を大きく異にしている」ことも、他方で強調している。

続いて、第Ⅱ部をみよう。第4章「戦後最大の経済危機とマクロ経済政策」(岡田知弘)は、二〇〇八年のリーマンショック以降にさらに進行した日本の深刻な経済危機を、一九八〇年代以降の世界的な経済のグローバル化の中に位置づけて、検討を加えたものである。小泉構造改革に典型的に見られる、それへの対応としての「『グローバル国家』型経済政策」こそが、階層間格差、地域間格差、業種間格差を拡大し、地域経済・地域社会の持続可能性を困難にしたとし、民主党政権においてもこの路線は大枠では引き継がれ、「菅内閣の経済政策や財政政策は、米国政府と多国籍企業の利害を第一に優先する新自由主義的な構造改革路線に回帰し」たこと、それゆえ、こうした路線を転換し、「国内における正規雇用の拡大と、雇用者報酬の増加を通した、内需の自律的発展に基づく経済再生と貧困の削減」などが必要であること、それを実現するための鍵は、「地方自治体レベルでの自律的な地域づくりの取り組み」にあることを強調している。

第5章「変貌する産業構造」(植田浩史)は、一九九〇年代に入って、それまでの国内完結型の生産スタイル、製品開発力や下請けシステムといった日本製造業の特徴が失われてきたとして、その変化を、世界経済のグローバル化、世界市場の拡大と構造変化、グローバル競争の激化との関連から検討したものである。グローバル化は、日本製造業に直接・間接のインパクトを与え、とくに二〇〇〇年代の「実感なき景気回復」期には、雇用や企業数の増加に結びつかなかったことがまず検出される。その影響は、中小企業や地域経済に現れ、その結果として、日本的下請けシステムの「効率性」が失われるとともに、都市型産業集積の縮小を生み出していることが強調される。今後、都市型産業集積の有効性を確保していくためには、従来とは異なった新しいネットワークの構築が必要であるというのが結論である。

第6章「日本農業の存続方策」（加瀬和俊）は、「日本農業とその支援策に対する批判の激しさを念頭におき」きながら、「国際競争力」「自由貿易原則」「農産物貿易」などについての通説的理解を整理し直し、現在の農業政策の方向性を、日本漁業との比較の視座から検討することを試みたものである。今日では、農業不要論の論拠はほとんど崩れてしまっていること、「したがって実際に戦わされている農業政策論は、企業参入と規模拡大をどのように進めるのか、なお残存する零細家族経営を消滅すべきものとするのか、各次元での協業化措置を活用して新しい担い手として再建していくのかといった諸点をめぐって争われている」ことが確認されている。その上で、民主党政権下での「農林水産予算の公共事業偏重性」からの脱却を評価しつつ、「構造改革の手段」として所得補償政策が採用されようとしている現状に警鐘を鳴らしている。漁業においても、農地法改正時の企業参入論と同様の企業参入論が内閣府規制改革会議などから出されてきているが、いま必要なことは、沿岸漁業における自立的で適正な経営主体の確立であり、そのための漁協の直接民主主義方式の柔軟化であるという提言がなされている。

第Ⅲ部は、第Ⅰ部、第Ⅱ部でみたマクロ的状況の下での地域経済の現状と、その再生への展望を検討している。第7章「グローカル展開に活路を見出す大田区モノづくり産業」（山田伸顕）は、「日本における有数の基盤技術集積地」であり、とりわけ機械金属業種部品製造の「集積依存型中小企業群」

の集積地である大田区において、二〇〇〇年代の半ば以降、どのような事態が進行したかを実証的に検討したものである。その第一は、生産拠点の海外シフトで、二〇〇六年からのタイ工業団地への生産拠点の移転や、その後の中国上海市、遼寧省、香港企業との技術提携や合弁設立の進行が検出されている。第二は、国内における開発拠点の確保で、そのためにコストダウン至上主義ではないイノベーション志向による企業間パートナーシップの推進が強調されている。そして、この両者の進行をハブとして連携させる機能、「アジアの母工場」としての機能を大田区が持つべきであるという提起がなされている。

第8章「危機下の地域社会と再生の展望」（藤井史朗・西原純）は、「地方圏にありながらわが国有数の複合工業地帯」として発展してきた浜松を対象に、明治以来の長期的な推移を概観した上で、リーマンショック以降の不況の影響と再生への展望を検討している。長期的な推移は、第一の危機：浜松県の廃止、第二の危機：世界恐慌、第三の危機：第二次世界大戦の敗戦、第四の危機：第一次石油危機と繊維不況、第五の危機：バブル経済の崩壊と産業空洞化の五回の危機が画期とされ、そのそれぞれの画期において、「次々とリーディング産業を転換させ、イノベーションを達成」させてきたことが検出されている。リーマンショック以降についても、生産拠点のアジア移転やアジア市場の拡張という新しい方向を加えつつ、従来と同様の新産業育成を重要な柱としていることを強調している。

なお、第Ⅲ部には、釜石を対象とする地域再生の展望について、中村尚史氏（東京大学社会科学研究所）に執筆をお願いし、原稿を提出していただいていた。しかし、完成稿の提出後に三・一一が勃発し、釜石は直接の被災地となったことにより、状況は完全に転換してしまった。このため中村氏より原稿取り下げの要請があり、編者としてこれを了承せざるをえなかった。本巻刊行の遅れにより、中村氏および中村氏の論稿を期待していた読者には多大のご迷惑をおかけした。深くお詫び申し上げ、ご寛如をえたい。

第Ⅰ部

金融・経済危機と世界経済の動向

第1章　グローバル化と金融危機の三〇年

増田　正人

はじめに

本章の課題は続発する金融危機の三〇年を総括し、グローバル化との関係を明らかにすることにある。二〇〇八年のリーマンショックとそれに続くグローバルな金融危機は、二〇〇〇年代のアメリカの住宅バブルの拡大と崩壊がきっかけとなって生じたものであるが、一連の金融危機への対応策は、国家への信用を基礎に民間債務の公的債務への置き換えを柱にしてきたために、財政危機と国債の信用不安という新たな金融危機発生の要因を生む結果となっている。それゆえ、二〇一一年においても金融危機は形を変えて続いており、問題が克服されたとはいえない状況が続いている。この三十年間の金融危機の歴史をみれば、この危機は一九七〇年代半ば以降に再編されてきた現代資本主義の資本蓄積のあり方そのものによって生み出されているということもできる。そのため、第一に、一九七〇年代以降に急激に進んだ世界経済の不均衡と国際的な資本移動の拡大の問題をアメリカ経済のあり方との関連から検討し、金融危機を生みだす基盤としてのグローバル経済化の問題を考察する。第二に、そのもとでの金融のグローバル化の問題点を示し、繰り返される金融危機の特徴を明らかにする。最後に、現代の金融危機の特徴と問題点を検討し、よりよい制度改革に向けた視角を提示することにしたい。

1　世界経済の不均衡の拡大とグローバル経済化

(1) 世界経済の不均衡と国際通貨体制の転換

世界経済の不均衡は、一九七〇年代以降、著しく拡大している。この経済的不均衡は、旧ＩＭＦ＝ＧＡＴＴ体制という固定相場体制の崩壊によって促進されてきた。旧体制ではアメリカ以外の国では、国際収支の不均衡は外貨の制約によって制限されており、国際通貨国であるアメリカでも、諸外国の通貨当局に対して、金とドルとの交換（金一オンス＝三五ドル）を保証するということで、対外赤字の拡大を抑制する仕組み（諸外国のドル準備の金への交換によるアメリカからの金流出）が存在していた。同時に基礎的な不均衡が存在する場合には、国際通貨基金（ＩＭＦ）の理事会の承認の下で為替相場の変更が認められ、均衡の回復が図られるという制度であった。更にこの体制の下では、経済の自由化は貿易などの実需取引で求められていたにすぎず、資本取引については各国の判断に任され、基本的には制限されていたということができる。

こうした固定相場を柱とする国際経済秩序は、為替相場の変動をめぐる各国の利害対立とアメリカの国際収支赤字を背景にするドル不安（金とドルとの交換性保証に対する不安）が深刻化する中で揺らぎ始め、最終的には、一九七一年八月のアメリカによる金ドル交換性の停止によって崩壊することになる。ニクソン大統領による新経済政策は、直接的には金の対外流出を阻止するものであったが、同時に、過大評価されているドル相場の切り下げを行い、それによって国際競争力を強化して輸出を拡大すること、また、対外投融資規制などの資本輸出規制を撤廃することも含意されていた。金ドル交換制停止後、一時的にはスミソニアン合意として固定相場体制への復帰が追求されるが、一九七三年にはそれも崩壊し、現代にも続く変動相場体制へと移行することになる。

この変動相場体制への移行に関しては次の四点が重要である。第一は、アメリカの国際収支赤字を制約する仕組みが失われたことである。当初は、アメリカは経済成長と雇用拡大の観点から、輸出増と貿易黒字の拡大が意図されていたが、それは後に大きく転換され、結果的に、交換制の停止は巨額の貿易赤字を常態化させる転機となった。第二は、国際的な資本移動を飛躍的に拡大させたことである。自由貿易の推進と世界貿易の拡大を優先し、資本移動を制限するという世界から、資本移動の自由な世界に向けた転換への画期となったといってもよい。代表的な資本輸出規制である金利平衡税の撤廃はアメリカの姿勢の変化を端的に示している。その結果、第一の要因に加えて資本輸出が急拡大し、国際通貨であるドルの過剰な供給が一般化されていくことになった。第三は、民間の金融機関による為替需給の調整のための外貨取引が急増したことである。旧体制では、外国為替市場における為替需給の不均衡は、公的通貨当局の介入によって均衡化されることになっていた。つまり、旧体制は通貨当局が外貨売り、外貨買いのいずれかを行うことで外国為替市場の需給が調整されるという制度であったが、そうした介入がない新しい体制では、金融機関は自前で外貨の過不足を調整しなければならず、金融機関が国際金融市場へと進出する契機となった。外国為替市場では、為替リスクを回避しようとする輸出入業者の通貨選択行動によって通貨の多様化が進行するが、他方の銀行間市場では、各通貨間の過不足を調整するためにドルを媒介通貨として各国通貨の需給を調整する取引が拡大することになる。つまり、各国の外国為替銀行は国際金融市場におけるドル取引を媒介にして世界各国の通貨を取引するようになり、また、為替リスクのヘッジのために取引は多重化し、ドル取引が急増していくことになるのである。第四は、ドルシステムと呼ばれる国際通貨システムが強化されたことである。旧ＩＭＦ体制の下では、ドルとポンドの相場が固定されていたため、戦前のスターリング地域諸国を中心に英ポンドへの固定相場を維持する国も数多く存在していた[1]。それらの国にとっては、ポンドを国際通貨として利用し、ポンドで取引できない部分だけがロンドン市場を経由してドルの世界へとつながっていたのである。しかし、変動相場体制への移行で、ドル以上にポンドの信認が低下したため、スターリング地域は解体を余儀なくされる。つまり、国際通貨という側面ではドルの機能は逆に強化されていくのである。

こうした国際通貨体制の転換に加えて、一九七〇年代にはオイルショックを契機に資源価格の高騰が続き、世界的な景気後退の中で、先進国中心の高度成長の時代は終焉する。発展途上国では、産油国が巨額の国際収支黒字を蓄積する一方で、非産油途上国では貿易赤字が拡大するという二極化が進行した。また、ＮＩＣｓと呼ばれた新興工業国が登場し、輸出志向工業化政策の下で多国籍企業や外資を積極的に誘致し、先進国向けの輸出を急拡大し始める。こうした世界的な不均衡の拡大と資金需要の拡大が、先に述べた国際通貨体制の転換と相まって、グローバルな資本移動の世界を形成していくことになるのである。

(2)　アメリカの貿易収支の構造的な赤字化

一九七〇年代以降、アメリカは輸出を積極的に拡大していく通商政策をとってきた[2]。その政策は、一九七四年通商法に示されているように、単なる自由貿易主義を掲げることではなく、公正貿易論という新たな要素を取り入れたものに変化し、結果を重視するようになっている。その考え方は、貿易相手国がアメリカ市場で享受しているレベルと同程度の市場開放を相手国に求め、市場を開放しない不公正貿易国に対してはアメリカの輸入制限などの制裁措置を実施するというもので、その制裁措置を武器にして相手国と通商交渉を行うというものであった。

しかし、強圧的な輸出拡大策にもかかわらず、アメリカの貿易赤字は減少せず、逆に増加していくことになる。その理由は、アメリカ企業がアメリカ国内の価格競争の激化に対応して、在外生産や在外調達を拡大し、逆輸入を拡大し始めたからである。図表1はそうしたアメリカの経常収支の動向を

図表1　アメリカの国際収支の推移

単位：100万ドル

	商品・サービス収支							投資所得収支	一方的移転	経常収支
	貿易収支			軍事取引	旅行・運輸	その他サービス				
	輸出	輸入								
1946-49	13,335	−6,368	6,967	−386	571	210	7,362	1,064	−4,134	4,292
1950-54	12,647	−10,485	2,163	659	−49	283	3,056	2,043	−5,381	−282
1955-59	16,883	−13,177	3,706	−487	−460	457	3,216	3,050	−4,782	1,485
1960-64	21,662	−16,261	5,402	−927	−1,110	896	4,261	4,213	−4,220	4,254
1965-69	31,295	−28,533	2,762	−806	−1,534	1,688	2,110	5,541	−5,239	2,412
1970-74	60,977	−63,110	−2,133	398	−2,758	3,116	−1,377	9,871	−7,653	841
1975-79	133,833	−152,466	−18,633	733	−3,089	5,938	−15,050	19,654	−6,074	−1,470
1980-84	218,835	−272,756	−53,920	−1,133	−2,902	12,640	−45,315	30,997	−15,088	−29,407
1985-89	274,363	−408,166	−133,803	−5,297	−4,889	19,183	−124,806	14,111	−24,848	−135,542
1990-94	441,160	−556,761	−115,601	−2,236	16,258	35,943	−65,635	18,315	−30,377	−77,697
1995-99	644,013	−875,214	−231,201	4,529	17,239	62,400	−147,033	18,933	−41,640	−169,740
2000-04	738,822	−1,253,741	−512,920	−7,215	−5,610	74,898	−452,846	22,512	−63,457	−491,792
2005	909,016	−1,692,817	−783,801	−15,512	−13,121	98,258	−714,176	72,358	−105,772	−747,590
2006	1,035,868	−1,875,324	−839,456	−11,652	−9,743	101,611	−759,240	48,085	−91,481	−802,636
2007	1,160,366	−1,983,558	−823,192	−10,701	4,576	127,217	−702,099	99,553	−115,548	−718,094
2008	1,304,896	−2,139,548	−834,652	−13,375	19,103	130,122	−698,802	151,974	−122,026	−688,854
2009	1,068,499	−1,575,443	−506,944	−13,378	14,951	136,463	−374,908	121,419	−124,943	−378,432

注）1946-49年から2000-04年までは、5年間の平均値。2005年以降の数値は、Economic Report 2011による。
出所）U. S. GPO, Economic Report of the President, 2002, 2006, 2011より作成。

示している。アメリカの多国籍企業は、高賃金のアメリカでの生産を縮小させて労働集約的な工程を賃金の安い発展途上国に移し、そこで加工・組立てて逆輸入することで価格競争に対抗するという戦略をとった。つまり、アメリカ企業そのものが輸入拡大の担い手になったために、貿易赤字が常態化するのである。この赤字が拡大するという事実は、アメリカが輸出拡大策をとることだけでは、アメリカ国内経済の成長を支えられないことを示し、いずれかの時点で政策転換が求められることを暗示しており、それが後に世界貿易機関（ＷＴＯ）を生みだす要因となるのである。同時に、こうした巨額の経常収支不均衡の継続が問題とならないような経済関係を構築すること、つまり、アメリカのドルが国際通貨として機能し続けることが求められていた。そこで、この問題を次に検討しよう。

(3)　アメリカによるグローバル化と金融覇権の追求

変動相場体制移行後のアメリカの国際経済政策には、世界貿易の拡大という実需の問題だけではなく、世界的に金融自由化を進めて国際資本移動を活発化させ、ドルの国際通貨としての機能を維持・強化させていくという側面が存在している。それゆえアメリカは他国に対して金融の規制緩和、自由化を要求し、国際金融市場の拡大と統合を進めるように働きかけてきた。また、アメリカとともに、ＩＭＦは金融の規制緩和と国際資本移動の自由化を支持し促進してきている。

このアメリカと国際機関による自由化推進政策が最も強く実行されてきた例が、一九八〇年代の発展途上国の累積債務危機への対処である。ＩＭＦはもともと加盟国に国際決済資金を融資する国際機関であったが、累積債務問題を契機にその役割を大きく変化させた。[3] ＩＭＦは債務不履行に直面した発展途上国に対して、債務の繰り延べと新規融資の条件として、ＩＭＦコンディショナリティと呼ばれた改革プランを提示し、それに基づく経済改革の実施を各国に要求してきた。その基本的な内容は、①財政赤字の削減、②金融引き締めと金融自由化、③為替相場の引き下げ、④輸入削減と輸出促進などで、国内需要を抑制して経常収支黒字を作り出し、それによってＩＭＦと先進国金融機関への返済を実現しようとするものであった。その結果、多くの発展途上国でＩＭＦ主導の経済構造改革が実行されることになり、債務の株式化や国営企業の民営化など、先進国からの投資を拡大する政策が実行され、為替取引の自由化と資本市場の整備が進められた。世界銀行もまた構造調整融資によってこうした政策の実施を促してきた。

もちろん、この発展途上国の自由化政策は、ＩＭＦ等によって強制されたという面だけでなく、メキシコのように先進国の要求に積極的に対応し、自由化と民営化政策を推進することで海外からの投資資金の流入を拡大し、経済成長を進めようとする発展途上国側の要因にも基づいている。[4] そのため、一九九〇年代になると、工業基盤を持つ発展途上国では、急拡大した金融市場に海外から巨額の投機資金が流入するようになり、累積債務国は新興市場諸国（エマージング・マーケット）として生まれ変わることになる。海外からの資本流入が株価の上昇や金融市場の発展を支え、それがまた海外からの資本流入を促進させるという関係が作り出されていった。こうした世界各国での自由化政策の中で、国際金融市場と各国の金融市場の統合が進み、そこを舞台にして巨額の投機資金が運用されるという現在のグローバル経済の姿が形成されてきたのである。

この自由化されたグローバル経済において、ドルが国際通貨であるということは、資本移動を担う外国為替銀行の視点でみれば、対顧客取引における外国為替取引の需給を調整するために、自国通貨からドルへ、ドルからその他諸国の通貨へという形で、つまり、ドルを介して他の国の通貨を売買するという取引を行っているということを意味する。それゆえ、グローバル化した各国間の経済取引を媒介する外国為替銀行は、為替リスクを回避するために、また積極的に為替投機の利得を得るために為替取引を活発化させている。このことは国民経済という視点でみれば、グローバルな資本移動は、各国からアメリカへ、アメリカから世界各国へという形式で、つまり、アメリカを経由して世界の資本移動が行われているということである。いいかえれば、ドルが国際通貨として機能することで、アメリカが国際的な金融仲介機能を担っているということになる。それゆえ、アメリカは世界最大の貿易赤字国ではありながら、アメリカへの資本流入が世界的な資本移動の一要素として実行されるために、アメリカの貿易赤字のファイナンスは全く問題にならなくなっている。したがって、こうした大規模な資本移動によって実需面での為替需給の調整が行われるという世界は、それによってその時点での最終的な決済の繰り延べを行っているといってもよいものであり、信用関係を解消するような実物資産（世界貨幣としての金）による決済を無意味化してしまう世界でもある。

こうした国際通貨体制の構造は、一九九〇年代にはほぼ完成し、現代においてもドルが国際通貨として国際金融の中心に位置しつづけている。ＢＩＳの調査によると、二〇一〇年四月時点で、外国為替取引の一日当たり取引額は、約三兆九八一〇億ドルであり、この金額は同年の世界貿易額（輸出額）一五兆二三七六億ドルの約二六％の規模である。(5) 一日当たりでみると貿易額の約九五倍という大きさの為替取引が行われていることになる。このドルを媒介にして国際金融取引が行われるという姿は、直物市場だけでなく、先物市場や為替スワップ取引などのデリバティブ取引でも同様である。二〇一〇年でみると、ドル建て比率は全体で八四・九％であるが、直物市場では七九・七％、先物取引では八二・四％、為替スワップ取引では九〇・六％であり、直物市場よりも他の市場の方がドル建て比率は高いということが示されている。ドル建比率の推移は、ユーロが導入された二〇〇一年の八九・九％から現在の八四・九％まで、若干低下してきているが、重層的で厚みのある巨大なドル建て市場の存在がドルの国際通貨としての機能を支えていることがわかる。

2　金融危機の頻発化と国際金融システム

(1)　金融自由化と国際金融システム

金融自由化政策は、国内の金融制度改革と国際取引の自由化政策とを結びつけながら実行されてきた。通常、各国の金融制度は、金融制度の安定性を確保するために、公的機関による金融機関に対する直接的規制と預金保険制度などの事後的規制の組み合わせによって構成され、その適切な組み合わせによって金融制度の安定性が維持されている。事前的規制が強ければ事後的規制が弱くてもよく、逆に、事前的規制が緩和されても事後的規制が整っていれば金融制度の不安定化は抑止できると考えられている。そして必要な場合には、中央銀行による「最後の貸し手」機能によって金融制度の安定性を確保するというものである。しかし、こうした組み合わせを変化させる改革期には、移行期特有の諸問題を発生させる可能性があり、制度の不整合をついた投機がしばしば発生してきた。一九八〇年代の日本でみれば、直接的な規制の緩和・自由化の一方で、十分な事後的規制の体系が形成されなかったために、国際的な資本移動を組み込んだ投機が拡大し、バブルの発生と破たんによって国民経済に大きな打撃を与える結果を招いている。

他方で、ユーロ市場の特徴が示すように、国際金融取引の拡大は各国の金融規制を回避する方向で行われ、金融当局による直接的な規制の外側で進んできた。そのため、各国の金融当局による規制体系は十分には機能しておらず、また、世界的なレベルでの規制体系も整えられていない中で、国際金融取引は急拡大してきている。こうした状況に対して、先進諸国の銀行監督機関、中央銀行は、一九七五年のバーゼル・コンコーダット、一九八三年の改訂コンコーダット、一九九〇年のコンコーダットへの追補などを通じて、金融機関に対する母国監督責任の明確化と強化、情報交換の仕組みの整備を図るなどの対応を行ってきた[6]。しかしながら、それらはあくまでも一国単位の規制の延長というものであり、グローバルな視角からみれば、国際金融危機が発生したときにその連鎖を抑止するような国際的なセイフティ・ネットや、金融危機時に「最後の貸し手」機能を果たせる世界中央銀行のようなものは存在していないのが実態である。つまり、国内における金融自由化と制度改革は、国際取引に対する自由化と結びついて行われる限り、グローバルな金融システムに内在する不安定さと相互に影響しあい、金融不安定性を高めざるをえないとみなされる。そして、それが以下で述べる通貨危機の問題として顕在化するのである。

(2) 欧州通貨危機とメキシコ通貨危機

一九九〇年代の国際通貨システムは、通貨危機の頻発によって特徴づけられる。それぞれの通貨危機は、各国、各地域の経済状況を反映する固有の要因を含んでいるが、ここでは共通の問題に限定して検討しよう。一九九二〜九三年の欧州通貨危機は、欧州連合（ＥＵ）の創設に向けた欧州諸国による国際協力関係の強化という文脈において、大規模な通貨投機によって欧州通貨制度（ＥＭＳ）が大きく動揺し、固定相場の変更と変動幅の拡大、さらに事実上の固定相場の放棄までもが生じたというものである。欧州諸国内の経済的格差が存在する中で、域内における金融自由化の推進と欧州統合に向けた固定相場への固執が行われたことで、為替相場の実勢が経済実態とかい離したとみなされるようになったため、大規模な通貨投機にみまわれるのである。ここで特徴的なことは、ジョージ・ソロスを一躍有名にしたヘッジファンドによる投機をきっかけにして、いわゆる自己実現的な通貨投機が発生し、イギリスが欧州の為替相場メカニズム（ＥＲＭ）を離脱せざるを得なくなったことである。この自己実現的な投機とは、通貨投機の発生によって為替相場の下落が予測される場合、下落が予想される通貨をより早く売ることで下落後の損失を回避したり、逆にそれを通じて利得を得られると市場参加者が考え、当該通貨を売る投機がいっせいに大規模に発生することで、実際に為替相場の下落を生じさせてしまう通貨投機のことである。ここでは、イギリスという先進国で、かつ欧州統合という文脈の中でさえ通貨投機が成功し、それによって通貨投機参加者に大きな利得を与えたということが大きな意味を持っている。ただし、欧州通貨危機では、為替相場の切り下げや変動相場制度への移行などの市場メカニズムに依拠した政策によって通貨投機を終息させることができたという点で、後に発展途上国で発生する通貨危機と異なっている。

一九九四~九五年のメキシコ通貨危機は、金融グローバル化における最初の新興市場国の通貨危機として特徴づけられる[7]。メキシコ通貨危機は、メキシコが外貨の流出に直面する中で、一二月二〇日にペソの対ドル相場の約一五%切り下げを突然発表したことをきっかけにして発生する。発表後、パニック的な資本流出が生じたため、二日後に変動相場制度へと移行し、一カ月ほどで約四〇%という大幅な下落を招くことになる。ここで顕在化した主な問題は、①巨額の資本逃避が発生する中でパニックを鎮静化させ、波及を阻止しなければ、グローバルな金融危機に発展しかねないこと、②そのためには巨額の外貨が必要であること、③危機に対応する国際的な枠組みが存在しないこと、④他の新興市場諸国における発生を予想させたこと、である。

これに対して、アメリカは危機直前に発効した北米自由貿易協定（ＮＡＦＴＡ）の枠組みを基礎にして機敏に対応した。二日後には為替スワップ協定によって六〇億ドルの信用供与を行うと発表し、一月に各国・国際機関を集めて総額一八〇〇億ドルの支援策を取りまとめ、それは最終的には五二八億ドルへと増額された。こうした巨額の資金が準備されたことで市場のパニックは収束することになるが、逆に、そのことは一九八〇年代の債務危機のように限定された債権者と債務者が時間をかけて交渉するという形式がとれないということを示している。つまり、発展途上国の通貨の信認が揺らいだときには、迅速に、かつ巨額の外貨が投入されなければならないということである。他方で、この通貨危機発生時点では、ＩＭＦは支援策を取りまとめることはおろか支援策に参加することもできず、支援策への参加は一月下旬まで遅れ、その意思決定に際しても白票が多数出るという状況であった。

それゆえメキシコ通貨危機は、他の新興市場諸国で発生した場合には対処の仕組みがないことを明らかにしたため、一九九五年のハリファックス・サミットでは通貨危機への対応策が先進国間で協議された。そして「二一世紀型の通貨危機」と呼ばれた通貨危機に対応できるように、ＩＭＦの改革が強く求められた。ＩＭＦ改革の基本方向は、①迅速な意思決定の仕組みを作ること、②増資や借り入れ協定などによってＩＭＦの財源を確保すること、③加盟国に経済データの公表を義務付け、それらをサーベイする役割をＩＭＦにもたせること、などで、通貨危機の発生防止と波及を阻止する役割をＩＭＦに持たせるというものであった。そのため、ＩＭＦは通貨危機に対処する国際金融機関へとさらに転換していくことになる。

(3)　アジア通貨危機と通貨危機の頻発

アジア通貨危機は、一九九七年七月のタイ通貨危機から始まり、大規模な資本流出が生じることでアジア各国に波及し、インドネシア、韓国が相次いで通貨危機にみまわれ、ＩＭＦからの緊急融資を受ける事態に陥った。それ以外の国でも、マレーシア、フィリピン、台湾、香港、シンガポールでも通貨は大幅に下落し、株式市場も二ケタを超えて下落した。通貨危機はまずアジア諸国に波及し、一〇月の香港市場での株価の急落から、ロンドン、ニューヨーク市場での下落を経由してラテンアメリカや東欧などの新興市場諸国へと波及していく。[8] そして、通貨危機の伝播が世界各国の金融市場と国際金融市場の動揺を生み、危機と小康状態を繰り返しながら、九八年のロシア通貨危機、九九年のブラジル通貨危機、二〇〇一年のアルゼンチン通貨危機へと連鎖していくことになる。

こうした新興市場諸国で発生した通貨危機に対して、ＩＭＦはメキシコ通貨危機時とは異なって迅速に行動し、タイに対する支援策の作成やそのための条件提示において中心的な役割を果たした。当初は日本やアジア諸国からＩＭＦとは別の枠組み（アジア通貨基金構想）も出されたりもしたが、アメリカやＩＭＦの強い反対の中で実現に至らず、結果的に改革が進展していたＩＭＦ主導で危機への対応が図られた。ＩＭＦでは、現実の通貨危機への対応を通じて、合意が困難であった増資や新規の借り入れ枠の創設なども実現され、その後の通貨危機に対応する際のＩＭＦの能力も飛躍的に高められていくことになる。この点でみると、タイの通貨危機は国際通貨システムの方向を決める転換点であったということもできる。

しかし、緊急支援に対する条件としてＩＭＦが各国に要求したものは、緊縮財政（増税と支出削減）と信用引き締めを柱にする従来型の経常収支赤字対策の繰り返しであったために、通貨危機が金融危機・経済危機に転化している各国の経済状況を一層悪化させ、金融機関と企業の破たんを拡大させて、経済危機をさらに深化させるという事態を生みだすにすぎなかった。さらに、ＩＭＦは、危機の過程で金融自由化と金融制度改革を要求し、通貨危機を自由化を進める機会として活用しさえした。こうした改革を強制したＩＭＦの立場は、資本移動の自由化を肯定して、それに適合的な変動相場制度への移行を求め、金融監督を強化して信頼できる金融制度を構築すれば危機の発生と波及を抑制できるというものであった。他方で、危機発生時に厳格な資本流出規制を課したマレーシアは、当初、ＩＭＦや先進国から強い批判を浴びたが、結果的には危機を終息させることに成功し、一年後に規制を解除した時点では逆の評価がなされるようになった点も重要である。このマレーシアの例は、発展途上国においては資本移動の管理が必要なことを示している。

(4)　通貨金融危機と国際金融取引の拡大

一九九〇年代に頻発した通貨危機、金融危機は、グローバル経済にどのような影響を与えたのであろうか。金融危機に見舞われた諸国の多くは、実物部門においては急速な工業化と高い経済成長を実現する一方、金融部門では資本市場の整備を進め市場を通じた外資の導入を積極的に行ってきた国である。一般に、輸出主導型の経済成長を支えるために為替相場の安定をはかり、ドルに対する固定相場制を採用していたことから、金融自由化の進展の中で外国からの短期的な投機資金が流入し、不動産をはじめとして資産価格が急上昇して景気の過熱状況が生じるのが常であった。そうした経済環境の中で、不動産バブルが崩壊するなどの何らかの引き金が生じることで、大規模な資本流出が発生し、通貨危機が引き起こされるということを繰り返してきた。

新興市場国で通貨危機が発生した場合、私的な市場参加者だけで通貨危機を抑制することは不可能であり、パニックの抑制のためには大規模な外貨の供給（当該国通貨と外貨との交換の実質的な保証）が必要とされている。それゆえ、実際にＩＭＦの下で大規模な緊急融資が行われ、パニックが収まるまで外貨が供給されるという対応がなされてきた。しかし、現実をみると、公的資金を使った大規模な外貨の供給は投機的に流入した短期資金の外貨への転換を、投機した側に有利な形で実現するという側面も持ち、それが他の通貨への投機資金を形成するという事態すら生みだしている。さらに、危機後には通貨は大きく下落しており、危機以前よりも資本取引の自由化が進んでいるために、海外の投資家からみればより有利な投資環境が形成されていることになる。それゆえ、投機的資金が下落した株式市場などに再流入し、また、有力な企業や金融機関の買収なども行われるということが繰り返されてきた。

以上の状況をみれば、新興市場諸国における通貨金融危機は、それが周辺国の動揺にとどまっている限り、先進国の金融機関やヘッジファンドなどの投資家にとって何ら問題ではないことは明らかである。逆に、新興市場諸国への投資で収益をあげ、通貨危機時にいったん投資資金を回収し、その後に再び投資するということで、多大な利益を上げることができることを示している。メキシコから始まってアジア諸国で、ロシア、ブラジル、アルゼンチンで、と続く通貨危機連鎖の時代は決して国際金融不安の連鎖の時代というものではなく、逆に、国際金融取引が拡大し、国際的な資本移動が活発化した時代ということができる。もちろん、金融危機時には、一時的に国際金融取引が収縮することになるが、ＩＭＦによる支援策の取りまとめと実行の下で、国際金融市場の動揺は速やかに回復し、拡大を続けるというのが実態であった。もちろん、その中には、ロシア通貨危機時にＬＴＣＭが破たんし、アメリカ金融市場を大きく震撼させるような例外的な事態も生じたが、その場合にもアメリカの金融当局の介入によって金融危機は抑え込まれ、金融危機が長期化するということは生じていないことは特徴的である。

3　グローバル経済の進展とサブプライム危機

(1)　グローバル化の進展とアメリカ経済の繁栄

通貨金融危機が頻発した一九九〇年代は、アメリカからみれば、戦後最長の一二〇カ月を超える景気拡大を続けた時代でもあった。一九九〇〜二〇〇〇年でみると、実質ＧＤＰは年率で三・四％という比較的高い成長を実現し、実質ＧＤＰは約一・四倍（名目ＧＤＰで約一・七倍）に拡大し、就業者数は一八〇九万人増え、失業率は五・六％から四・〇％へと低下させた(9)。企業部門では、全法人利益は三九八八億ドルから七五五七億ドルへと一・九倍に増加させている。また、海外利益は七六一億ドルから一四五六億ドルへと増加させており、二〇〇〇年の全法人利益に占める海外比率は一九・二％まで上昇する。金融部門は、毎年高い利益をあげ続けており、利益は九二三億ドルから一九四四億ドルへと二・一倍に増加させ、二〇〇〇年時点で全法人利益のほぼ四分の一を占めて製造業の一六六五億ドルを凌駕するようになる。この比率はアメリカ経済が金融部門に大きく依存していることを示している。

こうしたアメリカの景気拡大と企業利益の推移は、アメリカ経済の変化と世界経済の不均衡の拡大とともに進行している。先にアメリカ企業の在外調達と逆輸入の拡大が貿易赤字を生み出していることを指摘したが、その構造は一九九五年の世界貿易機関（WTO）の創設によって加速してきている。WTOはまず、国ごとに経済制度の相違があれば、それは多国籍企業の競争条件に影響を与え、公平で公正な市場競争を制約するとみなし、各国に制度の統一を求めている。また、先進国からの投資を促進するためとして、多国籍企業が優位を持つ知的所有権の保護を重視するよう各国に要求している。このWTO体制下では、多国籍企業は世界的な規模での生産・調達のネットワークを構築して、利潤を最大化するように研究開発・生産・販売を行っている。そして多国籍企業はコストのかかる生産部門を自社の外におく傾向を強く持ち、新興市場諸国の企業を活用するように変化してきている。逆に新興工業国企業は新規受注と契約の更新をめぐって競争を続けることになっている。多国籍企業からみれば、自らの知的所有権は独占的に保護されているため、委託先の転換はリスクの低いものとなり、より安価に生産できる国、企業を求めて委託先を変更しようとするからである。したがってWTO体制は、知的所有権による独占利潤を保証し労働や生産に価値をおかない世界を生みだし、国際的下請け生産という格差の構造を支え、多国籍企業により多くの利益を保証するものということができる。そして、それがアメリカ多国籍企業の高い利益を支えている。

こうした企業収益の拡大は、ＷＴＯ体制下で長期的に続くと予想されたため、国内外からの米国株式市場への資金流入を促し、株価は大幅な上昇を続けることになった。この株価の持続的で大幅な上昇は、キャピタルゲインを媒介にして国内の個人消費の拡大を支え、消費拡大がまた経済成長を促進するという好循環をもたらした。そして、一九九〇年代の株価の上昇は、最終局面ではＩＴバブルとその破たんという結果を生むことになる。二〇〇〇年以降、株価はいったん下落することになるが、グローバル経済に支えられてアメリカ企業の収益は維持されているので、数年で反転することになる。こうした株価が反転するまでは住宅価格の上昇がアメリカの個人消費を支えることになるが、その住宅バブルの拡大と破たんが後のサブプライム問題を発生させることにつながっている。

他方で、新興国は通貨危機の再発に備えて外貨準備の蓄積を図っており、米国国債の購入を大幅に増やしてきている。二〇〇五年に、新興国・発展途上国の外貨準備高は先進国のそれを凌駕するようになり、二〇一〇年には六兆一六六二億ドルにも達し、先進国の三兆九二四億ドルの約二倍まで達した[10]。外貨準備は流動性を確保しながら米国債だけでなく様々な金融商品で運用されるようになっており、それがアメリカの金融市場の発展と拡大を支えることにつながっている。つまり、アメリカは国内経済の空洞化を容認しながら、知的所有権による支配や金融・証券部門などを重視する経済へと転換することで、経済成長を実現してきたということがわかる。

(2) サブプライム危機から世界経済危機へ

二〇〇八年に始まる世界金融危機は、アメリカ国内の略奪的な高金利の住宅ローン（サブプライム・ローン）の問題から発生した[11]。アメリカの住宅ローン市場は、金融機関による個人向けの貸出市場と金融機関が資金調達する市場に分かれ、金融機関は融資した個人向けローンを担保にして証券を発行し、資金調達を行うという二重の市場構造をもっている。

発端となったサブプライム・ローンとは、低所得や延滞事故履歴などのために信用力が低いと判断された個人向けのローンのことで、主に移民やマイノリティの人々が利用してきたものである。アメリカでは、一九九〇年代後半以降、住宅価格上昇が持続し、サブプライム・ローンを借りた低所得層の住宅購入が広く行われるようになった。金融機関は信用力の低い者ほど高い金利を設定できるため、当初の借入金利を低くする形で積極的に勧誘し、高金利のローンをもとにして証券化商品を組成して販売し、資金を回収しては新たな住宅ローンを組んできた。この証券化商品を組成するところで金融工学が活用されるが、それらは格付け会社によって高い格付けを受けたため、世界的な低金利の中で世界の投資家の格好の投資先として購入されていくことになる。アメリカ国内の未開拓の市場を金融工学によって投機対象の場として活用したものであり、新興市場諸国で展開されてきた投機が一巡した後、今度は国内の新興市場に投機の場を移したといってもよいものである。

サブプライム危機は住宅バブルが崩壊する中で差し押さえが急増し、ローン債権の回収が行き詰まることで、組成された証券化商品の価格が急落することで生じた。これらを購入してきた金融機関の損失が巨額に上るとの懸念から金融機関の経営不安が拡大し、リーマンショックによってそれが顕在化するのである。アメリカだけでなく世界各国で急速に信用不安が高まり、投資家や金融機関は手元に現金を保持するために金融資産の売却を進め、資金の回収を行った。その結果、世界中で株価の暴落や為替相場の下落が相次ぎ、それがまた金融機関の経営に打撃を与えるという悪循環に陥っていく。その結果、金融市場は事実上機能しなくなり、銀行間市場でも流動性が枯渇するという事態にまでいたる。急激な信用収縮の結果、個人消費も急減、耐久消費財を中心に売れ残りが急増し、労働者の解雇も急激に増加し実物経済へと危機は波及する。そのため、当初はサブプライム層に限定されていた差し押さえの動きは、急速にプライム層へと拡大し、金融危機はさらに増幅されることになった。そのため、世界的に信用収縮が急速に進み、各国で拡大していたバブルも崩壊し、アメリカ向けの輸出に依存していた国々も巻き込んで金融危機は世界的な経済危機に転化していくことになるのである(12)。

この金融危機の世界的な波及の中で重要な問題は、アメリカの大手金融機関の信用危機が民間レベルでの国際通貨としてのドルの流動性を枯渇させたため、各国通貨当局による緊急支援を不可避のものとし、最終的にはアメリカのＦＲＢによるドル供給によって収束させられたということである。公的な支援がない段階では、アメリカ以外の金融機関は国際金融業務をドルで行わなければならず、銀行間の短期金融市場でドル資金が調達できない以上、外国為替市場で自国通貨売りドル買いによるドル調達を行わなければならない。同時に、世界的な信用収縮の中で新興国や周辺国からの投資が回収され、また、こうした環境を積極的に活用した通貨投機も発生したため、金融危機下で急激で大幅なドル高が生じることになった。つまりユーロが大きく下落し、ドルが上昇したということの中に国際通貨をめぐる両者の本質的な相違が存在しているということである。そしてそれが各国通貨の大幅な下落をもたらし、下落した国の金融機関や企業、個人のバランスシートを大幅に悪化させ、経済危機を深刻化させていくのである。今回の金融危機の波及のあり方は、国際通貨がドルであることの問題点を広範囲に知らしめることになった。

(3)　私的な債務の公的債務への転換

世界的な金融危機への対応は世界各国での公的資金による救済、公的債務への転換によって行われてきた。アメリカの場合、中央銀行であるＦＲＢは、金融機関に対する緊急融資に加えて従来の枠を大きく超えた様々な措置を相次いで実施した。短期金融市場への資金供給を重視し、金融機関が保有する証券を買い取り、政策金利も〇～〇・二五％へという低い水準にまで引き下げた。「信用緩和」といわれた流動性供給策を続け、シティバンクの救済に際しては財務省とともに金融機関の損失保証を打ち出した。これらの結果、ＦＲＢのバランスシートは二倍以上に拡大して二兆ドルを超え、資産内容も大幅に悪化する事態を招いた。また、七〇〇〇億ドルという巨額の財政資金が投入されて、公的資金による金融機関の不良債権の買い取り、金融機関への資本注入などが行われ、それはＧＭやクライスラーなどの事業法人にまで拡大された。こうした対策はアメリカに限定されるものではなく、Ｅ

U諸国など他の先進国でも同様で、金融機関の債務は中央銀行をはじめとする公的機関の債務に転換されている。特に欧州諸国では、資産価格の下落と通貨の下落が大きく影響し、各国がそれぞれの国の大手金融機関を救済することになった。その結果、後に欧州での国債の信用不安が拡大することになるのである[13]。

また、急激な需要減による経済危機の拡大に対しては財政支出の拡大によって対処された。アメリカでは、個人消費と民間需要の急減に対して、数度にわたって巨額の景気対策が実施されたため、アメリカの財政赤字額は二〇〇八年の四五九〇億ドルから二〇〇九年の一兆四一六〇億ドル（対ＧＤＰ比で一〇％）へと急増し、赤字額は二〇一〇年でも一兆二九四〇億ドルという高い水準である。金融政策と同様、財政赤字の拡大は世界各国でみられるものであり、低成長下での少子高齢化の問題も加わってそれぞれの国で財政赤字問題を深刻化させている。

こうした財政金融政策を総動員することで、世界金融危機はいったん収束することになったが、経済危機からの回復はなかなか進んでいないのが実態である。アメリカ金融当局は、危機対応型の金融政策を順次解除しながらも、かなり長期間にわたって超金融緩和状態を継続する姿勢を示している。その最大の要因は、景気回復の力が弱いからであり、また金融緩和を通じて株式市場に刺激を与え、資産価格の上昇によって危機からの回復を図ろうとしているからでもある。二〇一〇年秋以降のＱＥ２と呼ばれた量的緩和策によって、株価は一時リーマンショック以前の水準にまで上昇し、高所得層を中心に消費の回復も一部みられたが、その後株価は大きな振幅を繰り返すにとどまっている。

他方で、アメリカの雇用状況は依然として改善せず、失業率もあまり低下していない。景気回復後の雇用数増は約一〇〇万にとどまり、景気後退で失われた雇用数八〇〇万人には遠く及ばない状況である。家計の可処分所得の伸びはほとんどなく、かろうじてそれを支えているのは減税の継続・拡大と失業保険などの社会保障給付費であり、財政支出によって個人消費は支えられているにすぎない。また、住宅の差し押さえ数も依然として高く、住宅価格の低迷が続いているため、家計のバランスシートの悪化は続いている。つまり、多くの家計にとっては、フローの所得も減少したままであり、ストックの価格も低下したままであるので、依然として個人消費を拡大する余裕がないのである。

こうしたアメリカ経済の状況は、アメリカが輸入を通じて世界経済の拡大を支えることができなくなっていることを示している。景気回復とともに輸入額も一九三五億ドル（二〇一〇年）へと増えてきているが、未だに二〇〇八年の二一一七億ドルの九一％にとどまっている。貿易赤字額は、二〇一〇年は六四五九億ドルで、二〇〇八年の八四〇三億ドルの七七％に水準であり、アメリカの世界需要の吸収力は大きく低下している。他方で、ＦＲＢによる金融緩和策はアメリカからの資本流出を生み、世界的なドル安をもたらすとともに、金価格や資源価格の上昇、新興国での投機を拡大する等の弊害を拡大させている。

おわりに

変動相場体制への移行後、貿易の自由化と資本移動の自由化によって、世界経済の統合は進んできているが、それは同時に世界経済の不均衡を拡大し、グローバルな資本移動は景気の変動幅を拡大させている。通貨危機の頻発の歴史はそのことを示しており、それは世界金融危機の深刻化の中で、制度に根本的な問題があることを明らかにした。端的にいえば、金融自由化の中で拡大する短期的な投機資金の移動は、経済効率を高めるというよりもバブルの拡大と破たんを通じて経済の振幅を極端に増幅し、経済実態に深刻な打撃を与えるということである。しかも、その過程では、金融危機ないしは経済危機を回避するために巨額の公的資金の投入がなされ、結果的に国民に多額の負担を課す一方で、投機的資金はそれによって救済されるということが繰り返し行われてきた。今回の金融危機はその投機の舞台がアメリカ市場であり、債務の規模もその波及もとても大きかったために、アメリカも含めて先進国の財政危機は深刻化し、これ以上の債務の拡大が政治的に困難になるまで蓄積されている。現在、ギリシアや南欧諸国などの国債の信認問題が焦点になっているが、先進国国債のデフォルトは規模があまりにも大きいために公的資金で救済しきれない可能性が生じているからである。

つまり問題は、金融危機を事後的に対処するのではなく、事前に対応すること、いいかえれば、こうした構造を生んできた真の要因である投機的な資金の規制と管理の問題に対処する必要があるということである。もちろん、規制の内容は、自己資本比率規制を強化し、金融機関の経営を強化するという従来の方向の延長では不十分であり、金融投機に対する直接的な規制が必要である。同時に、国内外の金融自由化の政策を再検討し、国際的な資本移動についても、短期的な投資資金の流出入については規制と管理の体系を構築することが求められている。また、ドルの国際通貨としての機能に依拠し、巨額の経常収支赤字を容認しながら、海外からの資本流入と資産価格の上昇、それらを担う金融部門を中心に経済成長を図っているアメリカ経済のあり方も問われなければならない。そして、そのあり方を支えている国際経済秩序を形作っているWTO体制も修正される必要があろう。現代の経済的枠組みの下では、アメリカ経済の不均衡も世界経済の不均衡も修正されることが難しいからである。深刻な金融危機を真に抑制していくためには、グローバル経済そのものの再構成とそのための新しいガバナンスが求められている。

【注】

（1）　ポンド体制の変化と戦後のスターリング地域の崩壊については、上川孝夫「パックス・ブリタニカの盛衰」（上川孝夫・藤田誠一・向寿一『現代国際金融論（第3版）』有斐閣、二〇〇七年）を参照。一九七〇年代までスターリング地域は六五カ国を数えていたが、一九七二年六月に一二カ国を除いて英ポンドへの相場の固定を停止し、その後、一九七九年末にガンビア一カ国になり、一九八五年にはガンビアも停止した。

（2）　アメリカの通商政策については、中本悟『現代アメリカの通商政策——戦後における通商法の変遷と多国籍企業』（有斐閣、一九九九年）を参照。

(3) 累積債務問題と国際金融機関との関係については、毛利良一『グローバリゼーションとＩＭＦ・世界銀行』（大月書店、二〇〇一年）を参照。

(4) メキシコの政策と民営化問題については、高懸雄治『ドル体制とＮＡＦＴＡ——中枢＝周辺関係の現代的構図』（青木書店、一九九五年）を参照。

(5) BIS, *Triennial Central Bank Survey, Report on global foreign exchange market activity in 2010*, p. 7, pp. 46–53. WTO, press release, *Trade growth to ease in 2011 but despite 2010 record surge, crisis hangover persists*, 7 April 2011.

(6) 澤邉紀生「金融リスクの国際的管理」（前掲、上川・藤田・向『現代国際金融論（第3版）』）を参照。

(7) メキシコ通貨危機に対するアメリカ、ＩＭＦの対応については、増田正人「国際通貨制度とセイフティ・ネット」（金子勝・比較経済研究所編『現代資本主義とセイフティ・ネット』法政大学出版局、一九九六年）を参照。

(8) アジア通貨危機はタイの通貨危機から始まるが、七月のタイの通貨切り下げは国際金融市場にほとんど影響を与えていない。それは投機する側が事態の推移を予想していたことを推測させる。波及の特徴については、増田正人「１９９０年代の通貨危機」（上川孝夫・新岡智・増田正人『通貨危機の政治経済学』日本経済評論社、二〇〇〇年）を参照。

(9) 『米国経済白書２０１１』毎日新聞社、二〇一一年、巻末の所得・雇用・生産関連統計表を参照。以後、アメリカの統計数値はこの表の数値を引用している。

(10) IMF, Data and Statistics, *Currency Composition of Official Foreign Exchange Reserves* を参照。外貨準備の構成でみると、ドル建て比率は六一・五％で、第二位のユーロの二六・二％、第三位のポンド四・〇％を大きく上回っている。外貨準備はドルを基本としながらも、ドル安などの為替相場の変動から価値総額を守るための分散投資が行われていることを示している。

(11) サブプライム危機の進行については、みずほ総合研究所『サブプライム金融危機——21世紀型経済ショックの深層』（日本経済新聞社、二〇〇七年）が詳しい。金融機関の側のサブプライム層への貸付の問題点については、鳥畑与一『略奪的金融の暴走——金融版新自由主義がもたらしたもの』（学習の友社、二〇〇九年）を参照。金融危機の全体像については、斎藤叫編『世界金融危機の歴史的位相』（日本経済評論社、二〇一〇年）を参照。

(12)　アメリカの輸入額は二〇〇八年八月から減少に転じ、二〇〇九年春まで、ほぼ半年で約三五％もの大幅な減少となっている。

(13)　欧州の国際の信用不安の問題については、みずほ総合研究所『ソブリン・クライシス　欧州発金融危機を読む』を参照。アイスランドの場合、三大銀行のすべてを政府管理下において救済するが、金融機関の債務額が巨額に上ったため、銀行救済後に国家財政が破たんし、ＩＭＦから約六〇億ドルの緊急救済融資を受ける事態に至った。

第2章　世界経済の編成原理はどう変わってきたか

――国際金融機関の論争史

矢後　和彦

はじめに――国際金融機関における理論・学説と政策展開

本章では、国際通貨基金（ＩＭＦ）、国際決済銀行（ＢＩＳ）、国際復興開発銀行（ＩＢＲＤ＝世銀）等の国際金融機関が打ち出してきた政策・理論を歴史的にふり返りながら、第二次大戦後に世界経済の編成原理がどのように変わってきたのかを概観する。

一般に「世界経済の編成原理」と称される思潮としては、ケインズ主義、マネタリズムなど、ときどきの支配的な経済学説が思い浮かべられよう。しかしながらこうした経済学説は、政策立案の現場ではケインズ（John M. Keynes）やフリードマン（Milton Friedman）のような学説の創始者たちの意図を離れて、いわば現実と折り合いをつけながら展開されることが多い。一九六〇年代のアメリカでケネディ・ジョンソン政権を支えたアメリカ・ケインジアンの政策はもともとのケインズ理論とは異なるものだったし、しばしば「ワシントン・コンセンサス」などと称されるＩＭＦ・アメリカ財務省の政策もフリードマンやハイエク（Friedrich von Hayek）の学説の引き写しではなくなっている。本章では、さまざまな経済学説が変形されてから現実の経済を動かすようになっていくこの帰趨に注目して、国際金融機関で提起された政策の方向を戦後経済史の文脈に位置づけることを試みる。

いうまでもなく世界経済の動向に影響を与える政策立案の主体は、各国政府・財政当局、中央銀行など多岐にわたっており、多国籍企業・国際銀行など市場のプレーヤーも欠かすことができない。そのなかで国際金融機関を取り上げるのは、これらの機関が充実した調査部局を擁して重要な提言を系統的に行っているからであり、とりわけ一方における市場（国際資本移動とその媒介者たち）と、他方における国家（加盟国各国政府・中央銀行等）の結節点にあって両者を見通す位置に立っているからである。(1)

以下、本章では第二次大戦後の国際金融史をふり返りながら、その転回点であらわれた国際金融機関の理論・学説をたどることとする。第1節では第二次大戦からニクソン・ショック前後までの国際通貨体制をふり返り、この時期の国際金融機関の理論史を検討する。第2節では一九八〇年代以降の時期に世界経済・国際金融の設計思想にあらわれたパラダイムの転換を取り上げる。第3節では現時点での金融政策上の論点となっている「マクロ・プルーデンス」をめぐる論争を検証する。

1　第二次大戦後の国際通貨体制と国際金融機関

第二次大戦後の国際通貨体制は「ブレトンウッズ体制」と呼ばれることが多い。しかしながら、しばしば指摘されるところであるが、この「ブレトンウッズ体制」という把握には複雑な問題が含まれている[2]。国際金融機関の視点から論点を整理してみよう。

(1)　初期の「ブレトンウッズ体制」とIMF・世銀――「アブソープション・アプローチ」とその背景

ブレトンウッズ協定（一九四四年）で設立されたIMFと世銀は「ブレトンウッズ機構」とも呼ばれ、第二次大戦後の国際通貨・金融システムの中心と目されていた。他方で一九三〇年にドイツ賠償問題を契機に設立されていたBISはブレトンウッズ協定で清算を宣告された。ブレトンウッズ協定の締結の時点ではこのようにIMF・世銀とBISが明暗を分けていた。ところがアメリカの通貨当局が「キー・カレンシー・アプローチ」へと舵を切り、マーシャル・プランの発動へとつながっていく時期には、IMFは戦後構想の主流の外におかれることになった。もう一つのブレトンウッズ機構である世銀のほうは、この時期にフランス・チリを皮切りに大口の融資案件を成立させ、冷戦期の国際情勢を背景にアメリカ政府の意向に近い現実主義的・機会主義的な行動を取っていた。他方、BISは欧州域内決済の事務局機能を担うようになり「ブレトンウッズ体制」の周縁部でたくみに復活していった。[3]

以上の概観からも明らかなように、ＩＭＦ・世銀は「ブレトンウッズ体制」を支える必須の機構というわけではなかった。かれらは、あるときは普遍的な理想を掲げ、またあるときはアメリカと対立して不遇をかこつなど、幾多の転変を余儀なくされた歴史的存在だったのである。

では、これら国際金融機関の政策路線を支える理論はどのように展開してきたのだろうか。ＩＭＦに即してみていこう。

周知のとおりＩＭＦ協定第８条は加盟国に資本移動に関わる規制の撤廃を義務づける一方で、この義務を履行できない国（14条国）については一定期間の猶予を認めていた。この猶予の条件として14条国に課されたのがコンサルテーション（consultation：年次協議）である。コンサルテーションは一九五二年から開始され、ＩＭＦの政策路線はこの協議に際して各国のマクロ経済政策を方向づけるために提起された。「金融計画法」（financial programming）と呼ばれたこの政策提言は、時期に応じて変化していくが、その嚆矢となるものが「アブソープション・アプローチ」（absorption approach）である。[4]「アブソープション・アプローチ」とは、チャン（S. C. Tsiang）[5]やアレクサンダー（Sydney Alexander）[6]らによって一九五〇年代に定式化されたモデルであり、「経常収支（ＢＰ）＝国民総生産（Ｙ）－国内総支出（Ｉ＋Ｃ）」という定義をもとに、この国内総支出の形成にケインズ乗数理論を適用したものである。「アブソープション」とはこの式にいう「国内総支出」（民間消費、国内投資、政府支出）の総和であり、その政策的含意は「経常収支は国内の金融引き締めによって調整されるべきである」というものであった。

「アブソープション・アプローチ」が提起されたのは西欧諸国などがまだ14条国にとどまっていた一九五〇年代前半であり、このモデルは資本移動規制の存在を前提として経常収支の政策的調整を優先する志向に貫かれていた。資本主義世界は「ドル不足」に悩まされており、上述の「アブソープション・アプローチ」は各国の成長を軌道にのせるため、対象国にまずは国内総支出の抑制を求めるというものだった。

こうした一九五〇年代の金融計画法のモデルはＩＭＦのような超国家的な機関が加盟国の経済政策に注文をつけるという点に新しさがあったが、他方で、これらのモデルが描く政策路線は14条国が規制緩和に踏み切るまでの過渡期に限られたものであり、政策の内容についても赤字国・黒字国の違いはなかった。またコンサルテーションを経ても政策展開の主体は各国政府とされており、民間金融機関など市場で活動するアクターに関する関心は意外に低いものだった。ＩＭＦの「融資」がなんらかの条件を満たすこととセットになるという「コンディショナリティ」（融資条件：conditionality）の考えは、一九六九年のＩＭＦ協定改訂でようやく明文化されることになる。

ちなみに同時代のアメリカでは「賃金・物価ガイドライン」（wage and price guidelines）を通じた「フィリップス曲線の緩和」「固定為替レートの維持」という政策が実施されていた。この政策は、主要産業の賃金と物価に「ガイドライン」を示してコントロールすればインフレと失業を適正な範囲に封じ込めて固定為替レートを維持できる、という理解を背景にしていた。この「ガイドライン」論は戦時中にガルブレイスらによって提唱され、アイゼンハワー政権の経済諮問委員会答申に継承された路線である。この政策はケインズ理論をいわば通俗化したものであり、ケインズ派の内部でも賛否両論があったのだが、一九六〇年に至るまで政権公認の理論であった(7)。同時代にはアメリカの政策もまた市場への不信と政府への信頼に彩られていたのである。

(2) 固定相場制期ＩＭＦの政策路線――「マネタリー・アプローチ」と「マンデル・フレミング・モデル」

欧州諸国が通貨の交換性を回復する一九五〇年代後半になると、アメリカとＩＭＦは歩み寄るようになり、新たな役割分担を模索する。そしてポンド危機・ドル危機が現実のものとなる一九六〇年代から一九七〇年代初頭にかけては、「一般借入取極」(General Agreements to Borrow) の締結、「特別引出権」(Special Drawing Rights) の創設など、ＩＭＦはアメリカと手を携えながら固定相場制の維持を目指した「ブレトンウッズのパッチワーク」に尽力する(8)。しかしニクソン・ショックからスミソニアン協定を経て変動相場制に至る時期には、アメリカの政策変更にＩＭＦがいわば置き去りにされた形となる。かつての「ドル不足」は一九六〇年代には西欧世界の復興と冷戦の深まりのなかで徐々に「ドル危機」へと転じていく。

この時期のＩＭＦにおける金融計画法は、さきの「アブソープション・アプローチ」から「マネタリー・アプローチ」へと拡張された。「マネタリー・アプローチ」とは一九五六年にポラック (Jacques Polak) によって定式化されたモデルであり、その後長らくＩＭＦの金融計画法の基礎となった範式である。ポラックのモデルは「通貨供給量の変化率（⊿MO）＝通貨の流通速度の逆数（k）・国民総生産の変化率（⊿Y）」という第一式で通貨供給量を体系に取り込み、「輸入（M）＝限界輸入性向（m）・国民総生産（Y）」という第二式に続いて、「⊿MO＝外貨準備の変化率（⊿R）＋国内銀行制度の信用創造（⊿D）」という第三式で信用創造をも視野におさめる。この第三式における「外貨準備の変化率（⊿R）を「⊿R＝輸出（X）－輸入（M）＋非銀行部門のネット資本流入（K）」という第四式で定義する。「マネタリー・アプローチ」は、基本的には以上の四式で成り立つ単純なものであるが、ポラック自身の意図は、「所得や経常収支の展開を説明するために通貨（monetary）要因と信用（credit）要因を統合する」ことにあったという。同時代にはシカゴ学派に属するジョンソン（H. G. Johnson）が同じ「マネタリー・アプローチ」という名称で経常収支を純粋に貨幣的な現象とみるシカゴ学派の原理から出発したモデルを開発していたが、その対比でいえばＩＭＦの「マネタリー・アプローチ」は「ケインズ主義的」「進化的」なものだったといえよう。(9)

さて、ポンド危機からドル危機へと「キー・カレンシー」の危機が頻発する一九六〇年代後半になると「ブレトンウッズ体制」の時代に前提とされていた一国的な政策路線の限界が露呈してきた。ユーロ・カレンシー市場を介した資本移動とこうした資本移動がもたらす新しい現実にＩＭＦの処方箋が対処できなくなってきたのである。

この情勢を受けて一九六一年にＩＭＦ内部で発表されたのが「マンデル・フレミング・モデル」である。モデルを考案したフレミング（J. Marcus Fleming）は一九五四年にＩＭＦ調査局に入局し、のちに特別研究部顧問になった人物であり、もう一人のマンデル（Robert Mundell）も一九六一年にＩＭＦに招請されフレミングの特別研究部に配属されたＩＭＦのスタッフであった[10]。周知のとおり「マンデル・フレミング・モデル」は、資本流入を体系に組み込み、経常収支調整論に資本自由化と為替制度論を連結したものである。「マネタリー・アプローチ」までの金融計画法が各国の財政・金融政策による国内調整を当然のように考えていたのに対して、マンデルとフレミングのモデルはこれらの政策の効果が異なってあらわれる諸条件を呈示した[11]。

問題は、「マネタリー・アプローチ」であれ「マンデル・フレミング・モデル」であれ、これら一国的・均衡調整的なモデルの骨格が基本的にはほぼそのまま現在にも継承されていることである。こうしたモデルが今日に至るまで継承されていることについては、時代や学説の変化を反映していないという根強い批判が存在する[12]。他方で「マネタリー・アプローチ」を提唱したポラックは、これらの比較的単純なモデルが維持された背景として、(1)同時代における統計技術の未整備により、モデル上は提示できても実際には計測できない変数があった、(2)単純なモデルの方が拡張や改良が容易である、(3)各国の当局がコントロールできる変数である国内信用創造を重視した、という事情を解説している[13]。ポラック自身、上述のアプローチを開発したあとも長年にわたりＩＭＦの理論活動の中心であり続け、ケインズ経済学が退潮したとみられた一九八〇年代以降にも同様のモデルを根本的には修正することなく時代の変化に対応させていった（ちなみにポラックはブレトンウッズ会議に出席した数少ない生き証人の一人であり、二〇一〇年の二月に逝去した）。

2　一九七〇年代から九〇年代へ──「無言の革命」

ニクソン・ショックから変動相場制への移行、石油ショックを契機とするインフレーションとグローバル・インバランスの拡大、一九八〇年代以降にあらわれてくる規制緩和と民営化、さらには冷戦終結へ──一九七〇年代から九〇年代にかけての時期は、これらのキーワードで彩られている。しかしながら本章で対象とする国際金融機関の側からは、これらとはやや異なったニュアンスの時代像が呈示されている。「無言の革命」（Silent Revolution）である。これはＩＭＦのカムドシュ専務理事（Michel Camdessus：在任は一九八七─二〇〇〇年）が唱えた用語で、「アウタルキー、孤立主義、重商主義、そして経済活動に対する政府の計画と統制」という傾向から離れて、「開かれた国際貿易と金融、共同的な価格設定と生産の意思決定、そして諸国の間の協力」へと向かう潮流を指している。[14] カムドシュ専務理事はこの「革命」を歓迎し、「革命」でＩＭＦが果たした役割を称揚するが、ここで注目すべきは「無言の革命」という捉え方である。それは、一九八〇年代以降における世界経済の変化を二一世紀初頭に至るまで一貫したものとして捉えるものであり、なおかつ、その主役は危機に直面した政府当局者や新しい経済学説ではなかったとみる──したがって「レーガノミックス」や「サッチャー主義」は必ずしも重視されない──。この「革命」は、市場の諸力によってもたらされた必然であった（その意味で「無言」だった）というわけである。この把握は妥当だろうか──。本節ではこの

「無言の革命」前後の時期における国際金融機関の政策路線を検討する。

(1) 変動相場制をどうみるか——ＩＭＦと新自由主義の立場

金・ドル交換停止後に確立する一九七〇年代の国際通貨システムは、しばしば「変動相場制」であるといわれる。しかしながら変動相場制といっても、一切の資本移動規制がかからない完全なフロートを採用している国はごくひとにぎりの先進工業国であり、多くの諸国はドル・ペッグ、通貨バスケット、カレンシー・ボード制など、限定的な変動相場を採用していた。また為替の変動を為替市場の動向に任せて政府などの介入を行わない「フリー・フロート」に対して、日米を含む多くの諸国は時に応じて為替を事実上、管理・サポートする「管理フロート」の体制であった[15]。

この変動相場制をＩＭＦはどのようにみていたのだろうか。その立場は意外に冷静だった。「当時広く期待されたところとは異なって、一九七一―七三年の固定相場制の崩壊は少なくとも当初においてはＩＭＦから融資を求める要請には大きな影響をおよぼさなかった」「通貨の変動制は若干の主要国だけに限られた例外にとどまった[16]」。ＩＭＦの視点からみれば、一部の先進国を除けば加盟国の大多数はいまだ経常収支の調整に課題を抱えており、したがってＩＭＦの理論・政策にも大きな変更は必要ないという認識だったのである。

さらにＩＭＦの理論・政策との関わりで重要と思われるのが、変動相場制そのものについての理解、とりわけ新自由主義の陣営における見解である。興味深いことに、新自由主義の伝統は変動相場制に懐疑的であった。たとえば新自由主義の総帥とみられたハイエクは、一九七六年に公刊された『貨幣発行自由化論』のなかで、自身が「固定相場制を一貫して支持してきた」ことを強調している。ハイエクの変動相場制批判・固定相場制支持論の論点は以下の二点に集約される。(1)変動相場制では、一見すると自由に為替が変動するようにみえて、実は「各国間の一般物価の相対関係」から為替が変動しているにすぎない。こうした「平均の動き」ではなく「個々の価格の相対関係の変化」が必要なのであり、変動相場制はこの要求を満たしていない、(2)金本位制・固定相場制は「貨幣発行機関に対して、是非とも必要な規律または制限」を課していた。ところが変動相場制ではこの枠組みが外れ、中央銀行は安価な通貨を求める政府の圧力に抵抗できなくなる――[17]。ハイエクの立論は「中央銀行不要論」につながるユートピア的な主張に沿ったものであり、アクチュアルな政策課題に向き合うものではなかったが、新自由主義の発想の一つの典型を表現しているものとみることができるだろう。

他方で周知の「ＩＭＦ改廃論争」のさなか、いわば「右」側の視点からもっとも激しくＩＭＦを攻撃したフリードマンはこう述べている。「完全な固定相場制と変動相場制の間にある選択肢について、どれが好ましいかはその国の特性に依存する」「しかし、二つの制度のどちらかを選んでそれにこだわる限り、その国は外国為替危機を免れるし、国際機関が市場を補完する役割も必要なくなる」[18]。要するに変動相場制か古典的な固定相場制のいずれかの純化された制度が市場の機能を最も効率的に反映させられるのであり、ＩＭＦの中途半端な介入は不要だというのである。こうした見解は、シュルツ（George Schltz）らの「ＩＭＦ不要論」[19]にも共有され、マネタリズムの基調をなしていくことになる。

変動相場制をめぐって、新自由主義、マネタリズムといった経済思想の潮流は、このように内部に重要な分岐を含んでいた。かれらの唯一の共通見解といえるものは、政府であれ、国際機関であれ一切の介入を忌避するという点であり、その批判対象には当然のことながらＩＭＦも含まれていた。他方でＩＭＦは変動相場制そのものの存在をある距離感から眺めていた。いずれにせよ、一九七〇年代以降の国際通貨体制について「ＩＭＦ体制が崩壊して変動相場制に移行した」という見方は、理論・政策史の視点からは簡単には成り立たないことがうかがえるだろう。

(2)　ＩＭＦの機能——拡張から動揺へ

一九七〇年代中葉以降になると、黒字国と赤字国、産油国と非産油国、先進国と途上国のあいだに経常収支の不均衡が広がっていった。他方でこうしたグローバル・インバランスを調整するユーロ・カレンシー市場が発展し、これらの国際市場で活躍する国際銀行の活動がとりわけ途上国向けの貸出において活発になった。国際銀行はオイル・ダラーの還流と再投資を担って各国政府向けの融資にも乗り出し、他方でＩＭＦから融資を受けようとする要求は減ることになった。この民間融資はやがて累積債務問題に発展し、ＩＭＦは再び国際金融システムの前面にでてくることになる。

ＩＭＦが一九七〇年代における情勢の変化を受けて自らの任務を再定義するのは一九七八年のＩＭＦ規約改訂においてである。すなわち一九七八年の規約改訂により新設された協定第４条によって、ＩＭＦとその加盟国の任務が再定義され「秩序だった為替取決を保証し、安定的な為替レートシステムを促進すること」とされた。この条項に従ってＩＭＦは、それまでの旧8条コンサルテーションに加えて新4条コンサルテーションをアメリカを含む各国に発動することになっていく[20]。一九八二年以降、アジアやロシアで金融・通貨危機が頻発するようになってからは、ＩＭＦはさらに「危機管理者」（crisis manager）の自覚を強めていく[21]。

このＩＭＦの機能拡張の功罪については、とりわけアジア通貨危機を契機に広く議論されるようになった。よく知られた論点はＩＭＦ側の「仲間内の資本主義」（crony capitalism）論——「経済危機を招いた主因は途上国における市場経済の未発達と開発手法の不透明さにある」——と、これに対する批判——「ＩＭＦは各国の実情を無視した市場万能論を機械的に適用している」——であろう。「ＩＭＦ資本自由化論争」「ＩＭＦ改廃論争」とも称されるこの論争は、しかしながらよりいっそうの多岐にわたっており、論争の構図もしばしば注目される「ＩＭＦ対反グローバル派・左派」といった図式におさまらない。以下では、周知の論点とは異なる若干の問題点——国際金融機関間の対抗——にふれておこう。

第一に、ＩＭＦの機能が上述の4条コンサルテーションなどを通じて当該国のマクロ経済政策の細部にまで拡がってくると、それまでこの領域で権限をもっていた機関、とりわけ世銀との競合が生じたことである。すなわちそれまで途上国の開発支援を一手に引き受けていた世銀の融資対象にＩＭＦが入り込んでくることになり、他方で世銀の側ではＩＭＦのコンディショナリティに倣って融資対象国のマクロ経済政策に注文をつけるようになった。こうして融資対象・手法が重複するなかで、途上国側からは、ＩＭＦと世銀の「コンディショナリティ」の内容が相違するという問題が指摘された。また一方の機関のコンディショナリティを満たせない場合に他方の機関の融資も自動的に打ち切られるという「クロス・コンディショナリティ」への批判も寄せられた。「無言の革命」の立役者ＩＭＦは、途上国に対しては「有言」だったのである。[22]

第二に、ＩＭＦの勧告・助言等は、各国が経済政策を調整する「政策協調」の枠組みとも微妙な関係に立つことになった。そもそも政策協調、あるいはその目標とする「協調介入」は、たとえば為替レートの目標を設定する。ところがこの目標レートという考えは、一方の極へと推し進めていくと「目標を設けるならそれを恒久的なものに固定すればよい」という固定相場制へと回帰していくことになる。この立場は欧州の為替相場調整に際して主張されることになる。[23] これに対して一九八〇年代に支配的となる経済思潮では「目標レートを定めれば市場がそれを織り込んでしまい、目標に達するための政策の発動は無力化する」という他方の極が主張されることになる。「無言の革命」の理念はこの後者の路線に近かったはずだが、実際のＩＭＦはこれら両極の間をさまざまに動揺することになった。[24] 他方でG10やＢＩＳなどのフォーラムでは中央銀行間協力の枠組みが維持され、ＩＭＦとの独特なライバル関係が新たに形成されていくことになる。[25] こうした対抗関係は「無言の革命」の主張ではふれられない盲点になっている。

3　マクロ・プルーデンスと「BIS view」

上述の「無言の革命」と並行して——端緒的にはすでに一九七〇年代末から——もう一つのアプローチがＢＩＳの周辺で議論されていた。それが「マクロ・プルーデンス」規制の考え方である。「マクロ・プルーデンス」とは、個々の金融機関の健全性（＝「ミクロ・プルーデンス」）にとどまらず、金融システム全体の健全性を指す用語であり、「マクロ・プルーデンス規制」とは金融政策や監督行政を通じて金融システム全体に影響を与え、システムとしてのリスクを回避しようとする規制の総称である。「ミクロ・プルーデンス」を規制するという立場は個々の金融機関が健全であれば金融システム全体も問題ない、という視点に立っているのに対して「マクロ・プルーデンス」規制の方はシステム全体の健全性は個々の機関の健全性とは異なる位相にある、と捉える。[26] この「マクロ・プルーデンス」の発想は、「マクロ」は「ミクロ」の総和とは異なるというケインズ主義の伝統——「合成誤謬」——に連なると同時に、「マクロ」の政策が「ミクロ」の側に誤ったインセンティブを送ることもあるというゲーム理論の新しい展開にも棹さしている。

この「マクロ・プルーデンス」の考えはどのように形成されてきたのだろうか。最近のＢＩＳ当局者の研究によれば、この用語が初めてあらわれたのは一九七九年、バーゼル銀行監督委員会につながる「銀行規制・監督に関する委員会」（Committee on Banking Regulations and Supervisory Practices）

の場であるという。[27] 座長の名を冠して「クック委員会」(Cooke Committee) とも呼ばれるこの委員会は、石油価格上昇を機に急増していた対途上国の国際的な銀行貸出に警戒を強めていた。一九七九年六月に開かれた委員会の会合で座長クックは、こうした警戒感を背景に「ミクロ・プルーデンスの諸問題はマクロ・プルーデンスとでもいうべき諸問題に成り変わっている」と述べている。さらに同年一〇月にはG10中央銀行総裁会議を準備していたラムファルシー (Alexandre Lamfalussy) が主宰する作業部会のペーパーで「マクロ・プルーデンス」が以下のように定義されている。「〝マクロ・プルーデンス〟のアプローチは、個々の銀行とは別に市場全体に関わってくる諸問題、そしてミクロ・プルーデンスのレベルで解明できない諸問題を考慮する」──。このラムファルシーの作業部会では、引き続き「マクロ・プルーデンス」について検討を深めて一九八〇年には「ミクロ・プルーデンスとマクロ・プルーデンスの両方の視点をふまえて国際銀行システムを効率的に監督することの重要性」を提唱するに至ったが、答申を受けたG10中央銀行総裁会議のプレス・コミュニケでは「マクロ・プルーデンス」の語は取り除かれていた。「マクロ・プルーデンス」の用語が公の場に登場するのはその六年後、一九八六年のユーロ・カレンシー常置委員会の報告書「近年における国際銀行業の発展」(通称「クロス・レポート Cross Report」) を待たねばならない。この「クロス・レポート」以降、BISの委員会では「ブロックマイヤー・レポート (Blockmeier Report)」「吉國レポート」と称される報告書が相次いで作成され「マクロ・プルーデンス」規制とそれを支える統計調査の枠組みが練り上げられていった。[28]

「マクロ・プルーデンス」の考えがBISとその周辺の中央銀行のサークルからさらに広い範囲に知られるようになるのは、その後、アジア通貨危機を経たのちの一九九八年のことである。この年に公刊されたIMFレポート「健全な金融システムの枠組みに向けて」で「マクロ・プルーデンス」の用語がはじめてIMFの公文書に登場し、「マクロ・プルーデンス分析は市場調査とマクロ経済に関わる情報に基づき、主要な資産市場、他の金融仲介機関、およびマクロ経済の発展と潜在的なインバランスに注目する」と述べられている。

こうして注目を集めるようになった「マクロ・プルーデンス」規制は、二〇〇〇年になると新たな展開を示す。BIS総支配人クロケット（Andrew Crockett）が国際銀行監督者会議にて演説を行い、そのなかで「マクロ・プルーデンス」の二つの次元に言及したのである。一つが金融システムと実体経済との相互関係に動かされるサイクルによってもたらされるリスクに関わるもの（「時系列の次元」time dimension）である。もう一つが、同一時点において異なる金融主体が同一方向の対応を講ずることによるリスクに関わるもの（「クロス・セクションの次元」cross-sectional dimension）である。前者の「時系列の次元」では、金融システムが景気循環を増幅させる作用（pro-cyclicality）を持っていることが認識され、後者の「クロス・セクションの次元」では、金融工学的なリスク管理手法が一般化することで、諸主体の行動が大量に同期化される傾向のあることが強調された。このクロケット演説で示された懸念がリーマン・ショックとそれに続く金融危機で見事に的中したことは記憶に新しい。

では、上述の「マクロ・プルーデンス」の視点はいかなる理論的背景からあらわれてきたのだろうか。本章で論じてきたように、「マクロ・プルーデンス」の考えが形成されてきた時期は、ＩＭＦにおける「無言の革命」が進行していた時期と重なっている。すなわち、「マクロ・プルーデンス」が検討されてきたのは、政府や国際機関の介入を退け市場の調整力に信を置くアプローチが全盛だった時代なのである。この「無言の革命」の時代に金融リスクや金融政策のあり方に大きな影響をおよぼしていたのは、グリーンスパン（Alan Greenspan）米連邦準備制度議長の見解――「バブルの発生は予見できない」「中央銀行は物価安定だけに金融政策の目標を設定する」――であった。のちに「FRB view」と称されることになるこの見解は、グリーンスパン議長のカリスマ性とあいまって国際的な影響力を誇った。[29] ＢＩＳの委員会で検討された「マクロ・プルーデンス」の用語がプレスには発表できなかった経緯も、この背景から理解できるだろう。

これに対して弓を引くことになるのが上述の「マクロ・プルーデンス」論であるが、その理論的支柱はＢＩＳ金融経済局にあった。ホワイト（William White）局長、ボリオ（Claudio Borio）局員のコンビは「物価安定だけで十分か（Is price stability enough?）」という問いを系統的に展開し、「中央銀行は物価安定だけでなく、マクロ・プルーデンス全体に関与すべき」「バブルは予見でき、予防されるべきである」という主張を訴え続けた。[30] リーマン・ショックの後に公刊された『ＢＩＳ年報』は「どうしてこれが起こりえたか（How could this happen?）」と筆を起こし、「警告は発せられていた」「政府当局者や市場参加者が警告に耳を貸さなかったのも驚くにはあたらない」「共通した返答は『もしも君が正しくて、金融システムが危機にあるとして、君はぼくにどうして欲しいのか？』というものだった」と書き連ね、さながらホワイト・ボリオらによる「BIS view」の勝利宣言の様相を呈している[31]。

おわりに――それは「新自由主義」だったか

本章では、国際金融機関の理論活動を焦点に「世界経済の編成原理」を整理することを試みた。その結論は、しかしながら「原理」というにはアドホックな、まさに歴史的な存在としての国際機関の動向をかいまみさせることになった。その特徴をまとめると以下のようになろう。

第一に、国際機関における路線の連続性。国際金融機関、とりわけＩＭＦの「金融計画法」は一九五〇年代に開発されたアプローチがほぼ手つかずに現在に至っている。あるいは「ニクソン・ショック」「変動相場制への移行」として知られる一九七〇年代の事件も、ＩＭＦの視点からはある距離感をもって受け止められていた。ＩＭＦの法務局長を歴任したゴールド（Joseph Gold）が現在に至っても「ブレトンウッズ体制は崩壊していない」と述べているのはこの点で示唆的・象徴的である[32]。コンサルテーションなどの手法を繰り出して世界経済を管理するというＩＭＦの路線は、遠くブレトンウッズの時代から「無言の革命」を経て、今日まで連続しているとみるべきだろう。

第二に、国際機関の間の対抗関係。ＩＭＦが第二次大戦後における経済思潮の変化を超えていわば連続した設計思想を標榜したのに対して、これと対抗する中央銀行間協力のフォーラムがＢＩＳを拠点に形成されていた。「無言の革命」の時代から「マクロ・プルーデンス」を強調するようになったBISは、リーマン・ショック後に世界経済の編成原理を主導する位置に前進しようとしている。G20などの規制構想[33]とも重なる「BIS view」は、これまた戦前来の中央銀行間協力の伝統に連なる連続性をおびながら国際機関間の一つの対抗軸を形成しているといえるだろう。

本章の結論は以上であるが、では、これら国際金融機関が依拠した理論・学説は何だったのだろうか。上述のとおり、戦後の国際金融機関の理論史を単純に「ケインズ主義からマネタリズムへ」「固定相場制から変動相場制へ」と特徴づけることは適当ではない、というのが本章の立場である。最後にこの立場を敷衍して、一つの問題を提起しておこう。

これらの国際金融機関、とりわけＩＭＦが現在のところ代表しているとされる学説・思想については、しばしば「新自由主義」という呼称が与えられている。そしてこの「新自由主義」なる用語法は、これら国際金融機関が「アメリカ」に後押しされた「多国籍企業」の利害を代弁している、という見立てと結びついているようである。この見方では、しかしながら、オバマ政権が金融規制に乗り出したり、欧州の社会民主主義的政権が規制緩和に賛成したりする世界経済の現実を説明できない。そればかりか、ここでいう「新自由主義」観は二〇世紀の経済思想を俯瞰する視点としても適切ではない。たとえばＩＭＦや世銀について本章とも重なる問題意識から詳細な検証を加えている著作[34]においては、国際機関の動向が内在的に検討されているものの、これらの機関の背後に「アメリカ」の利害が控えているという見立てが当然のように掲げられている。また最近のわが国における政権交代を論じた総括的な研究[35]においても、書名に掲げられている「新自由主義」について学問的な検証に耐えうる概念規定は残念ながらみあたらない。「新自由主義」とは、思想なのか、運動・体制なのか、それはいつ生成したのか、「新」を冠するのであれば、「旧」自由主義とはいかなる関係に立つのか、それはアメリカ合衆国のどの利害といかなるダイナミズムに立っているのか――こうした当然の疑問について正面からの実証がなされていないのが現状のようである。近年になって経済史・思想史研究の側から新自由主義研究が深まりをみせ、新自由主義を「介入主義的統治」を目指す歴史的運動として捉える視点が提出されているが[36]、本章でふれたような現状分析との対話はまだ緒についたばかりである。

本章の立場からいう限り、変動相場制に反対するハイエクも、コンサルテーションを通じて各国に介入するＩＭＦも、ともに新自由主義の潮流に属している。そのＩＭＦを批判するＢＩＳの伝統的な立場もまた欧州起源の新自由主義である。新自由主義とは、このように広範な立場に拡張されうる思想と運動であり、特定の利害状況（たとえば「多国籍企業」）を代表するイデオロギーではない。世界経済の編成原理は、本章でみたようなアクター間の多元的な対抗と妥協でその帰趨が決せられていくものであり、一般にいう「新自由主義」のような「主義」から流出していく論理で説明することはできないのではないだろうか。批判的な社会科学の担い手の間で真摯な論争が待たれるところである。

【注】

（1）ＩＭＦ、世銀、ＢＩＳ等の国際金融機関については、さしあたり上川孝夫・矢後和彦編著『国際金融史』（有斐閣、二〇〇七年）第10章「国際金融機関」における筆者のサーベイを参照。

（2）「ブレトンウッズ体制」の理解をめぐっては論争がある。簡潔な整理として David Andrews, ed., *Orderly Change, International Monetary Relations since Bretton Woods*, Cornell University Press, Ithaca, 2008, pp. 1-5 を参照。

（3）戦後再建期における国際金融機関の動向については Richard Gardner, *Sterling-dollar Diplomacy: Anglo-American collaboration in the reconstruction of multilateral trade*, Clarendon Press, Oxford, 1956（村野孝・加瀬正一訳『国際通貨体制成立史――英米の抗争と協力――』上・下巻、東洋経済新報社、一九七三年）および矢後和彦『国際決済銀行の20世紀』（蒼天社出版、二〇一〇年）を参照。

（4）「金融計画法」の理論的サーベイとして白井早百合『検証ＩＭＦ経済政策――東アジア危機を超えて――』（東洋経済新報社、一九九九年）第６・７章を参照。

（5）S. C. Tsiang, “Balance of Payments and Domestic Flow of Income and Expenditures”, *IMF Staff Papers*, vol. 1, September 1950, pp. 254-288.

（6）Sydney Alexander, “Effects of a Devaluation on a Trade Balance”, *IMF Staff Papers*, vol. 2, April 1952, pp. 263-278.

（7）Wesley Widmaier, “Incomes Policies and the U. S. Commitment to Fixed Exchange Rates, 1953-1974”, in Andrews, ed., *Orderly Change, op. cit.*, pp. 139-154.

（8）「一般借入取極」の立案過程など「ブレトンウッズのパッチワーク」に関する同時代の証言としてＩＭＦ専務理事を歴任したヤコブソン（Per Jacobsson）の伝記を参照。Erin Jacobsson, *A Life for Sound Money, Per Jacobsson, His Biography*, Clarendon Press, Oxford, 1979（吉國眞一・矢後和彦監訳『サウンドマネー』蒼天社出版、二〇一〇年）。

（9）Jacques Polak（James Boughton, ed.）, *Economic Theory and Financial Policy, selected essays of Jacques J. Polak, 1994-2004*, IMF/Sharpe, New York, 2005, pp. 227-249. 同時代におけるポラック自身の国際通貨体制論

として Jacques Polak, "International Coordination of Economic Policy", in *IMF Staff Papers*, vol. 9, no. 2, 1962, pp. 149-181.

（10）James Boughton, "On the Origins of the Fleming-Mundell Model", in *IMF Staff Papers*, vol. 50, no. 1, 2003.

（11）J. Marcus Fleming, "Domestic Financial Policies under Fixed and under Floating Exchange Rates", in *IMF Staff Papers*, vol. 9, no. 3, 1962, pp. 361-381; Robert Mundell, "The Appropriate Use of Monetary and Fiscal Policy for Internal and External Stability" in *IMF Staff Papers*, vol. 9, no. 1, 1962, pp. 70-79. マンデル・フレミング・モデルの理論的展開については、さしあたり福田慎一「為替相場制度の選択」（藤田誠一・小川英治編著『国際金融理論』有斐閣、二〇〇八年、第8章）を参照。

（12）たとえば大田英明『ＩＭＦ（国際通貨基金）――使命と誤算――』（中公新書、二〇〇九年）一〇八―一一三頁を参照。

（13）Polak, *Economic Theory and Financial Policy*, *op. cit.*, pp. 210-211.

（14）James Boughton, *Silent Revolution, the International Monetary Fund, 1979-1989*, IMF, Washington D. C., 2001, pp. 1-3.

（15）変動相場制については伊藤正直「変動相場制」（上川・矢後編著、前掲『国際金融史』第5章）を参照。

（16）Polak, *Economic Theory and Financial Policy*, *op. cit.*, pp. 77-78.

（17）Friedrich A. Hayek, *Denationalisation of Money, the argument refined*, Institute of Economic Affairs, London, 1976（川口慎二訳『貨幣発行自由化論』東洋経済新報社、一九八八年、一五四―一六三頁）。

（18）Milton Friedman, "Markets to the Rescue", *Wall Street Journal*, 30 June 1999, cit. in McQuillan, L. and Montgomery, P. eds., *The International Monetary Fund, Financial Medic to the World?, A Primer on Mission, Operations, and Public Policy Issues*, Hoover Institution Press, Stanford, 1999（森川公隆監訳『ＩＭＦ改廃論争の論点』東洋経済新報社、二〇〇〇年、第4部所収）。

（19）George Shultz et al., "Who needs the IMF?", *Wall Street Journal*, 3 February 1998（前掲『ＩＭＦ改廃論争の論点』第6部所収）。

（20）Boughton, *Silent Revolution, op. cit.*, pp. 88-124.

（21）該期の国際金融システムの全体像については、伊藤正直『なぜ金融危機はくり返すのか――国際比較と歴史比較からの検討――』（旬報社、二〇一〇年）、田中素香・岩田健治編著『現代国際金融』（有斐閣、二〇〇八年）を参照。

（22）ＩＭＦと世銀の関係については、Jacques Polak, "The World Bank and the IMF: a Changing Relationship", in Devesh Kapur, John P. Lewis, and Richard Webb, eds., *The World Bank: its first half century*, vol. 2, Brookings Institution, Washington D. C., 1997 を参照。

（23）国際政治経済学では、欧州通貨統合を「究極の中央銀行間協力」とみなす立場が存在する。Richard Cooper, "Almost a Century of Central Bank Cooperation", in Claudio Borio, Gianni Toniolo and Piet Clement, eds., *Past and Future of Central Bank Cooperation*, Cambridge University Press, Cambridge/New York, 2008, pp. 76-112. なお欧州通貨制度（ＥＭＳ）の成立に至る過程を追跡した歴史研究として権上康男「ユーロ・ペシミズム下の仏独連携（一九七四―七八年）――ＥＭＳ成立の歴史的前提――」（『横浜商大論集』第43巻第2号、二〇一〇年）を参照。

（24）この点に関してＩＭＦ側からの視点を代表する著作としてJacques Polak, *The Changing Nature of IMF Conditionality, Essays in International Finance*, no. 184, 1991, Princeton University, Princeton を参照。

（25）この論点にＢＩＳの側から接近した概観としてClaudio Borio and Gianni Toniolo, "One Hundred and Thirty Years of Central Bank Cooperation: A BIS Perspective", Borio et al., eds., *Past and Future of Central Bank Cooperation, op. cit.*, pp. 16-75.

（26）BIS Monetary and Economic Department, "Marrying macro- and microprudential dimensions of financial stability", *BIS Papers*, no. 1, 2001. これはＢＩＳ金融経済局が主催したワークショップの論集である。

（27）Piet Clement, "The term 'macroprudential': origins and evolution", *BIS Quarterly Review*, March 2010. 以下特に断りのない限り、この主題に係る引用についてはこのクレメント論文による。

（28）「吉國レポート」の作成を主導した吉國眞一氏の証言として、吉國眞一『国際金融ノート――ＢＩＳの窓から

――』（麗澤大学出版会、二〇〇八年）を参照。

（29）「FRB view」の論理構造については白川方明『現代の金融政策――理論と実際――』（日本経済新聞出版社、二〇〇八年）、三九九―四一七頁を参照。

（30）William White, "Is Price Stability enough?", *BIS Working Papers*, no. 205, April 2006.

（31）BIS Annual Report, 2008/2009, 29 June 2009.

（32）Andrews, ed., *Orderly Change*, *op. cit.*, p. 2.

（33）G20金融サミットの動向については、伊藤、前掲『なぜ金融危機はくり返すのか』一二六―一三五頁。

（34）毛利良一『グローバリゼーションとIMF・世界銀行』（大月書店、二〇〇一年）。

（35）渡辺治・二宮厚美・岡田知弘・後藤道夫『新自由主義か新福祉国家か――民主党政権下の日本の行方――』（旬報社、二〇〇九年）。

（36）権上康男編著『新自由主義と戦後資本主義』（日本経済評論社、二〇〇六年）、雨宮昭彦『競争秩序のポリティクス―ドイツ経済政策思想の源流』（東京大学出版会、二〇〇五年）、佐藤嘉幸『新自由主義と権力――フーコーから現在性の哲学へ――』（人文書院、二〇〇九年）を参照。

第3章　一国経済と国際経済のつながり

――EUを中心に

菊池　孝美

はじめに

一九八〇年代末からのソ連、東欧社会主義の崩壊とIT（情報技術）産業を中心とする九〇年代のアメリカ経済の発展は、財（モノ）、サービス、人、資本（カネ）などの生産要素の国境を越える移動を拡大し、地球規模での世界経済の統合＝一体化を推し進めた。経済のグローバル化と呼ばれるこうした流れにより、各国経済は国境を超えて自由に活動する巨大な金融資本の運動に大きく左右され、その結果、国民国家がそれまで有していた統治能力や経済調整能力は大きく低下した。こうした状況において、地域貿易協定（RTA：Regional Trade Agreement）を締結することで国民経済相互間の連携を強め、グローバル化に対応しようとするリージョナリズム（地域主義）の動きが多くの国や地域で見られることになった。WTO（世界貿易機関）のデータによれば、二〇一〇年現在のRTAの発効件数は一八〇件に上り、そのうち一九九〇年代に五〇件、二〇〇〇年以降一一四件が発効しており、したがって、その多くが九〇年代以降のグローバル化の本格的展開とともに増大してきたのである。さらに、九〇年代以降の発効件数を地域別に見ると、欧州・ロシアＣＩＳ・中東・アフリカが半数を超え八九件に上り、欧州がその中心に位置している。[1]

このように、一九九〇年代以降にＲＴＡを締結し、グローバル化に対応しようとするリージョナリズムの動きが広がりを見せた要因としては、ＧＡＴＴ（関税と貿易に関する一般協定）／ＷＴＯの多角的貿易自由化交渉が加盟国の増加や先進国と途上国間の利害対立などによって行き詰まりを見せたことや、冷戦構造の解体により旧ソ連に隣接する地域で地域経済協定の締結が容易になったことなどが指摘されてきたが、[2]こうした要因に加えて地域貿易協定締結による経済効果への期待がある。[3]さらに、現在進められている統合の多くが協定締結国以外の国に対して自由に関税を設定できる自由貿易協定（ＦＴＡ）[4]であるように、協定締結が容易であることもリージョナリズムの動きを加速させたと言える。

本章は、こうした九〇年代のリージョナリズムの展開に影響を与え、地域経済統合がもっとも進み通貨統合を完成させ、政治統合までを射程に入れた段階に達したＥＵ（欧州連合）を軸に経済のグローバル化の進展が一国経済と国際経済のつながりをどのように変えたのかを明らかにすることを課題とする。その際、グローバル化の起点をどこに置くかが問題となるが、ここでは一九七〇年代のブレトン・ウッズ体制の崩壊と変動相場制への移行から現在までの時期を対象に考察する。この時期以降、米国主導の金融の自由化と規制緩和が進み、それはＩＴ革命の展開とともに国境を越えたマネーの動きを急速に拡大し、経済のグローバル化の流れを強めることになった。

1　新自由主義と欧州統合の再出発

(1)　新自由主義と金融の自由化の進展

一九七九年の英国でのサッチャー政権の登場は、一九八〇年代以降の新自由主義の世界的展開の出発点となった。八一年には米国でレーガン政権が生まれ、八二年には日本でも中曽根政権が誕生した。これらの政権に共通する特徴として指摘される新自由主義とは、第二次世界大戦後の経済成長を支えたケインズ政策が七三年の第一次石油危機を契機に先進国で機能不全に陥り、世界経済がスタグフレーション（不況とインフレの併存）に見舞われる中で、これに代わり米国で現れてきた市場の調整作用に信頼をおく考え方である。その具体的内容は、ケインズ政策の失敗を大きな政府の失敗と捉えて小さな政府を目指し、企業には規制を撤廃することで自由な活動を保証し、さらに家計には自助努力の名で自己負担を課すものである。この結果、国有企業の民営化が進められ、福祉国家の解体が進むことになった[5]。

こうした規制を撤廃し、自由化を進める新自由主義政策のもとで、国境を越えたモノ、サービス、人、カネの移動が情報化の進展とともに急速に進んだ。中でも、カネの流れがモノの流れを凌駕し、金融の自由化・国際化＝金融のグローバリゼーションと呼ばれる世界が作り出された。その背景には、七

○年代の先進国での過剰資本の存在に加え、ＩＴの発達と金融イノベーションの進展による国際取引コストの低下があり、また変動相場制への移行に伴い為替リスクが生じたことで「デリバティブ」（金融派生商品）と呼ばれる様々なリスクヘッジ手段が生まれ、これを利用して高収益を求める投機的資金の動きが拡大した。この動きが最も進んだのは米国であり、六〇年代後半から銀行業と証券業の分離と預金金利の上限規制（レギュレーションＱ）撤廃の動きが見られ、金融機関は、流動性と高利回りを備えた金融商品の開発競争を進めることになった。[6]

(2) 経済政策の転換と市場統合路線の再登場

このように、英米を中心にケインズ政策から新自由主義政策に経済政策の柱が移る中で、ＥＣ（欧州共同体）各国も八〇年代に入ると経済政策の最優先課題を雇用重視からインフレ抑制に転換させるとともに、自由化の進展に伴い急速に激化する世界市場での競争への対応を図った。この転換において決定的な出来事はフランスのミッテラン社会党政権の経済政策の転換である。八一年に成立したミッテラン政権はその支持基盤を労働組合に置いたことから雇用拡大と失業対策を最重要課題とし景気刺激策を図ったが、ＥＣ各国で引き締め政策が採用されている中での拡張政策の実行は失敗に帰し、この結果翌年にはインフレ抑制に政策を転換した。一国レベルでの対応で経済的危機を乗り切ろうとした政策の困難性が示されることになった。こうした政策の転換以後、ミッテラン政権は企業の再構築と国際競争力の強化を目指す目標を作成し、このため大幅な雇用削減が実行され、ミッテラン政権の社会民主主義的性格は急速に薄められていった。経済停滞と雇用削減の下で、フランスの失業率は八〇年の六・八％から八五年には一〇・一％に上昇し、中でも一五歳から二四歳までの若年層での失業率は八五年で二五・六％を記録した。EC全体で見ても、失業率は七〇年代後半の五％台から八〇年には六・二％に上昇し八五年には八〇年代ピークの一一・二％に達した(7)。

こうした失業率の上昇に加えて、この時期、先端産業部門での国際競争力の低下が顕在化し、ユーロ・ペシミズムと呼ばれる状況がEC各国で見られた。特に、日本やアジアニーズからの工業製品の域内への流入は、ECの危機感を拡大した。これを背景として、産業の競争力を強化し、EC経済の再活性化を図る市場統合路線が再び登場した。八五年三月のブリュッセルでの欧州理事会は、EC委員会に対して具体的なスケジュールを明示した域内市場統合計画を作成することを要請し、この要請を受けてEC委員会は「域内市場の完成に向けて」と題する『域内市場白書』を作成し、同年六月にミラノで開かれた欧州理事会に提出した。白書は、「財、サービス、人、資本」が自由に移動できる単一市場を一九九二年末までに完成させるという目標を定め、そのための具体的目標として非関税障壁（物理的障壁、技術的障壁、財政的障壁）(8)の撤廃を掲げた。この目標は八七年七月に発効した「単一欧州議定書」によって明文化され、以後EC委員会のイニシアティブで非関税障壁の撤廃作業が急速に進展することになった。かかる作業の進展には、理事会での全会一致制から特定多数決制への移行に加え、構成国の法律や規定を相互に承認するといった制度上の改革が大きく貢献した(9)。

(3) 通貨協力と資本移動の自由化

単一欧州議定書は、単一市場の完成とともに、「経済・通貨政策に関する協力（経済・通貨同盟）」をローマ条約（EEC設立条約）に追加し、EMS（欧州通貨制度。七九年三月発足）の枠内での通貨協力を規定した。八八年六月の欧州理事会では、EC委員会のドロール委員長を座長とする「経済・通貨検討委員会」の設置が決定され、八九年四月の欧州委員会による「ドロール報告」を受けて、六月のマドリッド欧州理事会は「三段階を踏んでEMUを創設する」というドロール報告に沿って政府間会議を開催することで合意した。さらに九〇年六月の欧州理事会ではEMU（経済通貨同盟）に関する政府間会議の開催が決められ、七月一日からEMUの第一段階が開始された。

ECの通貨協力がこのように進んだ背景には、一九八〇年代から強まる金融自由化の流れと資本移動の自由化の進展がある。この内、資本移動の自由化は、貿易の自由化とともに六〇年代に急速に進み、ECでは第一次と第二次資本移動自由化指令がそれぞれ一九六〇年と六二年に出され、この両指令により直接投資、個人的資本移動、短中期貿易信用、上場証券投資が基本的に自由化された。実際にも、この時期、米国の多国籍企業による対ヨーロッパ直接投資が増大し、その後は資本の相互乗り入れと呼ばれるヨーロッパから米国への直接投資も見られることになった。しかし、七〇年代に入ると、経済危機の中で、EC加盟国の多くが国際収支危機に陥り、セーフガード（緊急輸入制限）措置を取り、資本移動の自由化も後退した。

こうした状況は、八〇年代に入ると大きく変化した。すなわち、米国の自由化圧力のもと先進諸国で資本移動の自由化措置が取られ、ECでも一九八六年にEC委員会により第三次資本移動自由化指令が出され、八八年に第四次指令が出され、第四次指令は、構成国に対して九〇年七月までに一部の例外を除きすべての資本移動管理を撤廃するように命じている[10]。しかしながら、資本移動の自由化と市場経済化の拡大は、国境を超える国際的投機資金の活動とそれによる市場の不安定を生み出し、ECでは域内為替市場を守るために各国間の経済・通貨政策の協調が急速に求められた。

ところで、このように単一市場と通貨統合を目指す欧州統合が八〇年代後半から動き出す中で、域内での競争に備えたEC企業による積極的な設備投資と国境を越えた資本の移動が活発に行われ、さらに、単一市場形成によりECが要塞化するのではないかという懸念から日米の多国籍企業・銀行によるヨーロッパ進出が見られた。この結果、八四年から二％台であったGDP成長率は八八、八九年には三％を超え、失業率も八八年から一〇％を割り九〇年には八・五％に低下するなど、EC経済は再活性化することになった[11]。

(4)　英米型新自由主義と「欧州社会モデル」

八〇年代後半からの欧州統合の再始動は、七〇年代後半からのEC経済の停滞とミッテラン政権の経済政策の転換を契機としたが、こうした統合計画とともに注目されるのは、社会政策に一定の前進が見られた点である。ECは、ローマ条約で共同市場の形成と並んで、農業部門、運輸部門における「共通政策の実施」や経済政策の調整を課題としていたが、社会政策は構成国政府が独自に実施していた。

こうした中で、ドロールEC委員会委員長のイニシアティブのもとで、単一欧州議定書に共同体の共通政策として、労働条件の改善、社会的対話と協議、社会的経済的結束を内容とする社会政策が書き込まれ[12]、さらに、八九年のストラスブール欧州理事会で、イギリスを除く一一カ国によって「社会憲章」が採択された。この憲章の採択に対しては、イギリス首相サッチャーが強く反対したことで知られるように、憲章は規制緩和と福祉国家の解体を進める新自由主義政策の「対極」にあり社会的連帯と公正を柱に置く「欧州社会モデル」の重要な特徴を示すものであった[13]。イギリスでは七九年のサッチャー保守党政権の登場以後、新自由主義的改革が進められたが、他のEC構成国でもグローバル化に対応し、労働市場の規制緩和が見られた。こうした流れの中で、ECレベルでの労働者の生活・労働条件の改善と調和を目指す憲章が採択されたことは、市場原理主義を特徴とする英米の新自由主義政策との違いを示すことになった[14]。

しかしながら、現実は厳しく、一九九〇年代のIT産業と金融業を中核とする米国経済の成長とそれと対照的なヨーロッパ経済の停滞は、「欧州社会モデル」の理念を徐々に後退させた。米国主導のグローバル化とそれを推進するIMF・世界銀行は各国に自由化を迫り、こうした中で、EUも委員会を中心に新自由主義的改革への動きを強めた[15]。特に、八〇年代後半に盛り上がった設備投資が一巡し、さらにドイツ統一に伴う旧西ドイツ経済の停滞からEUが九三年にマイナス成長に陥ったこともあり、EU委員会は世界市場での大競争に耐えうる産業の構築を目指し、競争主義的産業政策を実施した。九三年一二月のブリュッセルでの欧州理事会は「成長力・競争力・雇用に関する白書」（ドロール白書）を採択し、九四年一二月理事会では「ＥＵ産業競争力政策」が採択された[16]。

以上のように、一九八〇年代に入り米国主導の自由化と規制緩和が世界的に強まる中で、ＥＵも域内市場の自由化を進め、経済停滞からの脱却を目指した。『域内市場白書』が掲げた単一市場の形成は、ローマ条約が目標としていたものであり、財の自由移動については関税同盟が予定より早く六八年に完成し、その他の生産要素についてもサービスを除けば六〇年代に域内での自由移動が進められ[17]、さらに農産物の共同市場も六八年に実現されていたが、七〇年代の経済危機によりＥＣ各国は非関税障壁を用いて自国市場を守ることで統合は停滞した。こうした状況を克服し域内経済の活性化を図るために、非関税障壁の撤廃がＥＣ委員会のイニシアティブで進められ、目標の九二年末までに域内市場の自由化がほぼ完成した。

こうした自由化と規制緩和はその他の国や地域でも見られ、この流れに対してＥＵ以外にも八〇年代前半に中南米やアフリカなどで地域経済統合が形成されたが、大きな流れとはならなかった。しかし、一九八六年に開始したウルグアイ・ラウンドでの貿易交渉が長引く中で、九〇年代に入ると地域貿易協定を結び、自由貿易圏を形成することで貿易自由化の利益を得ようとする流れが世界的に強まることになった。

2　冷戦の終焉とグローバル化の本格的展開

(1)　冷戦の終焉とマーストリヒト条約の締結

一九八〇年代末からのソ連、東欧社会主義の崩壊とその後の市場経済化、および中国に典型的な社会主義国での市場経済システムの導入は、八〇年代初頭以来米英を中心に進められてきた新自由主義政策が資本主義の発展にとって最もふさわしい政策であるかのような状況を作り出し、各国は自由化と規制緩和を一層推し進めた。また、冷戦の崩壊はそれまで制限されてきた体制を超えた生産要素の移動を強めることで、経済のグローバル化を本格的に進展させ、各国はそれへの対応を迫られた。

この内、ＥＣは、他の国や地域と異なり、東欧諸国との関係を如何に構築するかという新たな課題を抱えながら、グローバル化に対応した。すなわち、冷戦終焉を世界に印象づけた八九年一一月のベルリンの壁の崩壊は、翌年七月の西ドイツと東ドイツの通貨統合から一〇月のドイツ統一へと急速な展開を見せることで、欧州統合に新たな課題を提出した。ドイツ統一は、ＥＣ内でのドイツの政治、経済力を強大化させるとともに、中・東欧への進出による影響力の拡大を予想させたことから、ＥＣ構成国は結束強化の必要性と強大化したドイツのＥＣへの取り込みの重要性を意識した。こうしたことから九一年一二月のマーストリヒトでの欧州理事会は、欧州共同体、共通外交・安全保障政策、司法・内務協力を三つの柱とするＥＵの創設に合意し、翌年の二月に欧州連合条約（マーストリヒト条約）が調印された。条約の調印は、ＥＵが超国家的統合体の形成に向けて大きな一歩を踏み出したことを各国に示し、各国、各地域での経済統合への大きな流れを作り出す契機となった。

しかしながら、マーストリヒト条約の発効が容易でなかったように、統合を進める上での難しさもまた見られた。条約調印後の九二年六月に実施されたデンマークの国民投票は、五〇・七％の反対で条約批准を否決し、エリート主導の統合路線に対する国民大衆の抵抗を示した。こうした中では、条約の発効も危ぶまれたが、一二月のエディンバラでの欧州理事会はデンマークの防衛、単一通貨、連合市民権、司法・警察分野からの適用除外を決定し、条約批准を促した。この結果、九三年五月のデンマークでの第二回国民投票によって批准が決定され、最後に残った一〇月のドイツ憲法裁判所のマーストリヒト条約合憲判決により、一一月に条約が発効し、ＥＵが成立した。デンマークが適用除外を求めた項目は国家主権に直接関わる問題であり、国家主権を超国家的機関に委譲することにはなお大きな抵抗があることを示した[18]。

(2)　通貨危機と単一通貨ユーロの誕生

マーストリヒト条約が目指す経済・通貨統合もまた条約批准と同様に困難に遭遇した。ＥＭＵの第一段階は、先に見たように、資本移動の自由化に併せて一九九〇年から開始されたが、九二年六月のデンマークでの条約批准の否決に続き、七月のドイツの公定歩合の八・七五％への引き上げにより加盟各国での景気後退が加速化され、これにフランスで九月に予定されていた条約批准のための国民投票で条約が否決されるのではないかという懸念が重なり、ヨーロッパ通貨危機が発生した。通貨統合に対する不信感を感じ取った投機的資金がＥＭＳ（欧州通貨制度）内の最強通貨マルクの買いと弱い通貨であるポンドとリラの売りに出た結果、九月一六日にポンドとリラはともにＥＭＳの為替相場メカニズム（ＥＲＭ）から離脱した。さらに、九三年八月にフランスフランが売られる中で、緊急蔵相会議は為替の変動幅をそれまでの上下二・二五％（スペイン、ポルトガルは上下六％）から一五％（ドイツとオランダは二・二五％のまま）へと大幅に拡大し、辛うじてＥＭＳは維持された(19)。

こうした困難を抱えながらも、ＥＭＵの第二段階が一九九四年から開始された。この段階では、各国は条約が設定した物価、財政赤字、為替相場、長期金利についての収斂基準の達成を求められた。さらに、九七年六月のアムステルダム欧州理事会で単一通貨の安定と健全な財政運営を守るためのルールと罰則を決めた「安定成長協定」が採択され、通貨統合への参加を目指す国にとって厳しい制約が課せられた。この協定により、通貨統合参加国の財政赤字がＧＤＰ比で三％を超えた場合、ＥＵ理事会が是正策を指示することになった。

このような状況の中で、欧州委員会は一九九八年三月に加盟国の経済収斂状況に関する報告書を発表し、一一カ国を参加条件達成国として認定し、翌年一月一日からＥＭＵの第三段階が開始され、ユーロが決済通貨として流通することになった。さらに二〇〇一年にはギリシャがユーロに参加し、二〇〇二年から一二カ国でユーロの現金流通が開始された。こうして、欧州中央銀行（ＥＣＢ）の単一通貨発行と域内での現金流通という経済統合の新たな段階が画され、九三年のヨーロッパ通貨危機のような為替投機からヨーロッパ通貨は解放されることになった。しかしながら、ユーロの安定を図るために、各国は「安定成長協定」のもとで厳しい財政運営を余儀なくされた。こうした中で、EUの中心メンバーであるドイツ、フランス両国の財政赤字が景気後退の影響を受けて二〇〇二年から協定の基準であるGDP比三％を上回る状態が続いたことから二〇〇五年には協定の見直し＝「基準緩和」が理事会で決定された[20]。

(3) 冷戦の終焉とEUの拡大

冷戦の終焉は、EUの深化と同時に構成国の拡大をもたらした。EUは設立時の六カ国から一九七三年のアイルランド、イギリス、デンマークの加盟により九カ国に拡大した後、一九八〇年代に入ってヨーロッパの周辺部に位置し経済規模でもEU中心国に大きく劣るギリシャ（八一年加盟）、スペインとポルトガル（八六年加盟）が加わることで一二カ国に拡大した。この一二カ国体制は、八〇年代中葉からのソ連、東欧社会主義国での改革の動きとその後の冷戦終焉により大きく変化した。

まず、九〇年のソ連の崩壊は、伝統的に中立主義を掲げてきた国々のEU加盟を促進することになり、九五年に北欧のスウェーデン、フィンランドと中欧のオーストリアがEUに加盟した。この内、スウェーデンとオーストリアは英国が中心になって一九六〇年に七カ国で結成したEFTA（欧州自由貿易協定）の加盟国であり、フィンランドも六一年から準加盟国であったが、イギリス、デンマークがEFTAから離脱しECへの加盟条約に調印した七二年の七月に、残りのEFTA加盟国とともににＥＣとの間で自由貿易協定を結んでおり緊密な貿易関係を構築していた。さらに、冷戦終焉後の九二年にはＥＵは自由貿易圏の一層の拡大を目指してＥＦＴＡ七カ国との間でＥＥＡ（欧州経済領域協定）を締結した。しかし、スイスが国民投票で不参加を決定し、スウェーデン、フィンランド、オーストリアがＥＵへの加盟を望んだことからアイスランド、リヒテンシュタイン、ノルウェーの三カ国との間でＥＥＡが発効した[21]。

九五年の三国の加盟に続き、ＥＵへの加盟の流れは、中・東欧諸国に拡大した[22]。ＥＵは、八〇年代後半からの東欧での改革を支援し、東欧での社会主義政権に代わる新政権の誕生以後、貿易、政策対話、法制の調整、産業、環境、運輸、税制の各分野を含む「欧州協定」を締結し、自由貿易地域の形成を進めたが、この過程で中・東欧諸国のＥＵ加盟への動きが強まった。中・東欧諸国は、「東欧革命」後、相次いでＩＭＦと世界銀行に加盟し、その指導のもとで自由化と市場経済化を進めながら、「西欧への回帰」を目指した。こうした動きを受けて、一九九三年六月にコペンハーゲンで開催された欧州理事会は中・東欧諸国からＥＵへの加盟基準を明文化した。それは、①民主主義、法治主義、人権および少数民族の保護などを保証する安定した制度を備えていること、②市場経済が機能しており、ＥＵ産業に対抗できる競争力を持つこと、③ＥＵの政治、経済、通貨統合の目的を支持し、メンバー国としての義務を果たせることとの三点であった。加盟基準が明確になる中で、翌年には、経済改革の進むハンガリーとポーランドが加盟申請し、以後中・東欧諸国の加盟申請が続いた。二〇〇二年一二月にコペンハーゲンで開かれたＥＵ首脳会議でマルタとキプロスを含む一〇カ国が加盟の条件を満たしたとして二〇〇四年五月の加盟が決定され、残ったルーマニアとブルガリアも二〇〇七年に加盟し、EUの加盟国は二七カ国に拡大した。この結果、人口四億九〇〇〇万人、GDPで一二兆三五〇〇億ユーロの巨大な統合体が形成された。

こうした拡大の動きとともに、EUはEFTAとのEEAの締結に加えて、九〇年代後半から他の多くの国との間で自由貿易協定を結び、貿易関係を強化した。その中心はヨーロッパとアフリカの国々であるが、二〇〇〇年にNAFTA（北米自由貿易協定）構成国のメキシコ、二〇〇三年にはチリとFTAを締結し、さらに、成長のセンターとして急速な経済拡大を遂げるアジア諸国とFTA交渉を行っている。このように、EUはWTOでの自由化交渉が進展しない状況の中で、EU加盟国の拡大に加えて、多くの国々と自由貿易協定を結ぶことで、広大な自由貿易圏を形成し、グローバル世界での政治的、経済的影響力の拡大を図っている。

(4)　加盟国拡大とEUの機構改革

こうした加盟に至る過程で、EUは相次いで拡大への対応を図るために機構改革を行った。早くも九六年三月にマーストリヒト条約の見直しのための政府間会議がトリノで開催された。会議では、九五年六月に設置されたリフレクション（熟考）・グループが一二月に提出した報告書に基づいて検討が行われ、これを踏まえて九七年一〇月にEUの機構改革、共通外交・安全保障政策の強化、司法内務協力分野の再構成を主な内容とするアムステルダム条約が調印された。しかしながら、検討課題にあった中・東欧への拡大を想定したEUにおける組織的対応について合意するには至らず、アムステルダム条約で合意できなかった課題は二〇〇〇年一二月のニース欧州理事会に持ち越され、翌年二月にニース条約が調印され、二〇〇三年二月に発効した。ニース条約の主要な内容は、「二七カ国への大幅な拡大に備えたEUの機構改革であり、欧州委員会の規模と構成の見直し、欧州議会の議席数の見直し、理事会の特定多数決の使用領域の拡大、共同決定手続きの使用領域の拡大、より緊密な協力のための条件の緩和など[23]」である。こうしたEU拡大に対応するための機構改革と平行して、二〇〇一年一二月のラーケン欧州理事会は欧州憲法制定のための諮問会議の設置を決定した。フランスの元大統領でEU統合の推進者であるジスカール・デスタンを議長とするこの会議で作成された欧州憲法条約草案は、二〇〇三年六月の欧州理事会で公表され、翌年に理事会が草案を承認し、その年の一〇月に欧州憲法条約が調印された。

しかし、条約は二〇〇五年のフランスとオランダでの国民投票で否決され、このためブリュッセル欧州理事会は条約の取り扱いについて、二年間の「熟慮機関」を置くことに合意した[24]。こうして、二年後の二〇〇七年一二月の欧州理事会で憲法条約を修正した「リスボン条約[25]」が調印された。この条約に対しては、アイルランドが二〇〇八年六月の国民投票で批准を否決したが、二〇〇九年一〇月二日の二度目の国民投票で批准を可決し、二〇〇九年一二月一日に発効した[26]。

こうした加盟国の拡大に伴う機構改革とともに、新たに加盟した中・東欧諸国が「東欧革命」後、IMF・世界銀行の指導を受けて急速な市場経済化を進めてきたことから、それまでEUが不十分ながらも維持してきた「社会的ヨーロッパ」の政策との大きな違いが顕在化することになった。さらに、米国のイラク侵攻への賛否をめぐる対立にも見られるように、政治的にも立場の相違を明瞭に示した。フランスとドイツはイラク戦争への反対を表明したのに対して、ポーランドを筆頭に多くの中・東欧諸国は英国と足並みを揃えてイラク戦争への支持と軍隊の派遣を行った[27]。このように、中・東欧諸国のEU加盟は、旧加盟国との政治、経済的立場の違いを示し、加盟国間での内外政策を巡る新たな対立・緊張関係を作り出した。

(5) 経済のグローバル化とリージョナリズムの展開

以上のように、冷戦の解体は経済のグローバル化を進展させたが、その過程でEU各国は、冷戦後の対応を迫られ、一九九一年のマーストリヒト欧州理事会で欧州連合の設立に合意した。これにより単一市場形成後の欧州統合の方向が明確になるとともに、欧州協定によるEUと中・東欧諸国との自由貿易圏の形成とその後の中・東欧諸国のEUへの加盟の動きが強まった。こうしたEUの設立と東方拡大の動きは、北米、南米、アジア、アフリカなど多くの地域での自由貿易圏形成への流れを生み出した。一九九一年に南米のブラジル、アルゼンチン、ウルグアイ、パラグアイの四カ国でメルコスール（南米南部共同市場）が創設され、翌年にはグローバル化を主導してきた米国がカナダとメキシコとの間でNAFTAを締結（九四年発効）し、アジアでも一九九二年にASEAN（東南アジア諸国連合）六カ国でAFTA（アセアン自由貿易地域）が発足するなど九〇年代前半に世界の各地域で地域経済統合が進められた。さらに、そのほかにも多くの二国間、あるいは複数国間での地域貿易協定が結ばれている。この内、ＥＵ（二七カ国）が二〇〇七年の世界の輸出、輸入額の三七・七％と三八・八％を占め最大の貿易圏を形成しており、これにＮＡＦＴＡが続き、それぞれ一三・四％と一九・一％を占めている。これに対して、ＡＳＥＡＮ（一〇カ国）の比率は六・二％と五・五％と小さいが、日本、中国、韓国を含む東アジア一〇カ国で見ると、二六・六％と二二・八％を占め、ＮＡＦＴＡの比率を大きく凌駕し、世界市場における東アジアの重要な位置を知ることができる(28)。

ところで、これらの協定のほとんどはＧＡＴＴ第二四条を根拠条文として、ＦＴＡと関税同盟のいずれかの形態でＧＡＴＴ／ＷＴＯに通報されたものであるが、そのほかに発展途上国に「異なる、有利な待遇」を認める「授権条項」に基づく特恵協定が発展途上国間で締結されている。このうち、現在、地域貿易協定の多くを占めるＦＴＡは、協定締結国間での関税や非関税障壁の撤廃を超えて、サービス、投資の自由化、知的財産権の保護などウルグアイ・ラウンドが交渉の課題として取り上げてきた問題を含む幅広い内容を持っているが、ＦＴＡを超えてＥＵのような構成国が国家主権の一部を超国家機関に委譲する統合の段階に達している経済統合は見られない。

こうしたＦＴＡを中心とする地域経済統合形成の潮流は、二〇〇〇年代に入りより一層強まった。その多くは、依然として欧州・ロシア・アフリカなどでのＦＴＡであるが、アジアでの地域統合と地域横断的な統合が増えている点に新たな特徴を見ることができる。このうち、アジアでは一九九七年のアジア通貨・金融危機を契機に、ＡＳＥＡＮを中心とする域内経済協力が進み、二〇〇三年に採択された「第二ASEAN協和宣言」によりASEAN経済共同体の二〇一五年創設が合意されている。[29]さらに、中国が二〇〇二年にASEANとの間で経済協力枠組み協定を締結し、韓国も二〇〇五年にASEANとの協定に合意するなどASEANを軸に自由貿易のネットワークが形成されてきた。こうした動きを受けて、日本も二〇〇二年のシンガポールとのEPAを皮切りに、二〇〇七年に日本・ASEAN包括的経済連携協定に合意した。また、地域横断的統合としては、EU、EFTA、米国をハブとして地域的に離れた国との間でFTAが締結されている。

グローバル化とは一見相反するかのようなこうした地域経済圏の形成は、EUを中心とする経済圏を除けば八〇年代前半まで大きな流れとはならなかった。[30]六〇年代までは、GATTの自由、無差別、多角主義原則のもとで先進工業国を中心に工業製品を対象とする関税引き下げ交渉が行われ、これにより自由貿易の拡大と経済成長が達成されてきたが、七〇年代に入ると、経済成長を支えた国際的枠組が壊れ、世界経済は同時不況に陥り、その結果、各国は保護貿易を強め自由化の流れは後退した。しかし、こうした七〇年代までの国際貿易体制は、一九八六年に始まったウルグアイ・ラウンドによりより大きく変化した。このラウンドには、米国が比較優位を持つサービス貿易、国際投資、知的財産権や、途上国や一部先進国が比較優位を持つ農業分野が交渉の課題として取り上げられた。こうした新分野を巡る交渉は、参加国間での利害対立を生み、ウルグアイ・ラウンドは締結まで長期間を要することになった。この結果、より容易に貿易協定を結ぶことができ、自由化の利益を得られるFTAに多くの国が向かうことになり、この流れは、EUの設立と東方拡大によって一層強められた。このように、一九九〇年代以降の世界経済は冷戦解体後の経済のグローバル化の本格的展開と同時に地域経済圏の形成によって特徴づけられることになったのである。

おわりに

「はじめに」で述べたように、一九九〇年代以降のグローバル化の本格的進行は、これへの対応＝対抗として国際経済を構成する各国を地域経済統合の方向に推し進めることになった。一国経済ではもはや米国主導のグローバル化と自由化の流れに対応できないという現状において、多くの国や地域が地域経済統合を選択し、これを通じて国際経済とのつながりを形成することになった。本章は、こうした歴史的段階の中で一国経済と国際経済のつながりがどのように変化してきたかをＥＵを軸に考察してきた。ＥＵを軸に考察したのは、地域統合の動きを時期的に最も早くから示すとともに、多くの地域で進められている地域経済統合がＥＵをモデルにしているからであり、したがって、ＥＵがどのような過程を経て現在に至っているかを検討してきたのである。その際、一九七〇年代のブレトン・ウッズ体制の崩壊と変動相場制への移行から現在までの時期を対象にＥＵ統合の展開過程を考察してきた。以下、これまでの考察を踏まえて、本章のテーマである一国経済と国際経済のつながりがグローバル化の展開の中でどのように変化したかを冷戦終焉の前後に分けて考えることにしよう。

まず、一九七〇年代のブレトン・ウッズ体制の崩壊と変動相場制への移行は、国境を越えるマネーの動きを強め、これを中心に経済（金融）のグローバル化の流れが世界的に展開した。この流れは、七〇年代の経済危機の原因をケインズ政策の失敗と捉え、規制緩和と小さな政府を経済政策の柱とする新自由主義政権が英米両国で成立することにより一層強まった。先進工業国は米国からの圧力のもとで自由化と規制緩和を進め、途上国も市場を開放することで外資導入を図り経済発展を目指した。

こうした流れの中で、EUも八三年のミッテランの政策転換以後、市場統合を再び開始することで、七〇年代からの経済的停滞からの脱却を目指した。しかしながら、この時期には、二〇一〇年現在発効中のFTAの内一九八〇年代後半に発効した件数がわずかに三件だったように[31]、EUを除けば地域貿易協定を結ぶことでグローバル化に対応するという動きは強くは見られなかった。

この動きが大きく変わったのは冷戦終焉後である。冷戦解体と旧社会主義国の市場経済化は、それまで制限されてきた体制を越えた生産要素の自由移動を可能にすることで、文字通り世界経済の統合＝一体化を進めるとともに、世界市場での競争を一層激化させた。こうした世界経済の構造変化のなかで見られた一九九三年のEUの成立と中・東欧への拡大の動きは、多くの国と地域での地域経済統合を進める契機となった。本文で述べたように、EUの東方拡大は、直接には冷戦解体後に急速に進む東西ドイツの統一という歴史的事件に対するEUの対応であったが、この拡大は他の国、地域にとってはEU経済圏の拡大と国際経済への影響力の増大を意味しており、これへの対抗として地域経済統合が進められた。こうして、多くの地域で、自由貿易圏が形成されることになった。

こうした地域経済統合の多くは、GATT／WTOの多角的自由貿易交渉が行き詰まる中でGAT

T二四条を根拠条文として成立してきたものであり、したがって、二〇〇一年一一月に開始されたWTOの「ドーハ開発アジェンダ」交渉が進捗しない現在の状況が続けば、加盟各国が貿易自由化の利益を得るために二国あるいは複数国間でFTAを締結する流れは今後も継続し拡大することになろう。

ところで、同じく地域経済統合とはいえ、EUとその他の統合には統合の段階で大きな違いがある点に注意が必要である。一九五一年のフランス、ドイツ、イタリア、ベルギー、オランダ、ルクセンブルクの六カ国による欧州石炭鉄鋼共同体の設立から経済統合を開始したEUでは現在、単一通貨ユーロが流通し、政治統合を射程に入れた歴史上これまで経験したことのない統合の段階に入っている。EU域内での自由化と規制撤廃による単一市場の形成を目指す市場統合と同時に進められた通貨統合は、変動するドルへの依存を断ち切り、安定した経済・通貨圏の構築を目指すものであるが、このために通貨統合参加国に統合への厳しい収斂条件が課せられ、経済政策の協調が求められた。さらに欧州中央銀行制度の構築により金融政策が一元化され、財政政策も「安定成長協定」により規制されている。EU構成国へのこうした規制は、構成国がそれまで有していた景気対策の余地を大幅に狭め、厳しい財政運営を迫るものとなった。EU域外に対しても、共通の外交・安全保障政策の実施が図られ、二〇〇九年一二月から発効したリスボン条約ではEUの常任議長とともに外務・安全保障政策上級代表が設置された。このように、EUはFTAのような国家間協定をこえて共通政策の統一化を図り、国家主権の一部を超国家的機関に委譲する強力な統合体を形成している。加盟国も設立当初の西欧六カ国から東欧諸国を含む二七カ国に拡大し、人口四億九〇〇〇万人、GDPで一二兆三五〇〇億ユーロに達し、経済規模でＮＡＦＴＡを凌駕し、世界貿易に占める割合でも三割を大きく越え、世界最大の貿易圏を構成している。さらに、この内の六割以上が域内貿易によるものであり[32]、ＥＵは加盟国間で強力な相互依存関係を形成している。しかし東欧諸国の加盟は、加盟国間での統合路線をめぐる対立など困難な課題を生み出した。

これに対して、現在見られる地域経済統合の多くはＦＴＡであり、ＥＵとは統合の段階を大きく異にしている。最近のＦＴＡが、関税の撤廃に加え、サービス、投資の自由移動など広い範囲を含む点に特徴を持つとはいえ、依然として国家間の協定の段階に留まっている。しかも、ＦＴＡは、ＥＵのような関税同盟とは異なり、協定締結国以外の国、地域に対しては関税障壁を自由に設定することを認める点をもう一つの特徴としている。そして、この緩やかな統合の形態が、ＧＡＴＴ／ＷＴＯの多角的自由貿易交渉が行き詰まる中で、容易に締結することができ、しかも貿易の拡大を図る手段として利用されることになった。こうして、ＦＴＡを締結することで、一国経済の枠組みを超えた経済領域を形成し、これを通じてグローバル化と自由化に対応しようとするリージョナル化の流れが強まった。さらに、二〇〇〇年以降になると、ＥＵとメキシコとのＦＴＡのように地域横断的な統合も数多く看取されるようになった。ＦＴＡの以上の特徴や、現在のＦＴＡが統合をより深化させるための制度上の枠組を形成していない状況から見ると、自由貿易協定を主流とする地域経済統合の流れが今後も維持されることになろう[33]。

以上のように、経済のグローバル化への対応としての地域経済統合はＥＵの成立と東方拡大を契機に多くの国や地域で見られた。各国は、二国間、あるいは複数国間でFTAを締結し自由貿易圏を形成することで経済の安定と拡大を図ってきた。このように、現代の世界経済は地域経済圏の併存と競争によって特徴づけられることになった。こうした中で、二〇〇八年九月に起きた米証券業界大手のリーマン・ブラザーズの経営破綻とその後の世界的な金融・経済危機は、米国型金融システムとそれを支えた新自由主義政策の破綻と見直しを各国に迫ることになった。同年一一月には新興国を含む世界二〇カ国・地域の首脳がワシントンに集まり、第一回「金融・世界経済に関する首脳会合」（「金融サミット」）が開催され金融危機への対策が話し合われ、以後現在まで五回の金融サミットが開かれている。しかしながら、世界経済は依然としてきわめて不安定な状態にある。特に、二〇〇九年末から顕在化したギリシャの財政危機がユーロの安定を脅かすなど、欧州統合は深刻な影響を受けている。第二次世界大戦後の経済統合を先導してきたEUがこの危機をどのように克服するかは、他の地域での地域経済統合の行方にも大きな影響を与えることになろう。

【注】

（1）　水野亮「世界のFTA一覧」WTO/FTA Column, JETRO, Vol. 055, 2010.1.20（http://www.jetro.go.jp/theme/wto-fta/colum/pdf/055pdf）による。WTOは、一般的最恵国待遇を基本原則としており、加盟国に対する差別的な扱いを禁止しているが、GATT第二四条で一定の条件を満たした場合にのみ、RTA（関税同盟と自由貿易協定）を結ぶことを許可している。その条件とは、①域内の障壁を実質上のすべての貿易で撤廃すること、②域外の加盟国に対して障壁を高めないこと、③RTA発効後は妥当な期間内に関税を撤廃すること、などである。

なお、「世界のFTA一覧」によれば、RTAのほとんどが自由貿易協定（FTA）であり、関税同盟は僅かであり、EUは関税同盟に分類されている。また、近年締結されているFTAは、「関税や数量制限の撤廃のみならず、サービス、投資、知的財産権、競争政策、紛争処理」など広い範囲を含む点に特徴がある。日本が進める経済連携協定（EPA）も同じく、「関税やサービスに加え、貿易面での技術協力」など、幅広い分野をカバーする協定である。浦田秀次郎・石川幸一・水野亮編著『FTAガイドブック2007』ジェトロ、二〇〇七年参照。

（2）福田邦夫・小林尚朗編『グローバリゼーションと国際貿易』大月書店、二〇〇六年、第八章、浦田・石川・水野編著、前掲『FTAガイドブック2007』第一章、田中素香・長部重康・久保広正・岩田健治著『現代ヨーロッパ経済論（新版）』有斐閣、二〇〇六年、第一部第一章などを参照。

（3）RTAの経済効果には、域内の関税、輸入量制限などが撤廃され、地域間の貿易に直接影響を与える静態的効果と、RTAを締結することで域内国で生産性の上昇や、資本の蓄積などが生じ、間接的に域内国・地域の経済成長がもたらされる動態的効果がある。より詳しくは、梶田朗「FTAの経済効果」浦田秀次郎編『FTAガイドブック』ジェトロ、二〇〇二年参照。

（4）同じく地域経済統合とはいえ、その内容と段階は大きく異なっており、周知のように、バラッサは経済統合を、自由貿易協定、関税同盟、共同市場、経済同盟、完全な経済統合の五段階に分けている Balassa, B., *The Theory of Economic Integration*, George Allen & Unwin LTD, 1961, p. 2（中島正信訳『経済統合の理論』ダイヤモンド社、一九六三年、六頁）。

（5）三政権の経済社会政策の詳しい内容については、川上忠雄・増田寿男編『新保守主義の経済社会政策――レーガン、サッチャー、中曽根三政権の比較研究』法政大学出版局、一九八九年参照。

（6）佐藤秀夫「国際資本移動の新展開」奥泉清・佐藤秀夫編著『90年代の世界経済』創風社、一九九五年、一六二―一六三頁。

（7）OECD, *Labour Force Statistics 1968-1988*, p. 485.

（8）『域内市場白書』には、非関税障壁の実例があげられており、それによれば、物理的障壁は「国境における税関」、技術的障壁は「保健あるいは安全上の理由で、あるいは環境や消費者保護のため採択する個々の商品への異なる規格」、財政的障壁は「間接税」などである。日本貿易振興会海外経済情報センター訳『EC域内市場の完成に向けて――EC委員会「域内市場白書」』一九八八年、六―七頁。

（9）単一市場の進展と「単一欧州議定書」の特徴については、マリオ・モンティ著、田中素香訳『EU単一市場とヨーロッパの将来』東洋経済新報社、一九九八年参照。なお、理事会での決定方式は、一九六六年のルクセンブルク合意以来全会一致制であったが、特定多数決制の採用によって、加盟各国に経済力その他を考慮した投票数が割り当てられ、この内の七割の賛成で決定がなされることになった。

（10）以上については、田村勝省「ECにおける資本移動の自由化」東京銀行月報、一九八九年三月、相沢幸悦『ECの金融統合』東洋経済新報社、一九九〇年参照。

（11）拙稿「EU経済」奥泉・佐藤編著、前掲『90年代の世界経済』一〇〇頁参照。

（12）パンジャマン・コリア「《社会的ヨーロッパ》――基盤、賭け、展望」永岑三千輝・廣田功編著『ヨーロッパ統合の社会史』日本経済評論社、二〇〇四年、一五三頁。

（13）「社会憲章」について、上原良子氏は、「ソーシャル・ヨーロッパ」の定義とも、欧州社会モデルの起源であるとも表される、と述べている。遠藤乾編『原典　ヨーロッパ統合史』名古屋大学出版会、二〇〇八年、五一二頁。なお、英国も一九九七年に成立したブレア労働党政権のもとで「社会憲章」を承認した。

（14）パンジャマン・コリア、前掲書、一五四頁。コリアは、同書で、一九九九年五月のアムステルダム条約の調印・発効とともに、「社会的ヨーロッパ」が大きな進展を経験し、雇用が初めて独自の共同体政策の目標となったことを指摘している。一四五頁。

（15）この点について、アマーブルは、EUのテクノクラートの議論を以下のように紹介し、これが目下のヨーロッパの「支配的言説」である、と述べている、「ヨーロッパ（つまりフランスとドイツ）は調子が悪い（低成長および高失業）。もしアメリカやイギリスのように、ヨーロッパが製品市場および労働市場を規制緩和し、社会保障を縮小し、公共サービスの私有化を進めるなら……、要するに構造改革を進めるならば、状況は改善するだろう」。Bruno AMABLE, *The Diversity of Modern Capitalism*, Oxford University Press, 2003. ブルーノ・アマーブル、山田鋭夫・原田裕治ほか訳『五つの資本主義』藤原書店、二〇〇五年、六頁。

(16) 立石剛・星野郁・津守貴之『現代世界システム』八千代出版、二〇〇四年、一四四―一四五頁。

(17) 『域内市場白書』は、「サービス供与に対する制限」を廃止するという規定が「過渡期間中に実施されなかったばかりでなく、重要な分野に関しては、全く実施が見送られた」と述べている。前掲『EC域内市場の完成に向けて』三頁。

(18) Pierre Gerbet, *La construction de l'Europe*, Almand Colin, 1994, pp. 478-488.

(19) 一九七九年にECが域内通貨の安定を図る目的で創設したEMSの固定相場制度は為替相場メカニズム（ERM）と呼ばれ、創設当初、加盟国は基準レートの上下二・二五％以内に変動幅を押さえる義務を負っていた。EMS危機については、田中素香編著『EMS：欧州通貨制度――欧州通貨統合の焦点――』有斐閣、一九九六年、第六章を参照。

(20) 遠藤編、前掲『原典　ヨーロッパ統合史』七〇〇―七〇二頁。財政赤字を対GDP比三％以内に維持することは、景気後退に陥っているEU構成国にとっては深刻な問題である。二〇〇八年の統計によれば、一二カ国がこの基準を満たしておらず、ギリシャとアイルランドは七％を超えている。European Commission, *European Economy*, no. 10, 2009, European Economic Forecast-Autumn 2009, p. 206. 現在、この状況は一層悪化している。中でも、二〇〇九年末からのギリシャの財政危機はユーロの安定を大きく揺り動かし、このため、ユーロ圏各国で、財政危機に対する支援の方法を巡る議論が行われてきた。こうした中で、二〇一〇年三月二五日に開かれたユーロ圏一六カ国の首脳会談で、ギリシャへの金融支援策について、加盟国の協調融資を中心に、IMFの融資を組み合わせる枠組で合意され、その後ギリシャの財政再建策を受けて五月に融資が決定された。『朝日新聞』二〇一〇年五月四日夕刊。

(21) 田中・長部・久保・岩田著、前掲『現代ヨーロッパ経済論（新版）』一一四―一一八頁参照。

(22) 以下については、拙稿「EUと中・東欧諸国との経済関係」『アルテス　リベラレス』第七五号、二〇〇四年、田中素香『拡大するユーロ経済圏』日本経済新聞出版社、二〇〇七年、第一章参照。

(23) 辰巳浅嗣編著『EU――欧州統合の現在』創元社、二〇〇四年、三六―三九頁。

(24) 欧州憲法条約のフランスとオランダでの批准拒否の原因については、田中素香、前掲『拡大するユーロ経済圏』一八二—一八五頁。その一つとして、欧州委員会の官僚主義への反発が主因との分析があったことが紹介され、これと「サービスの完全な域内市場」を目指したいわゆる「ボルケスタイン指令」との関係が指摘されている。当時の欧州委員会の域内市場担当委員であったボルケスタインの「指令」は、サービス労働者の自由移動を認める内容を含んでいたために、独仏などのジャーナリズムが「ソーシャル・ダンピング」であると批判した。

(25) リスボン条約については、鷲江義勝編著『リスボン条約による欧州統合の新展開』ミネルヴァ書房、二〇〇九年参照。

(26) 批准を促すために、「アイルランドの中立性、税制、妊娠中絶問題」についてのアイルランドの主権への配慮がなされた。鷲江編著、前掲『リスボン条約による欧州統合の新展開』一三頁。

(27) この点については、羽場久美子「EU・NATOの拡大とイラク戦争」大芝亮・山内進編著『衝突と和解のヨーロッパ』ミネルヴァ書房、二〇〇七年、一四三—一四八頁参照。

(28) 東アジア一〇カ国は、日本、中国、韓国、台湾、香港、シンガポール、マレーシア、タイ、インドネシア、フィリピンである。同じく、二〇〇七年の世界の名目GDP全体に占める比率を見ると、EU（二七）の二五・九％に対してNAFTAも二五・四％を占めている。これに対して、アセアン一〇カ国の比率は僅かに一・九％であるが、東アジア一〇カ国で見ると一六・一％を占めている。国際投資研究所「国際統計データベース」http://www.iti.jp/による。

(29) 石川孝一・清水一史・助川成也編著『ASEAN経済共同体』ジェトロ、二〇〇九年参照。

(30) 一九六〇年代から七〇年代にかけてアフリカや中南米で地域統合が進められ、東アフリカ共同体（一九六七年、ケニアなど三カ国で設立）、中米共同市場（一九六一年、コスタリカなど六カ国で設立）、アンデス共同体（一九六九年、ラテンアメリカ六カ国で設立）、カリブ共同体（一九七三年、ジャマイカなど一五カ国で設立）などが設立されたが、一九六四年の国連貿易開発会議（UNCTAD）の成立が示したように、戦後の貿易体制が先進国を中心に構築され、途上国が枠外に置かれていたことから域内貿易の拡大も見られず、大きな流れにはならなかった。たとえば、アンデス共同体とカリブ共同体の輸出総額に占める域内貿易の比率を一九七〇年と八五年について見ると、前者が二・三%と三・一%、後者は七・三%から五・五%に低下している。UNITED NATIONS, *Regional Economic Integration and Transnational Corporations in the 1990s: Europe 1992, North America, and Developing Countries*, p. 34, 1990 参照。

(31)　水野、前掲「世界のＦＴＡ一覧」参照。

(32)　二〇〇八年の域内貿易比率は、輸出六七・四%、輸入六三・五%に達している。WTO, *International Trade Statistics 2009*, p. 18.

(33)　この点については、田中素香「ＥＵ経済通貨統合と世界金融・経済危機」福田耕治編著『ＥＵ・欧州統合研究』成文堂、二〇〇九年参照。

第Ⅱ部

金融・経済危機と日本経済の対応

第4章　戦後最大の経済危機とマクロ経済政策

岡田　知弘

はじめに

二〇〇八年のリーマンショック以降、日本は一九三〇年代の世界大恐慌以来の深刻な経済危機に陥った。当時のブッシュ大統領と麻生太郎首相は、ともに「百年に一度の経済危機」と称して、経営危機に立ち至った金融資本や自動車、家電資本への公的支援策を強化するに至ったが、両国とも経済危機は深化し、それがオバマ大統領の誕生や日本での政権交代に結びつくことになる。とはいえ、両国とも、経済危機からの脱出は、未だなされておらず、特に雇用を中心とした経済指標は低迷したままであり、これが政権支持率低下の主因の一つとなっている。いったい、この経済危機からどのように脱出できるのか。

このことを、政策論として真摯に考えようとするならば、「百年に一度」という非科学的な表現から問い直す必要がある。そもそも百年前にこのような大規模な経済危機はなく、日本の場合は産業革命期に相当する。一九三〇年代の世界大恐慌と比べることもできるが、世界経済も、日本経済も、その構造を大きく変化させている。「グローバル恐慌[1]」という表現にも象徴されるように、現代の経済危機は、この間の経済のグローバル化と深く関係していることは、容易に想像することができる。それに加えて、日本の経済的落ち込みは、先進国中最も大きかった。したがって派遣労働者をはじめとする非正規労働者の増加や過去最高水準の生活保護世帯数を生み出した構造改革政策と、その下での実体経済の動向を検証することにより、日本特有の経済構造や経済政策のあり方を見直す必要がある。これは、民主党の菅政権下での法人税減税（それと対になった消費税増税）とＴＰＰ（環太平洋経済連携協定）への参加検討を軸にした「成長戦略」の妥当性を問うことにもなる。

そこで本章では、現代日本における経済のグローバル化と、それに対応した経済政策、とりわけ小泉構造改革に代表される新自由主義的な経済政策の形成と展開過程、そしてその帰結を明らかにするとともに、民主党政権下での経済政策にも言及してみたい。

1　「グローバル国家」型経済政策の形成と展開

(1)　経済のグローバル化と経済政策

資本主義の時代において、ある特定の時代の経済政策は、その時代の経済構造と資本蓄積のあり方

図1　海外生産比率と貿易収支・所得収支の推移

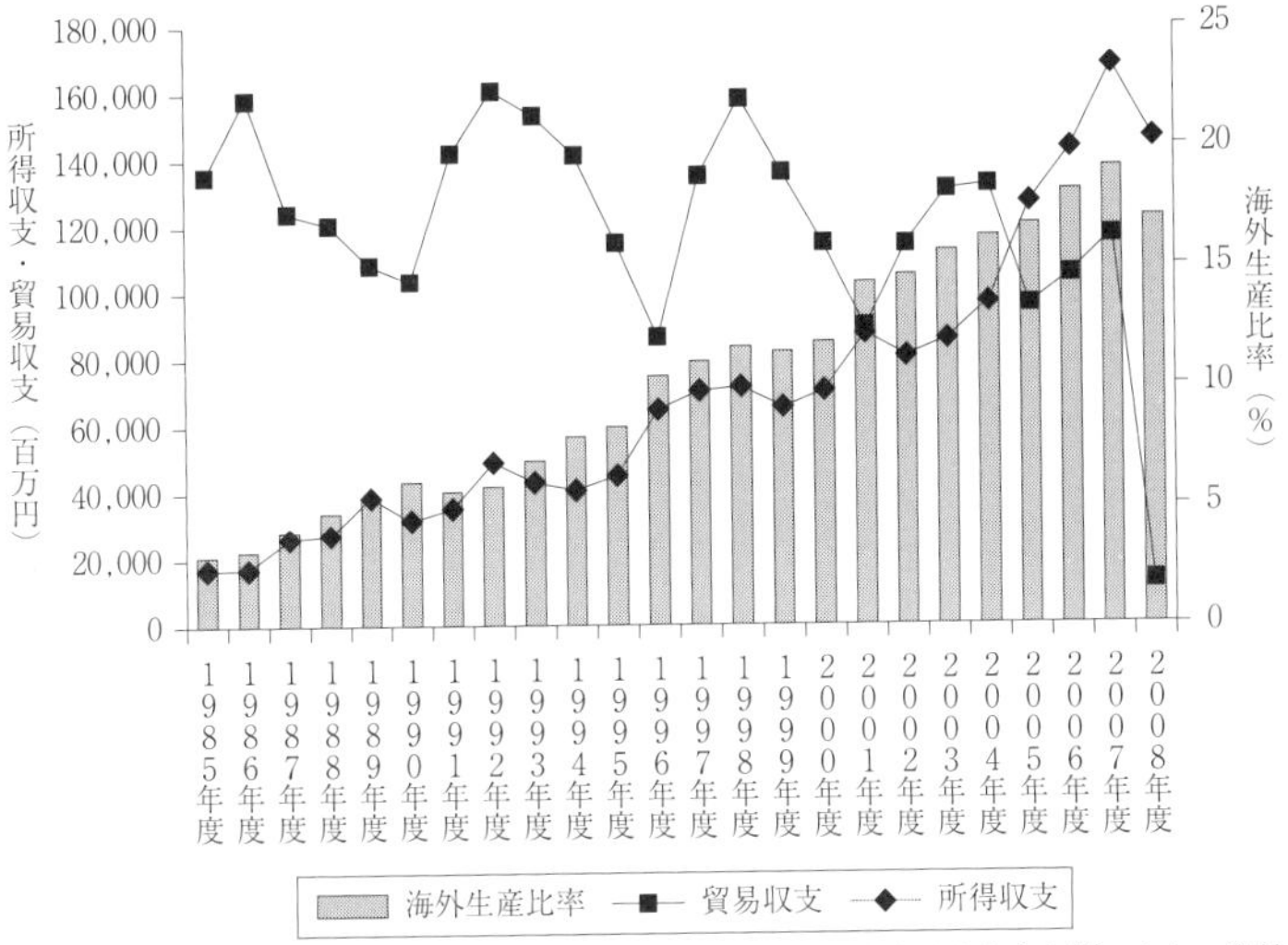

出典）財務省「国際収支統括表」、経済産業省「海外事業活動基本調査」各年版。なお、海外生産比率は、現地法人売上高／（現地法人売上高・国内法人売上高）×100。

によって規定される。現代日本の経済政策も、その例外ではない。この時代の最大の特徴は、経済のグローバル化が急進展したことと同時に、それに対応した「国のかたち」の再編が、経済政策面だけでなく、行財政改革、そして構造改革という名称の下に、国、地方自治体の「かたち」や内実を含め、大規模に遂行された点にである。それは、政権与党に対して最も影響力のある財界団体である経済団体連合会（以下、経団連）の提唱する「グローバル国家」という言説に象徴的に表現されている。

　したがって、現代の経済のグローバル化は、二つの側面から捉えなければならない。第一に、直接投資交流を軸とする資本、商品、労働力、技術、情報の国境を越えた移動の活発化、という資本蓄積のグローバル化という側面である。第二に、これと連動した資本の海外直接投資の積極的支援や、「国際協調」による低金利政策、農林水産物等の積極的輸入政策、規制緩和政策等の、政策的国際化ともいうべき、政策的側面である。

図1は、日本の経済のグローバル化を鳥瞰するために、製造業の海外生産比率の動向と、貿易収支および所得収支の推移を示したものである。所得収支は、海外への投資にともなう純収益である。この図からわかるように、一九八〇年代半ば以降、海外生産比率は、右肩上がりに上昇し、リーマンショック直前には二〇%近くまで達していた。これにともない二〇〇〇年代半ばから経常収支の構造が大きく変化する。これまでの貿易黒字を稼ぐ「貿易立国」型から、所得収支が貿易収支を上回る「投資立国」型へと変貌を遂げたのである。

このような経済のグローバル化が、国のマクロ経済政策といかなる関係で、遂行されてきたのか。以下では、政権与党の政策立案に大きな影響力を与えた経団連の動向に注意を払いながら、経済政策の推移を概観してみよう。

(2)　「多国籍企業が国を選ぶ時代」への突入

日本での経済のグローバル化は、一九八〇年代半ばから本格化したといえる。日米貿易摩擦の回避策として、一九八六年の日米首脳会談の際に対外公約された「前川レポート」の経済構造調整政策に基づいて、海外直接投資の本格化と、積極的な輸入政策、規制緩和と民間活力の導入（以下、「民活」

と略）による内需拡大政策が遂行され、日本経済はバブル景気に沸くことになる。この時期の経団連の中枢は、新日鉄に象徴される重厚長大型産業であり、米国との構造協議によって取り決められた六三〇兆円の民活型公共事業を、第四次全国総合開発計画の下で全国にばら撒いたのである。しかし、その財源は国債と消費税（一九八九年導入）であり、後の財政危機の原因の一つとなる。

一九九一年にバブルが崩壊し、「失われた十年」と呼ばれる長期不況に突入する。海外直接投資がいっそう進行する一方、ガット・ウルグアイ・ラウンドが妥結し、ＷＴＯ体制に移行するなかで、コメを含む全農産物の貿易自由化や繊維製品、木工家具製品等の輸入促進政策、国内炭鉱の政策的閉山政策が遂行される。こうした政策的国際化の進行も重なることで、地方における産業後退と人口減少が激しくなる。[2]

このような時期に、小泉構造改革の淵源となる、構造改革の提唱が、経団連によってなされる。一九九六年一月、社会党の村山富市首相が辞任し、久方ぶりに自民党・橋本龍太郎を首班とする内閣が発足する。このとき、経団連は「与党第一党の党首が総理に就任されたので、整合性、一貫性のある政策が適時、適切に展開されることを期待する」とし、「本年は、二一世紀に向けて政治・行政・経済全般にわたって果敢に構造改革を進め、政治に対する国民の信頼と期待を取り戻す年とすべきである」と構造改革に向けて檄を飛ばしたのである。[3]

その同じ頃に、「グローバル国家」を標榜する「経団連ビジョン二〇二〇」が発表される。一九九六年一一月、小選挙区制度導入後初めての総選挙で、自民党は大勝し、第二次橋本内閣が自民党単独政権として発足する。選挙に先立ち、自民党が六月に発表した「橋本行革ビジョン」は、「企業に選んでもらえる国づくり・地域づくり」を目標に、六大分野での行政改革を掲げたのである。そこでは法人税率の引き下げと消費税率の引き上げ、社会保険料等の国民負担の増大、労働法の見直し、国と地方の行財政権限の見直しが強調され、地方分権一括法の制定および中央省庁等改革という形で二〇〇〇〜〇一年にかけて次々と具体化されていくことになる。

ここで留意すべきは、自民党の「橋本行革ビジョン」が、「経団連ビジョン二〇二〇」の考え方を、ほとんど踏襲していたことである。とりわけ、「企業に選んでもらえる国づくり、地域づくり」というキャッチコピーは、「活力あるグローバル国家」を提唱した「経団連ビジョン」に対応したものであった。当時の経団連会長は、かつての鉄鋼に代表される重厚長大型産業の盟主ではなく、海外直接投資を急速に展開しグローバル企業化への道を歩んでいたトヨタ自動車の豊田章一郎会長であった。ここでいう「グローバル国家」とは、「今や世界経済の主要な担い手は多国籍企業であり、日本が世界経済のセンターの一つとして生き延びようとするならば、多国籍企業に選んでもらえる国づくり、地域づくりをしなければならない」というものであり、そのために賃金、法人税、社会保障負担等、多国籍企業から見ると「高コスト」にみえる経済構造の改革、そして「官」のスリム化と「民」への開放を迫ったのである。これによって、賃金破壊や消費税率の引き上げ、社会保障の本人負担の増大、各種規制緩和がなされ、不況も一段と深化し、経済条件の破壊と社会保障負担の増大、同サービスの後退が重なり、失業者や自殺者数が急増することになる。このため、一九九八年七月の参議院選挙では、橋本自民党は都市部選挙区で大敗を喫し、参議院で単独過半数を割り込み、橋本首相は辞職に追い込まれることになった。

(3) 小泉構造改革の本格的展開

再び「グローバル国家」路線を強力に推進するリーダーとして登場したのが、二〇〇一年春に、「自民党をぶっ壊す」というスローガンによって自民党総裁選挙で勝利した小泉純一郎である。小泉首相は、省庁再編のなかで二〇〇一年度から発足した首相直属の国家戦略策定機関である経済財政諮問会議に経団連の奥田碩会長（トヨタ自動車）らを参画させた。このことによって、財界の要求がストレートに国家政策に反映することになる。経済財政諮問会議が初めてまとめた「骨太の方針二〇〇一」（経済財政諮問会議「今後の経済財政運営及び経済社会の構造改革に関する基本方針」二〇〇一年六月）では、「構造改革なくして成長なし」と強調し、不良債権処理を急速に進めるとともに、「聖域なき構造改革」と称して、医療、介護、福祉、教育などの分野に競争原理を導入する「民営化・規制改革プログラム」や市町村合併の促進をはじめとする七つの改革プログラムが提示される。

小泉構造改革が進行途上の二〇〇二年に、再び財界からの提言が出される。この間、経団連と日経連が合併し、日本経団連が発足していたが、その最初のビジョン「活力と魅力溢れる日本をめざして」が発表されたのである。ここでは、「グローバル国家」論をさらに推し進め、「メード・イン・ジャパンからメード・バイ・ジャパンへ」というスローガンの下で、世界大で活動する多国籍企業を支援する国家体制を求めたのである。具体的には、①技術革新への支援、②内外資本のためのインフラ整備、③法人税率の引き下げである。それだけではなく、「官から民へ」「国から地方へ」のキャッチフレーズで、地方自治体の再編にも口を出し、「公を担う民の動きをリードする」として、州制導入を提言するとともに、基礎自治体については政府の合併目標一〇〇〇をさらに上積みし三〇〇に集約することを要求したのである。そして、行政改革を進めることによって、「個人の能力や個性にあった教育、働き方、医療、最期の迎え方が選べる」社会にすべきだとした。ここでは、個人の能力によって、教育や労働形態、医療や福祉サービス、そして高齢者医療サービスのメニューを「選択」できる社会制度にするよう提言していたのである。ちなみに、「最期の迎え方」は、後の後期高齢者医療制度につながるものであった。

五年半にわたった小泉内閣とその後の自公連立政権による構造改革は、基本的には、これまで述べてきたような経団連および日本経団連の「グローバル国家」論に沿って、展開されてきたといってよい。

第一に、多国籍企業、金融資本の利益を最優先してきた。海外からの投資を積極的に受け入れるためのさまざまな規制緩和や外資誘致政策、法人企業や個人投資家を優遇する税制改革、そして郵政民営化も、その典型である。

第二に、「自助と自律」を基本とした社会保障制度改革を重点的に行った点である。とりわけ医療、年金、介護、保育の面での「規制改革」と「官製市場の開放」がなされた。二〇〇二年には高齢者やサラリーマンの医療費本人負担率を引き上げる医療改革を決定、二〇〇三年には失業給付の引き下げと保険料引き上げを行う雇用保険法の改定に続き、介護保険料の引き上げ、二〇〇四年には生活保護費の老齢加算の廃止と年金制度改定（保険料引き上げと年金給付額の引き下げ）、二〇〇五年には生活保護費の母子加算の縮減、介護保険法の改革による施設入所者の食費・居住費の全額自己負担化、同じく施設等利用者の食費・居住費の全額自己負担化と利用料一割負担を内容とした障害者自立支援法の制定、そして二〇〇六年には、所得税・住民税の定率減税を半減したうえで、老年者控除と住民税の非課税限度額も廃止し、後期高齢者医療制度の導入を盛り込んだ医療制度改革を行ったのである。これによって低所得者、高齢者、障害者家族を中心に負担が増大するとともに、福祉行政の分野が、営利ビジネスの市場に変わった。そして、一方で戦後まがりなりにも築かれてきた社会福祉のナショナルミニマムが壊され、収益が期待できるところにはグッドウィルに代表される民間企業が参入することになった。

第三に、内外の大企業が活動しやすい制度環境の創出が進められた。すなわち、市町村合併の推進や地方財政支出の削減を図る「三位一体の改革」、ＰＦＩや指定管理者制度、市場化テストなどの手法による行政の民間化、そして内外多国籍企業の活動拠点が集中する大都市再生への公的資金の集中的投下である。

以上のように、「グローバル国家」型の構造改革は、多国籍企業段階に到達した巨大企業からなる財界が、自らの資本蓄積活動に適合的な「国のかたち」や行財政構造の改変を求めたものと位置づけることができる。

(4)　安倍内閣以降の構造改革政策と御手洗ビジョン

小泉内閣を引き継いだ安倍晋三内閣が発足する直前に、日本経団連のトップも交替した。外資比率五〇％を超える企業でもあるキヤノン会長の御手洗冨士夫氏が、日本経団連会長に就くとともに、政府の経済財政諮問会議の議員として任命されたのである。そして二〇〇七年元旦、日本経団連は、通称「御手洗ビジョン」（「希望の国、日本」）といわれる新提言を発表する。

このビジョンでは、すでに構造改革の弊害が出ていることも認識していたが、それは成長重視によって乗り超えられるものであり、さらなるイノベーションが必要だとした。このイノベーションは、科学技術の開発といった狭い意味のものではなく、「経済や社会のシステム、そしてその根底にある教育や国・地方のあり方、憲法などの変革」も含む広い意味のものである。同ビジョンでは、具体的に五つの改革を要求していた。

まず、持続的な経済成長をはかるために、①「新しい成長エンジンの創出」とともに、②アジアのダイナミズムを取り入れていく通商戦略の策定が優先課題として取り上げられた。また、国を支える基盤を確立するとして、③社会保障の見直しや規制改革など政府の役割の再定義、④道州制の導入や労働市場改革、⑤公徳心の涵養など社会の絆を固くすることの三つの改革が重視された。

より具体的に見ていくと、第一に、消費税率の二段階引上げ（五％から七％、そして一〇％へ）とともに、法人税実効税率の引き下げを要求しているのが特徴点である。法人税率を引き下げる代わりに消費税によって財源不足を賄おうという狙いである。第二に、広義の「イノベーション」に、教育改革、道州制導入などの地方制度改革、「憲法改正」を入れるとともに、二〇一〇年までに「憲法改正」を求めていることである。これが、安倍内閣下での強引な教育基本法改正や国民投票法の強行採決に結びついたわけである。さらに、第三の特徴として、日米同盟を基軸にした「ミサイル防衛」能力の向上、多国間共同演習を盛り込んでいることである。これは、憲法九条の改定と対になっているといえる。第四に、労働分野においては、労働者派遣や請負労働のいっそうの規制緩和、労働時間規制の適用除外（ホワイトカラーエグゼンプション）を推進するとした。

だが、すでにグローバル化と構造改革の矛盾が表面化しているうえ、それが経済的にも、政治的にも決定的な局面を迎えることになる。経済面では、経済のグローバル化の矛盾・破綻が米国から露呈する。貧困者向けのサブプライム・ローンが破綻し金融不安がグローバル規模で広がるとともに、投資ファンドの投機マネーが、原油、穀物市場に流入し、価格の暴騰を引き起こし、特に石油・石炭自給率、穀物自給率の低い日本は大きな打撃を受ける。さらに、二〇〇八年九月のリーマンショックを機に、戦後最大規模の経済危機に発展したのである。とりわけ日本では、米国市場に依存していた自動車・家電産業を中心に大幅な収益の悪化に陥り、「派遣切り」から「期間工切り」、さらに工場閉鎖に発展していく事態となった。

さらに、このような経済危機のなかで、二〇〇七年夏の参議院選挙に続き、〇九年夏の総選挙においても、自公政権が大敗を喫し、「生活第一」という「反構造改革」的スローガンを掲げた民主党が圧勝し、同党を中心とする新政権が誕生したのである。

このような自公政権への批判の高まりのなかで、政府部内で道州制ビジョン懇談会、地方分権改革推進委員会、第二九次地方制度調査会が設置され、いずれも財界人がリーダーとなって、道州制推進体制が構築、推進されていったことに注目したい。日本経団連は、道州制を「究極の構造改革」と位置づけ、強い執念をもって推進したのである。それは、トヨタやキヤノンといった多国籍企業だけではなく、道州単位で蓄積活動を行っている地域ブロック資本の欲求でもあった。この点は、足元で道州制推進運動を展開する関西財界や九州財界の中枢を、電力、ガス、鉄道、金融等の県域を超えた「ブロック資本」が担っていることから了解される。これは、道州制下の社会資本計画にもつながる広域地方計画の策定に（〇九年八月）、各地域財界団体の代表が直接関わった動きとも連動している。道州制は、多国籍企業グループと地域ブロック資本との利害が一致したところで推進されていることにも留意しなければならない(4)。

2 「グローバル国家」型経済政策の帰結

(1) 人口減少地域の広がりと就業機会の縮小

次に、一九八〇年代後半以降の経済のグローバル化とその後の構造改革がもたらした問題と矛盾について、より具体的に見てみよう。

第一に、人口減少地域の広がりである。都道府県別人口を見ると、一九八〇年代後半以降、日本列島周縁部の道県で一貫して人口減少が続き、二〇〇〇～〇五年には三二道県にも達している。また、高齢化・「少子化」の急速な進行で、二〇〇四年以降、人口の縮小再生産局面に入っている。「少子化」の主要因の一つとして、後に述べるような若年層における高失業、不安定雇用、低賃金の広がりがあるといえる。また、市町村別に見ると、「平成の大合併」前の一九九五年から二〇〇〇年にかけて、市の四七％、町村の七三％が人口減少を記録した（国勢調査ベース）。高齢者比率が過半を超え、社会的共同作業ができなくなった「限界集落」問題も表面化する。(5) これらの人口減少は、住民がそれぞれの生活領域としての地域において住み続けることができない状況、すなわち就業機会および所得機会の減少によって引き起こされていた。

そこで、第二に、同じく国勢調査によって就業人口の推移を見ると、一九九五年から二〇〇〇年の間に、日本の就業人口は一一六万人も減少した。高齢リタイアが増えたうえ、完全失業率が高まったためである。さらに、九〇年からの一〇年間の産業別動向を見ると、九〇年時点で最大の就業者数を抱えていた製造業が二四一万人も減少して第三位産業に転落するとともに、農林漁業が軒並み三〇～四〇％の大幅な減少を記録した。この数字は、高度成長期を上回るものであった。これら、モノづくり産業の後退は、明らかに製造業の海外シフトや逆輸入製品による地場産業の崩壊、さらに農林水産物の輸入政策の帰結であったといえる。そして、これらの農林漁業と製造業を基盤にしていた地域こそ、日本列島の周辺部であり、各都道府県の町村部であったのである。さらに、この間第一位産業となったのは、医療・福祉・保健業と情報サービス業を中心としたサービス業であったが、その多くが大都市部に立地していた。しかも、これらの就業者の就業形態については、低賃金で不安定な非正規雇用が増え、後に述べるワーキングプア問題が深刻化することになる。

(2)　多国籍企業重視の構造改革政策の帰結

グローバル化の影響に加えて、二〇〇〇年代前半は、構造改革が地域経済および社会をいっそう疲弊させることになる。第一に、小泉元首相が、「骨太の方針」で掲げた「改革なくして成長なし」論は、事実によって否定されることになった。改革前の二〇〇〇年度と比較して、〇六年度の国内総生産はマイナス一・七%を記録したのである。一方、国民所得は表1で示したように、一兆四千億円増加しているものの、伸びているのは企業所得の八兆九千億円増と財産所得の九千億円増であり、国民所得の七割余を占める雇用者報酬は実に八兆三千億円の減少となったのである。企業所得についても、大企業を中心とした法人企業所得が大きく伸びているのに対して、個人企業所得は減少しており、法人企業や財産所得と個人企業・雇用者との所得増減の対照性が鮮明に表れた。

第二に、その背後には、階層間格差の拡大があった。しかも、それは相対的な所得格差ではなく、「格差と貧困」の拡大といわれるように、絶対的な貧困の広がりを意味した。具体的には、まず、派遣労働者に代表される非正規雇用のワーキングプアの増加に示され。年収二〇〇万円未満の勤労者が、

表1　国民所得の推移

年　度	2000	2006	増減額
1．雇用者報酬	271,267	262,969	－8,298
2．財産所得	16,645	17,519	874
3．企業所得	83,892	92,758	8,866
(1) 民間法人企業	44,403	48,459	4,056
(2) 公的企業	1,197	6,849	5,652
(3) 個人企業	38,291	37,450	－842
4．国民所得（要素費用表示）（1＋2＋3）	371,804	373,247	1,443

注）増減額は、2000～2006年度比較。
出典）内閣府経済社会総合研究所国民経済計算部『国民経済計算年報』。

二〇〇六年には、全体の四分の一を超えるまでに至っている[6]。これらの多くが、若年層である。二〇〇七年の総務省「就業構造基本調査」によると、正規雇用比率は、一五～一九歳で二八・二％、二〇～二四歳で五六・八％にすぎず、残りはパート、アルバイト、派遣労働などの非正規雇用であった。また、二〇～二九歳の男性で正社員では五一％が既婚であったが、非正規雇用では一七％にすぎなかった。

さらに完全失業率は、二〇〇〇年の四・七％から〇五年には六・〇％に上昇し、なかでも二〇歳台前半よりも若い男子の場合一〇％を超える水準に達した（国勢調査ベース）。生活保護世帯数も、一九九二年度の五九万世帯から二〇〇五年度の一〇四万世帯に増え、その後も毎年、過去最高水準記録を塗り替えている[7]。

国際的な価格競争力の強化のための賃金抑制、コスト抑制が、所得の最大部分を占める雇用者報酬や個人企業所得を減少させ、消費の低迷を生み出しただけでなく、各種社会保障給付の削減と税・保険料の国民負担増大によって、日本経済は構造改革期に縮小再生産に陥っていたのである。まさに、D・ハーヴェイが欧米

図2　都道府県別県内総生産と県民所得の増減率（2000～2005年度）

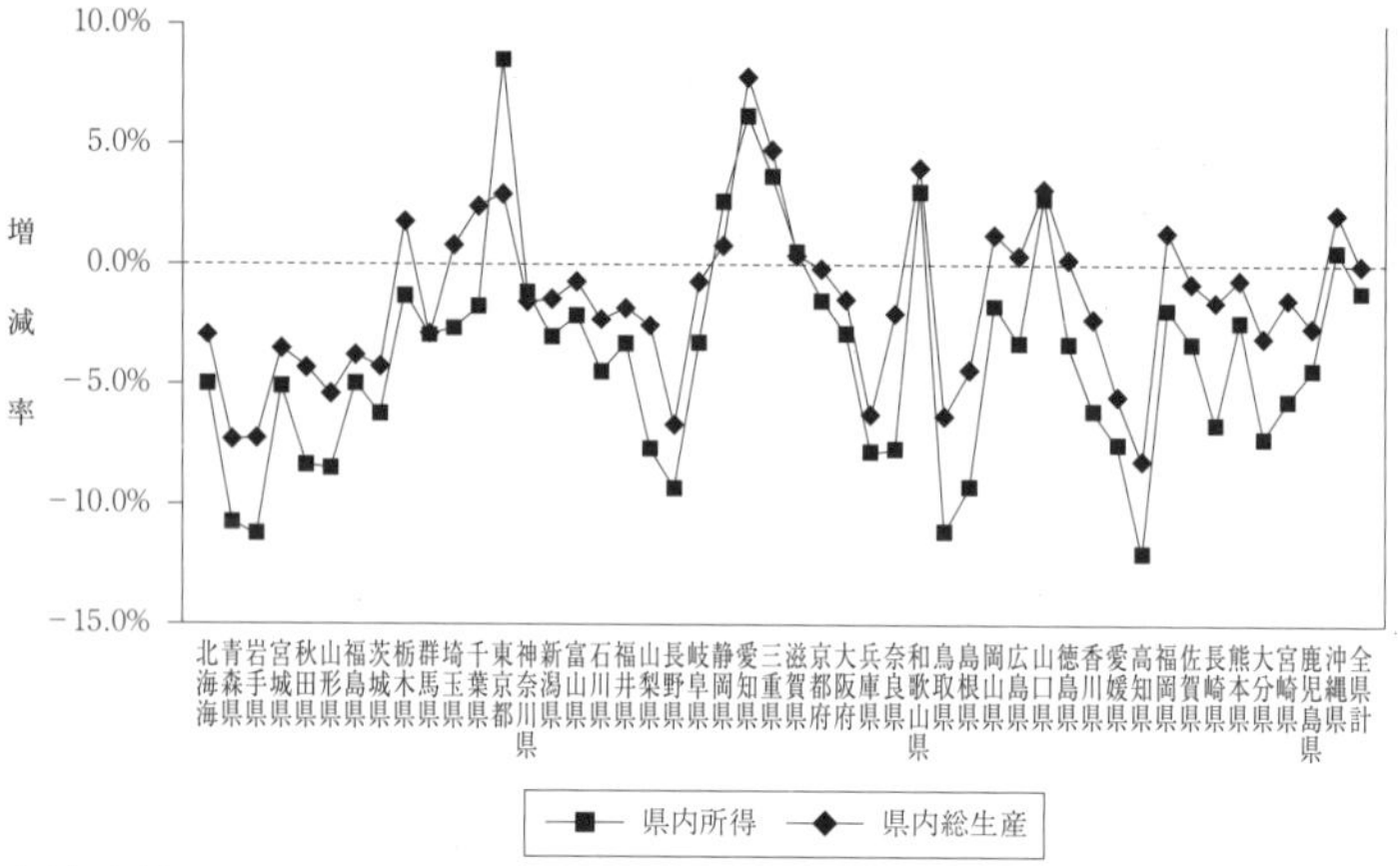

出典）『平成17年度県民経済計算』。

の新自由主義改革を批判して述べたように、日本においても「新自由主義化の主たる実績は、富と収入を生んだことではなく、再分配したことにあった」[8]のである。

第三に、以上の階層間格差は、大都市と地方との地域間格差の拡大をともなった。すでに経済のグローバル化によって、地方で産業空洞化現象が広がった一方、海外投資収益と輸出収益の七割近くが本社機能の集中する東京に還流する事態となっており、東京およびその周辺と地方との地域間格差は拡大していた[9]。

図2は、小泉構造改革が開始される前の二〇〇〇年度と改革途上の二〇〇五年度の県内総生産（名目）と、県民所得の推移を、都道府県別に示している。この図からは、県内総生産は全国平均ではマイナスだが、愛知県や首都圏などで高い増加率を示している一方で、高知県や青森県、秋田県をはじめとする

図3　雇用者報酬・企業所得・財産所得の増減率（2000〜2005年度）

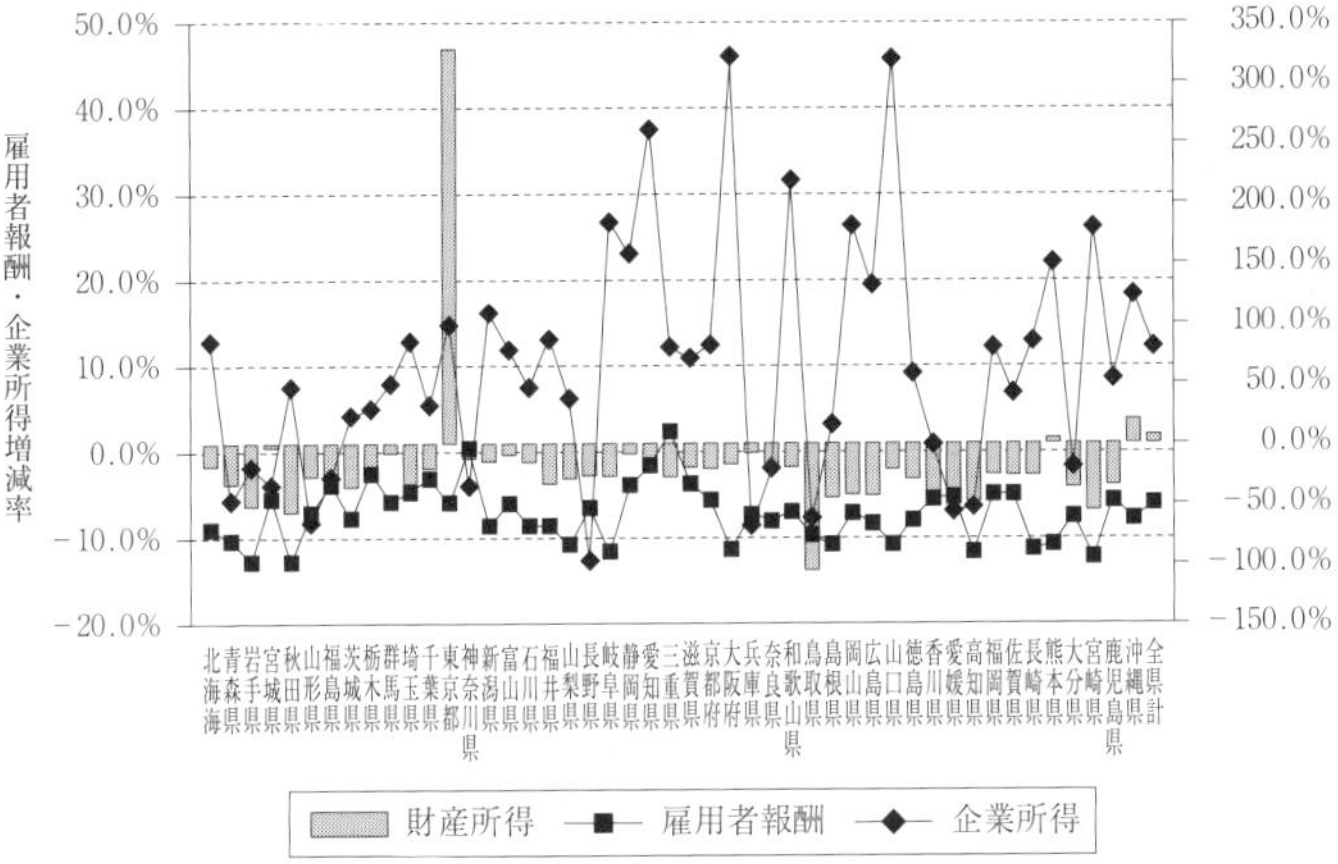

出典）図2と同じ。

地域で五％を超える減少率を記録していることを確認できる。しかも、県民所得については、東京都を除き、県内総生産の増加率を下回り、減少している道府県は三九にのぼり、全国平均もマイナスとなっていた。前述したように、東京都には大企業の本社機能を通して、海外投資や地方の分工場・支店等からの所得が吸引されているため、生産額以上の所得が集中していることが要因の一つである。

さらに、県民所得の内容を詳しく示したのが図3である。県民所得は、雇用者報酬と企業所得、財産所得の三種類からなっている。これらに分解して、二〇〇〇年代前半の所得の増減を比較すると、第一に財産所得が東京都で実に三二八％の増加となっているのに対し四四道府県では減少を記録している。金融や証券投資の自由化が、東京都での財産所得の急増を生み出したことがわかる。第二に、前図で、県民所得が増加していた東京都や愛知県も含め、ほとんどの県で雇用者報酬が減少しており、それを上回る比率で企業所得が増加して、合算値の県民所得が増加していたことがわかる。ちなみに、雇用者報酬が伸びているのは、愛知県や東京都に隣接した三重県と神奈川県だけであった。このように、全国的な格差構造が、地域間および各都道府県の地域内でも明確な形で現れたのである。

しかも、都道府県比較で見た際に絶対的な優位性があった東京都の内部においては、顕著な地域間格差が広がっていた。二〇〇二〜〇五年度平均でみた東京二三区における生活保護世帯比率は、千世帯当たりで見ると、最大が台東区の七八世帯となっていた。続いて、足立区の四六・九世帯、荒川区の四二・一世帯の順となっており、保護率が最高の台東区と最低の中央区との生活保護世帯比率の格差は七倍を超えた[10]。また、住民税の課税対象所得額を住民一人当たりで除した所得格差指数（全国平均を一〇〇とする）は、東京区部平均で、二〇〇〇年時点の一四〇から〇五年には一五三へと上昇した。全国平均に比べれば、東京区部の平均的な所得指数は高水準で上昇したことになる。しかしながら、ここでも地域間格差が存在する。最高の港区で、二〇〇〇年の二五七から〇五年には三六二に指数が急増しているのに対し、足立区や葛飾区では、それぞれ一〇四と一一〇という数字に変化はない。それだけ同じ東京都区部のなかで、所得格差が拡大したということである[11]。

地方では、これに加え、構造改革の一環として推進された市町村合併政策と「三位一体の改革」の影響が加わることになった。国から地方自治体への支出、とりわけ地方交付税と国庫補助金の削減は六兆円にも及び、その削減率は財政力の低い県や小規模基礎自治体では四分の一近くに達した[12]。普通建設投資はおろか住民向けの経常的サービスも維持できない町村が生まれ、財政的理由からの合併が進行した。

第四に、海外への生産シフトが高まることによって、一国レベルでの再生産の物的基盤の脆弱性が露呈した。日本は、高度成長期以来、「貿易立国」型の再生産を行ってきた。しかし、海外投資が増えるなかで、貿易収支は低迷し、前出の図1からもわかるように二〇〇五年度には海外投資にともなう所得収支が貿易収支を上回る「投資立国」型の経常収支構造となった。『通商白書二〇〇六』は、これをもって、さらに「投資立国」の道を歩むべきとしたが、石油・石炭自給率ゼロ％、穀物自給率二〇％台という状況の下で、東京を中心とする投資家や多国籍企業本社にしか富を還流させない「投資立国」の道は極めて危険なものであった。実際、その脆弱性は、二〇〇八年経済危機前後に併発したエネルギー危機と食料危機によって露呈した。今や、日本は、国民生活と産業活動の再生産の基本条件である食料とエネルギー代謝の持続可能性が失われた事態に立ち至っているのである。

(3) 地域経済・地域社会の持続可能性、人間の生存条件自体の危機

それだけではない。グローバル化と構造改革は、地域経済・地域社会の持続可能性、さらには人間の生存条件の危機をも生み出した。筆者も関わった、北秋田市、守口市、東大阪市、唐津市での地域調査（二〇〇八年実施）の結果を見ると、都市部、農村部を問わず、直近の五年間に家計収入年金収入を減らした世帯はほぼ半数以上に達し、増えたとする世帯の比率は一割台に留まった。他方で、税

表2　地域で暮らしていく上で一番困っている問題（複数回答）

	北秋田市	守口市	東大阪市	唐津市
買い物が不便になった	15.4	11.7	10.4	23.8
交通が不便になった	20.0	5.3	9.8	15.9
病院が遠くなった	22.3	13.6	10.5	7.9
福祉サービスが受けられない	3.2	3.3	3.3	5.1
郵便局が不便になった	9.7	5.6	4.7	10.0
金融機関が不便になった	15.5	16.3	12.0	14.5
学校・保育園が遠くなった	6.6	1.7	2.6	4.4
消防・救急体制が弱くなった	7.7	6.0	14.1	5.6
災害の危険が増している	21.4	28.9	27.4	18.2
隣近所のつながりが弱くなった	26.6	40.1	41.7	34.4
その他	9.2	15.9	13.5	16.6
総　計	100.0	100.0	100.0	100.0
サンプル数（%ベース）	907	753	569	572

出典）地域循環型経済の再生・地域づくり研究会『みんなで見つけた　この地域のたからもの』2009年3月。

金、国保料・介護保険料の引き上げやガソリン、食料品価格の高騰によって家計支出が増え、貯金を減らした世帯比率は、実に三分の二を超えた。

さらに、留意すべきは、表2で示したように、地域で暮らしていく上で最も困っている問題として、四市共通でトップとなったのは、「隣近所のつながりが弱くなった」点であった。北秋田市や唐津市のような農村部よりも、守口市や東大阪市のような都市部において高く、その比率が四割にも達していることに注目したい。高齢化と人口流出、自己責任論の流布のなかで、コミュニティ機能の低下と、将来への不安が映し出されているのである。これは、災害の危険への不安を訴える住民比率の高さとも重なる。さらに、都市ごとに比重は異なるものの、公共交通、買い物、病院、郵便局、金融機関等が不便になったことに対する不安も、比較的高い比率を示していることにも留意する必要がある。これらは、この間の構造改革や「三位一体の改革」、民間化、市場化政策のターゲットとなった社会的サービスであり、人々の生活を支える社会的インフラストラクチャでもあったのである。北秋田市や唐津市では、広域市町村合併も行われた。郵政民営化や金融再編で支店やATMが撤去され、年金が下ろせない、公共交通や公立病院・診療所が再編・統合され、病院通いや買い物にも不便をきたすとなれば、慣れ親しんだ地域に住み続けることはできない。このことは、「限界集落」が増えている農山村だけでなく、「無縁社会」化が進む都市部においても確認することができる(13)。

第二に、地域の近隣関係の希薄化と貧困化の進行は、刑事法犯罪認知件数の増大をもたらす土壌ともなっている。一九八〇年代前半まで一二〇～一五〇万件台で推移していた刑法犯罪認知件数は、九八年以降二〇〇七年まで二〇〇万件台を推移し、なかでも貧困を背景にした痛ましい犯罪や刑務所で食事を得るための軽犯罪が増えている点に注目しなければならない(14)。

第三に、さらに深刻なのは、自殺者数が九八年以降一三年連続三万人を超え、先進国中最悪の人口当り自殺率が続いている点である。しかも、この間、増加しているのは、中高年男性であり、なかでも借金絡みの経済的理由によるものである。ちなみに、九八年は、住専破たんにともなう不良債権処理が本格的に開始された時であった。構造改革が人々の生存条件や生きる意欲さえも奪ってきていることが明らかとなっている。

最後に、経済のグローバル化にともなう国内農林業の後退は、国土保全機能を弱めている。地球規模での環境問題とも関連して集中豪雨による自然災害が頻発している。日降水量二〇〇ミリを超える集中豪雨は、観測一〇〇地点当たり、一九七六〜八六年の一二・三回から、九七〜二〇〇六年の一八・五回へと増加傾向にあるだけでなく、間伐がされていない森林の保水力低下によって、大規模な土砂崩れ、水害が生じやすい状況になっているのである。これに、市町村合併にともなう役場の消滅と公務員の大幅削減が重なり、災害の被害確認、復旧、復興に遅れをきたす事態となっている。同様のことは、中越大震災以来の地震被災地でも生じており、短期的な経済効率性や財政効率性のみを追求してきた新自由主義的な経済政策・財政政策の遂行は、住民と自然との共生のための基本条件である国土保全をも大きく掘り崩しつつあるといえる(15)。

おわりに――民主党政権下での経済政策の動揺

以上のような自公政権下での構造改革の矛盾が顕在化するなかで、二〇〇九年の総選挙において民主党が大勝し、自公政権に代わって「生活第一」を掲げた民主党を中心とする鳩山政権が誕生した。総選挙マニフェストには、反貧困の象徴でもある労働者派遣法の抜本改正や後期高齢者医療制度、障害者自立支援法の廃止とともに、米軍基地再編問題の見直しも掲げていた。

しかし、その後の民主党を中心とする政権運営は、沖縄の米軍基地再編問題での行き詰まりや、鳩山首相および小沢一郎幹事長の金権問題によって、混乱を極めた。財源不足も加わって、マニフェストからの逸脱や政策転換、先延ばしがなされて、鳩山内閣の支持率は急激に低下することになった。

このため、二〇一〇年六月の政変によって社民党が離脱し、菅直人内閣が誕生する事態となる。菅直人政権は、日本経団連の提唱する成長戦略をほぼ丸呑みしたうえで、参議院選挙直前に法人税率の引き下げと消費税率の引き上げを表明して選挙で大敗を喫し、再び国会は参議院で野党が多数を占める「ねじれ」状態におかれることになった。

選挙後発足した第二次菅内閣は、いっそう財界よりの姿勢を強めた。二〇一〇年一一月には、米国政府や日本経団連の要求を受け入れて、農産物をはじめとするあらゆる輸入品の原則無関税化だけではなく、資本、労働力の国際移動を自由化し、食品等の安全基準を大幅に緩和することをねらったＴＰＰ（環太平洋経済連携協定）への参加を前向きに検討することを表明するに至る。また、二〇一一年度予算編成においても、菅直人首相は、率先して法人税の五％引き下げを指示し、成長戦略に沿った財政運営を図ろうとしている。同時に、二〇一一年の年頭記者会見において、社会保障改革と一体となった消費税率の引き上げの方向づけを、ＴＰＰ参加問題と併せて同年六月を目途に決定することも表明した。

以上のような民主党を中心とする政権の政策動向を鳥瞰すると、菅内閣の経済政策や財政政策は、米国政府と多国籍企業の利害を第一に優先する新自由主義的な構造改革路線に回帰しているといえる。農家の戸別所得補償政策も、ＴＰＰ参加に備えて大規模農家育成型へと再編されようとしているし、市場化テストやＰＦＩへの民間企業、投資家への参入の拡大を図る市場化政策も、自民党以上に推進されつつある。

だが、そもそも二〇〇九年総選挙において、自公政権に代わり民主党が中心となった政権が誕生したのは、構造改革によって生み出された矛盾＝「格差と貧困」に対する国民的な不安や反発があったからにほかならない。麻生内閣に引き続き、民主党政権下での自動車、家電産業保護政策の継続と新興国輸出の増加、大量の「派遣切り」に象徴される激しいリストラ遂行のなかで、上場企業の収益はV字回復してきているものの、生活保護世帯比率は二〇一〇年に入っても過去最高を更新し、完全失業率も高止まりしたままである。自殺者数も年間三万人水準が続いており、「格差と貧困」の問題は、一向に改善されてはいない。

民主党政権は、インフラを含め、輸出による成長を志向しているが、二〇〇八年の経済危機が日本で特に深刻であったことは、『経済財政白書』二〇〇九年度版が指摘しているように、自動車やIT家電の輸出依存度が高いために、米国でのバブル崩壊の反動が一気に日本経済を襲ったからであった。しかも、トヨタやシャープは、いっそうの海外シフトを展開する計画であり、二〇〇八年経済危機を引き起こした原因は、何一つ解決されていないといえる。したがって、民主党の経済政策は、政権そのものの持続可能性も含め、今後大きく揺れ続けると見てよいだろう。

むしろ、国内における正規雇用の拡大と、雇用者報酬の増加を通した、内需の自律的発展に基づく経済再生と貧困の削減、日本における食料やエネルギーの物的再生産を保障するだけでなく、住民と自然・国土、地球環境との共生を図るための農林水産業や自然エネルギー産業の育成、そして投資ファンドや金融資本の投機的な資金運用をチェックし、国内、地域内への再投融資を促す社会的制度の整備が必要となっているといえる。また、それを実現するための、地方自治体レベルでの自律的な地域づくりの取り組みが、日本列島上で現に展開されはじめていることに注目したい(16)。

【注】

(1) 浜矩子『グローバル恐慌』岩波新書、二〇〇九年。
(2) 以下の内容の詳細については、岡田知弘『地域づくりの経済学入門』自治体研究社、二〇〇五年、参照。
(3) 以下の、経団連および日本経団連の文書については、日本経団連のホームページ http://www.keidanren.or.jp/japanese/speech/index.html、による。
(4) 詳しくは、岡田知弘『増補版　道州制で日本の未来はひらけるか』自治体研究社、二〇一〇年、を参照されたい。
(5) 詳しくは、大野晃『山村環境社会学序説――現代山村の限界集落化と流域共同管理――』農山漁村文化協会、二〇〇五年、参照。
(6) 国税庁「民間給与実態統計調査」二〇〇六年版。
(7) 社会保障・人口問題研究所「『生活保護』に関する公的統計データ」による。
(8) D・ハーヴェイ著、渡辺治監訳『新自由主義』作品社、二〇〇七年、二二二頁。
(9) 経済産業省『平成12年度企業活動基本調査報告書』。
(10) 東京都保健局総務部企画課「福祉・衛生統計年報」。
(11) 原資料は、総務省自治税務局市町村税課「市町村課税状況調」。詳細については、岡田知弘「構造改革による地域の衰退と新しい福祉国家の地域づくり」(渡辺治・二宮厚美・岡田知弘・後藤道夫『新自由主義か新福祉国家か』旬報社、二〇〇九年)参照。
(12) 地方財政審議会「地方公共団体間の財政力格差の是正についての意見」二〇〇七年。なお、市町村合併の帰結と問題については、岡田知弘、同前論文を参照。
(13) ＮＨＫ「無縁社会プロジェクト」取材班『無縁社会』文藝春秋、二〇一〇年。
(14) 湯浅誠『反貧困』岩波新書、二〇〇八年。
(15) 詳細は、前掲『増補版　道州制で日本の未来はひらけるか』を参照。
(16) 岡田知弘他『中小企業振興条例で地域をつくる』自治体研究社、二〇一〇年、参照。

（追記）

本稿脱稿後の二〇一一年三月一一日、東日本大震災が起きた。同震災は、マグニチュード九・〇の巨大地震に続き、千年に一度といわれる大津波、さらに福島第一原発の炉心溶融事故を誘発し、二万人に及ぶ死者・不明者と一〇万人に及ぶ避難者を生み出した。

今回の震災は、これまでの日本の経済社会のあり方に対して、多くの問題をつきつけた。過疎化と高齢化、「限界集落化」が進行した農山漁村地域の疲弊、市町村合併・三位一体の改革による基礎自治体の体力の弱化、医療崩壊地域を襲った震災後の医療・福祉サポートの困難さ、原発依存のエネルギー政策や東京一極集中、生産拠点の集約化の脆弱さと危険性等、本稿で指摘した現代日本社会の諸問題が、一挙に噴出したのである。

震災からの復興にあたって、日本経団連や経済同友会などの経済団体は、口を揃えて「創造的復興」を強調し、ＴＰＰ（環太平洋経済連携協定）に対応するための農地や漁港の集約化と民間資本への開放、規制緩和による企業誘致、被災自治体の合併促進、道州制の導入、復興財源としての消費税増税等を推進すべきだと主張し、政府の復興構想会議の提言や復興基本方針も、ほぼこの「創造的復興」論に沿った内容となっている。さらに、九月に発足した野田政権は、早速、これらの経済団体の要求に応え、「創造的復興」路線を引き継ぐとともに、ＴＰＰ参加や消費税増税を推進したり、原発の再稼働や輸出に取り組む姿勢を示した。

いうまでもなく「創造的復興」は、阪神・淡路大震災の際の復興理念である。が、その結果、新空港や都市再開発等の建設が最優先され、被災者の住宅、生活の再建は後回しとなり、九〇〇人を超える人々が「孤独死」を遂げたことを忘れてはならない。

震災復興をめぐっても、本稿で指摘しように多国籍企業の利益を最優先した構造改革の道を再びひた走るのか、あるいは被災地域をはじめとして一人ひとりの住民の生活と自然との共生を第一にした地域経済・社会をつくっていくのか、という二つの道が鋭く対立する局面となっている。したがって、大震災からの復興のあり方は、今後の日本を展望するうえで決定的な重みをもっているといえよう。

第5章　変貌する産業構造

植田　浩史

はじめに――バブル経済崩壊とグローバル経済の変化

二〇世紀から二一世紀にかけての二〇年間は、高度成長期以降の日本の産業構造、とりわけ製造業の構造を大きく変化させた時期であった。本章では、この変化のプロセスとその特徴について検討するが、最初に時代を少しさかのぼらせながら、この二〇年間を考察する上で必要な背景についてふれておきたい。

一九七〇年代のドルショック、二度にわたる石油危機は、五〇年代以降高度成長を謳歌していた先進国経済を直撃した。その中で機械組立産業を中心とした一部の日本の製造業は、当時の先端技術であるＭＥ（マイクロエレクトロニクス）を活用した製品開発や技術開発、トヨタ生産方式に代表される生産システムの確立によって国際競争力を強化し、欧米を中心とした海外市場を席巻した。高度成長期の初期には生産台数に彼我の差があったアメリカの自動車生産を八〇年に日本が逆転したことは、日本の製造業の変化を象徴的に示しており、日本の産業の成功は世界的に注目されていた。

一九八五年のプラザ合意後の急速な円高は、八〇年代前半の輸出増加の条件を消失させ、本格的な現地生産化が進み国内生産の機能が縮小していく「産業の空洞化」問題を生じさせた。確かに、円高を背景に海外生産が拡大し、一方で輸入が増えていく産業があったものの、八〇年代末から九〇年代初めにかけてのバブル経済が、そうした懸念を一時的に払拭させてしまった。バブル経済は、国内の消費需要を拡大させ、国内の投資と生産能力の拡大が進んだ。しかし、バブル経済の崩壊とともに、バブルによって拡大した国内の消費需要は消滅し、バブル需要を当て込んだ過剰投資が多くの企業で財務的な負担となっていった。

一九八〇年代から九〇年代は、世界では、アジアNIESやアセアン諸国の経済発展、さらに中国の改革開放が進んだ時期であり、情報と資金の世界的な移動のスピードや量も急速に拡大した時期であった。世界経済のグローバル化の展開は、国際競争の場を広げ、国際競争をますますシビアなものとしていった。特に、アジアNIES、中国の工業生産力の拡大、さらに二〇〇〇年代に入っての新興国市場の急速な拡大は、国際競争のあり方、国際的な競争力の意味を変えていくことになった。九〇年代から二〇〇〇年代は、世界経済のグローバル化、世界市場の拡大と構造の変化、グローバル競争の激化という大きな変化の時代であった。日本のバブル経済崩壊は、こうした時期に生じたものであっただけに、その後の日本の産業や企業に与えた影響は大きかった。

一九八〇年代に高い国際競争力を保持していた機械関連産業などの日本の製造業はバブル経済崩壊以降の九〇年代に大きく変化していく。九〇年代までの日本の製造業は、①右上がりの成長を高度成長期以降長期間にわたって続けてきたこと、②製品開発から始まり、材料、設備、部品、製品組み立てといった生産に関するプロセスのほとんどを国内で行う国内完結型の生産スタイルをとっていた、という二つの特徴を持っていた[1]。この二つの特徴が、国内製造業の競争力として指摘されることが多かった製品開発力や下請システムが発展する条件となっていた。

ところが一九九〇年代に入り、特にバブル経済崩壊以降の日本製造業ではこうした特徴が失われていく。第一に、バブル経済崩壊以降多くの産業分野で生産水準がピーク時に戻っていない。国内需要の伸び悩み、海外での現地生産の拡大、さらに日本企業製品の国際競争力がグローバル市場の変化と需要の変化によって従来の競争力を失っていることによる。第二に、従来の国内完結型の生産スタイルが、生産の海外への移転、部品の海外調達の拡大など、グローバルな生産に移りつつある。バブル経済崩壊以降の経済不振とグローバル競争の展開、生産のグローバル化が一気に進んだことで従来の生産スタイルをとることが困難になってきている。

バブル経済崩壊以降、世界経済の枠組みが大きく変化し、国内産業をめぐる条件も大きく変化している中で、二一世紀の日本の産業はどのような状況にあり、どのような問題に直面しているのだろうか。本章では、バブル経済崩壊後から二一世紀の最初の一〇年における日本の製造業を中心とした産業および産業構造の変化と、その中での日本の製造業を支える存在として重要な役割を果たしてきた下請システムと産業集積の変化を対象に考察する。ここでの課題は、第一に、変化の実態を明らかにすることである。変化については、全体的な変化と個別産業で典型的に現れている変化があるので、その両者を具体的に見ていきたい。第二に、変化の背景について検討したい。この時期の産業構造や産業の変化は、多面的であり、さまざまな要因が絡み合っている。変化の背景にある要因を整理し、その特徴を明らかにしていく。第三に、ラフではあるが、こうした変化の中での日本の産業の展望を提示することである。

本章の構成は次のとおりである。最初に産業構造の変化について検討する。日本では製造業からサービス業へ産業の比重が移り、こうした移行の特徴、製造業の構造変化などについて考察する。次に、産業構造の変化が進む中で中小企業数の減少が進み、中小企業の雇用の比重が高い地域経済に影響を与えている問題について見ていく。最後に、日本の製造業を支えてきた下請システムと産業集積の動向とその位置づけについてふれる。

1　産業構造の変化

この節では、産業構造の変化を、雇用やGDP比などからデータ的に確認した後、「景気回復」期といわれた二〇〇二から〇七年までの製造業、製造業以外の産業の展開の特徴を考察する。製造業からサービス業への産業の比重の変化が見られる一方、各産業の内部においても変化が見られるが、日

図1　産業別従業者数の推移（産業大分類）

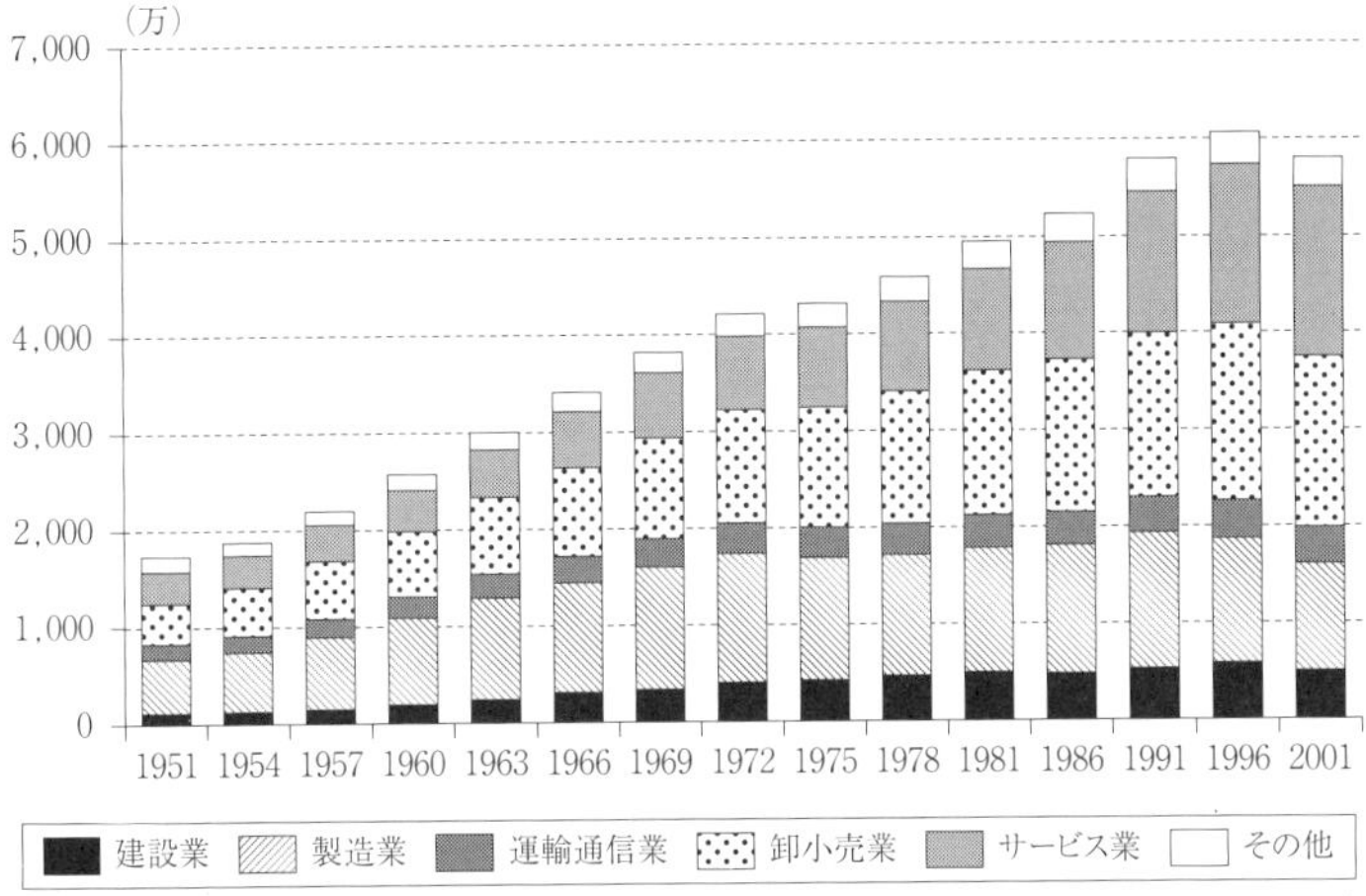

出典）総務省統計局『日本の長期統計系列』(http://www.stat.go.jp/data/chouki/index.htm)より作成。

本経済が課題として抱える雇用の拡大や創業の増大による企業数の増加に結びついていない状況を明らかにする。

(1)　製造業からサービス業へ

最初に、事業所・企業統計のデータを見ることで産業構造の変化を長期的に見よう[2]。図1は、連続したデータを見ることができる一九五一年から二〇〇一年までの五〇年間の産業大分類別の従業者数の推移を示したものである。図2は、全産業の事業所数がピークであった九一年を一としたときの業種ごとの事業所数の変化を示したものである。事業所数は、高度成長期以降、各業種とも増加を見せていたが、ピークの時期は業種によって異なっている。また、図3は、一事業所当たりの従業者数を見ている。この図は、平均的な規模を示すというよりは、産業内

図２　産業別事業所数の推移（産業大分類、1991年＝1）

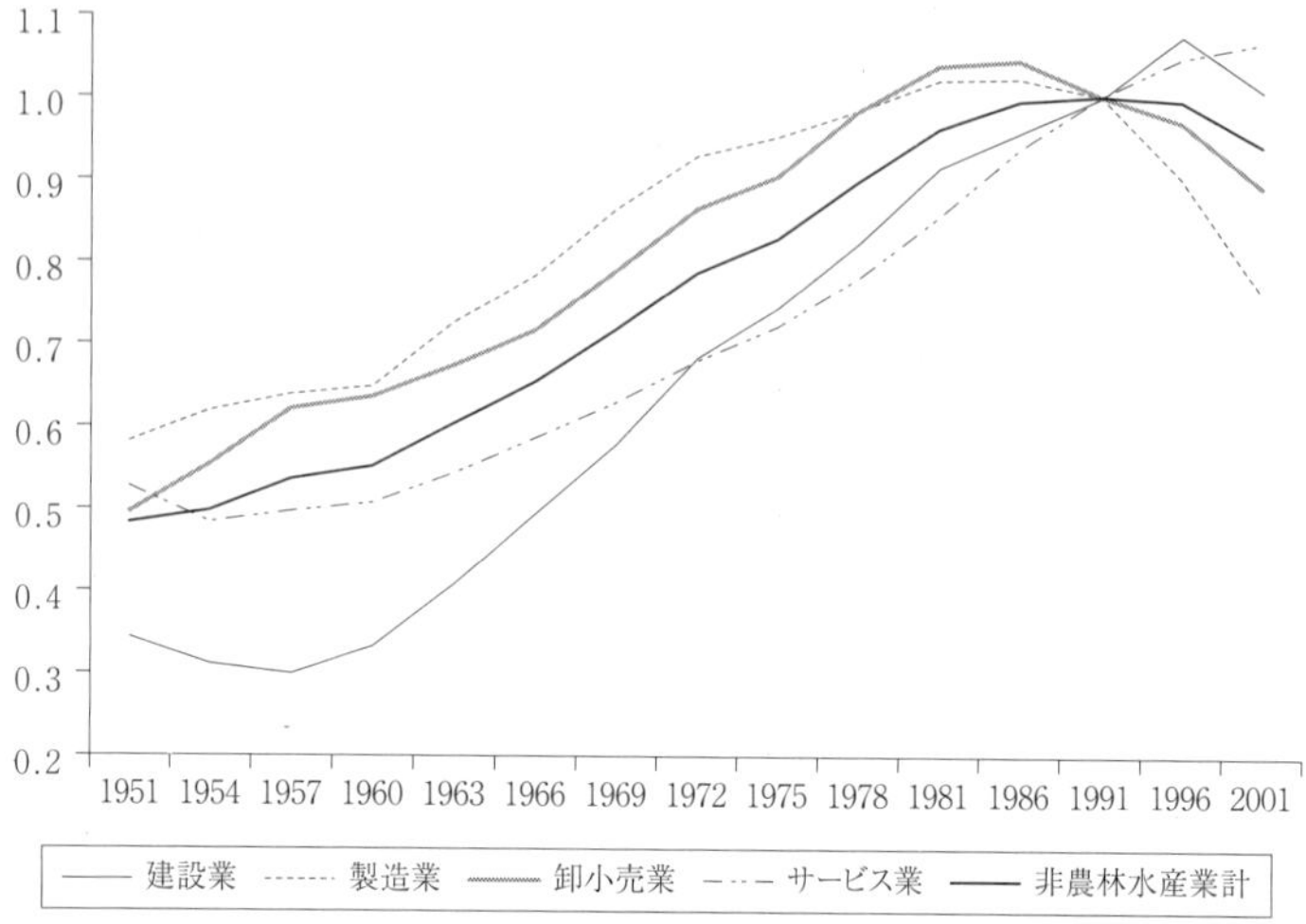

出典）図１と同じ。

部の従御者規模別構成の変化の傾向を示すものとして利用する。これらのデータから、次の点を指摘できる。

第一に、高度成長期には大分類では最も高い比率（三十数%）を占めていた製造業が、七〇年代以降その比率を低下させている。特に九〇年代以降の低下幅が大きく、九一年二四・三%が、〇一年一九・二%と一〇年間で五%以上低下している。実数では、七〇年代以降一二〇〇万人〜一四〇〇万人を上下していたが、九一年一四一〇万人をピークに減少し、〇一年には一一三万人にまで落ち込んでいる。なお、事業所数については、ピークは八〇年代半ばにあり、バブル期にはすでに減少傾向に入っていた。事業所数の動向は、経済環境による影響だけでなく、その大半を占める中小企業の置かれている状況や条件による影響が大きい。製造業の場合、高

図3　1事業所当たり従業者数の推移（人）

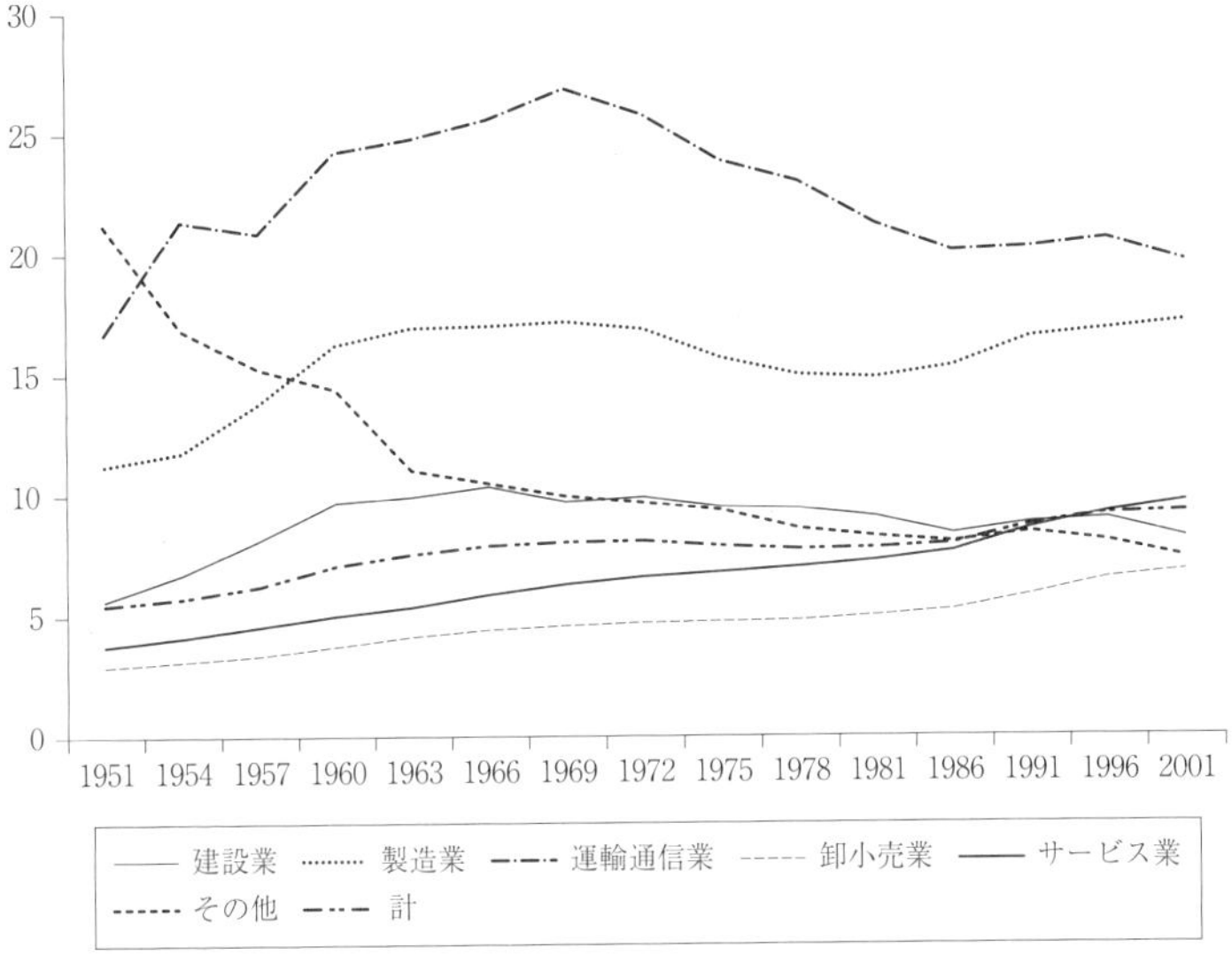

出典）図1と同じ。

度成長期に急増した中小企業の中で、経営者の高齢化や都市部における操業条件の悪化から廃業が増えていったことと新規開業の停滞によって減少が始まり、九〇年代以降は国内生産の縮小がさらにそのテンポを加速化させていった。中小企業を中心に減少が進んだ結果、一事業所当たり従業者数は八〇年代以降には上昇を見せている。

第二に、従業者数で比率を高めてきたのがサービス業である。サービス業は、高度成長期に比率を下げるが、その後は着実に比率を高め、実数も増加している。但し、後述するように、二〇〇〇年代に入るとサービス業の事業所数は伸び悩みを見せ始める。サービス業は、内部に多様な分野を含んでいること、技術や消費需要などの変化によって新たな分野が次々に生まれていることに特徴があり、その内部の構造の変化について留意する必要がある。また、サービス業は、小規模性が強い業種であったが、最近では一事業所当たり従業者数が上昇している。サービス業内部で、分野構成の変化、規模構成の変化などが進んでいることを示している。

第三に、高度成長期から二〇〇一年まで二〇％台後半から三〇％前後で推移しているのが、卸売・小売業である。この間、従業者数は九六年まで一貫して増加している。但し、事業所数は、製造業と同じく八六年がピークで、その後減少を見せており、一事業所当たり従業者数は八〇年代から上昇している。小売業では、小規模店舗の減少が全国各地で進み、商店街などの衰退につながっている。また、卸売・小売業は、後述するように、東京への集中化が進んでいるのも近年の特徴になっている。

このように、産業別の従業者構成からみると、産業構造は、製造業からサービス産業へその比重を移行させていることがわかる。また、一九八〇年代から二〇〇〇年代にかけての経済活動別のＧＤＰ比の推移を示した図4では、製造業の比率は八〇年の二八・〇％から〇九年の一八・〇％へと一〇％低下している一方、サービス業は八〇年の一四・三％が上昇し、〇九年には二三・五％となっている。製造業の低下、サービス業の上昇が明確になるのは九〇年代前半からであり、バブル経済崩壊後にその傾向が強まっている。卸売・小売業は、九〇年代はやや上昇を見せたが、おおむね一三～一五％の範囲にある。建設業は、バブル経済期の九〇年がピーク（九・八％）であったが、その後は低下し、最近では六％前後となっている。製造業からサービス業へという流れは、ＧＤＰの構成比の推移からも確認できる。

図4　経済活動別国内総生産構成比の推移（%、名目）

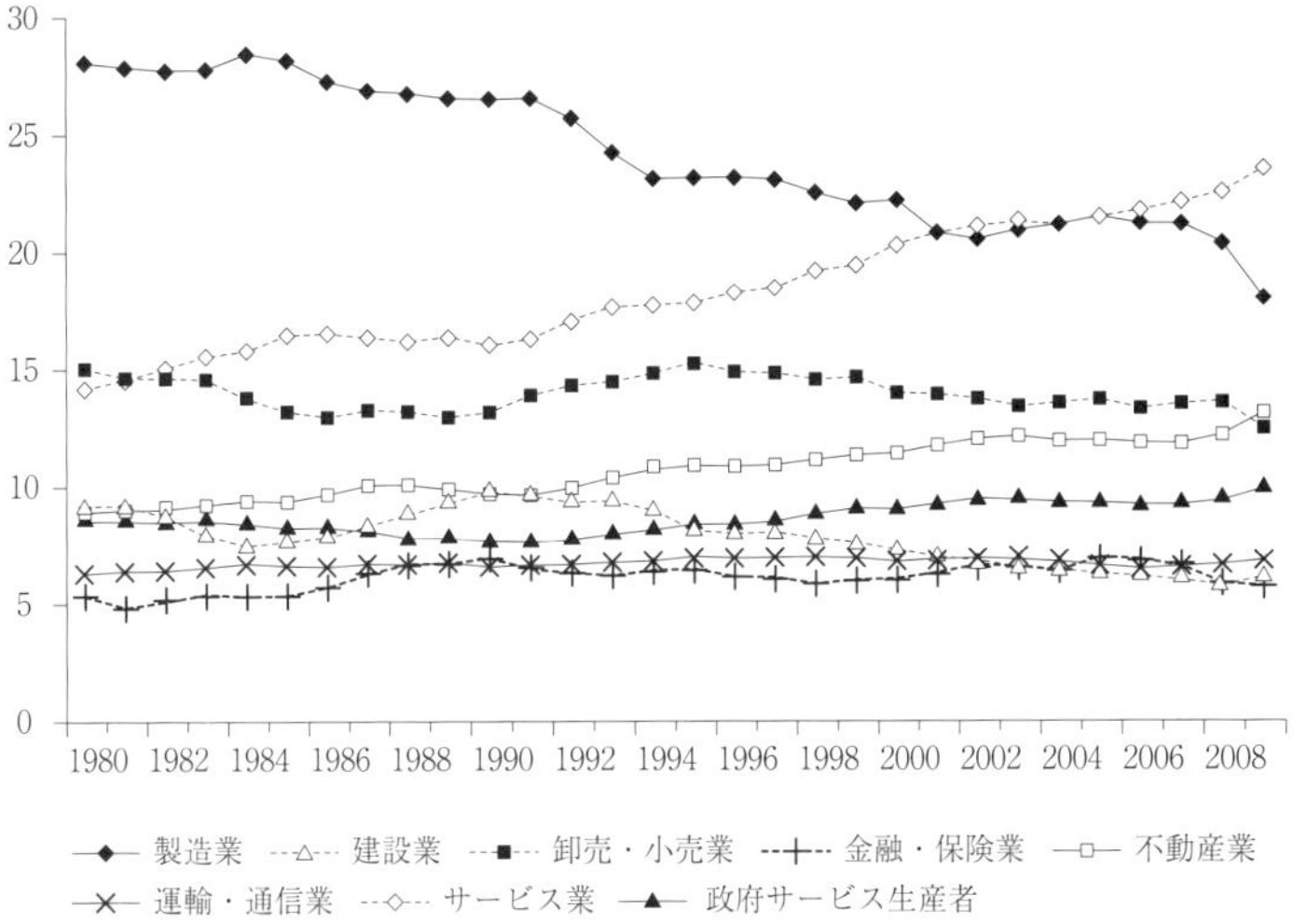

出典）総務省統計局HPデータより作成。

産業構造が、製造業からサービス業に移行していくことは、たびたび指摘されてきたことであり、工業社会からの転換を前提とした検討の必要性も強調されてきた[3]。現在日本で進んでいる製造業の比重の低下については、次の点に留意する必要がある。

第一に、製造業の低下が生じた理由である。一つは、繊維産業のように中国等からの海外製品の輸入拡大にともなう国内生産縮小の影響である。例えば、国内繊維産業は、高度成長期以降、円高と海外での国際競争の激化から輸出が減少したため、国内市場中心に転換し、八〇年代まで縮小しながらも国内生産を維持していたが、九〇年代以降の急速な輸入拡大が一気に国内生産規模を縮小させた。もう一つは、自動車産業やエレクトロニクス産業のように、海外生産が拡大し、輸出向け国

表1　GDPに占める製造業の割合（%）

国	1975年	1985年	1995年	2005年
日本	29.8	27.2	22.4	20.6
ドイツ	31.3	29.7	22.6	22.7
イタリア	27.5	25.2	22.2	18.5
イギリス	27.2	23.1	21.2	13.3
アメリカ	22.2	19.3	17.6	13.1
フランス	23.6	20.5	16.5	13.2
韓国	22.4	27.2	26.9	28.8
中国	41.3	37.0	40.6	41.8

出典）National Accounts Main Aggregates Database（United Nations Statistics Division）より作成。

内生産が結果として縮小している産業である。自動車産業では、国内市場の縮小が進む中で国内生産が減少し、海外生産は着実に拡大し、すでに海外生産が国内生産を上回っている。こうした変化は、いずれも国内生産コストが高くなり、グローバル競争下では国内生産が不利となった結果であるが、国内メーカーの競争力という点では、前者の例と後者の例では異なっている。

第二に、グローバルなレベルでの近年の変化として、世界経済においてＢＲＩＣｓ等の新興国市場の拡大の影響が大きくなっていることである。新興国市場の拡大は、先進国市場向けの多機能・高機能商品よりも、限定された機能ではあるが低価格な商品の需要を拡大させる。そのため、先進国市場を重視し、市場のニーズに対応した機能向上を図り、高機能・多機能商品を相対的に低コストで開発し、生産することに注力してきた日本企業の優位性が効果を生まなくなる。その典型的な事例が、世界の市場とは異なった条件で発展してきた国内市場でのみ競争力を持ち、「ガラパゴス化」と揶揄された携帯電話産業であった[4]。そして、新興国市場で大量に求められる商品を生産する上で合理的な製品の設計アーキテクチャと生産方式が構築されていく。さらに、モジュール化された部品の供給や専門化された部品・モジュール、あるいは組立や開発を専門化した企業による国際分業が進み、拡大するボリュームゾーンに対応した生産の仕組みを発展させていったのである。こうした新興国市場の拡大による市場ニーズの構造変化が日本企業の競争力に与えた影響は、二〇〇〇年代以降の変化として看過できない[5]。

第三に、製造業の産業構造に占める位置と役割は国によって異なるという点である。表1で取り上げた先進国ではいずれも一九八〇年代から製造業の比重が低下しているが、その水準は国によって違いがある。特に、ドイツと日本は、二〇〇五年時点では他の先進国よりも高い水準にある。製造業の比重の低下傾向は、先進国で共通にみられるが、それぞれの国の国際競争力などによって、その位置は必ずしも一様ではない。

今後の日本では、産業構造に占める雇用やGDPに占める製造業の比重は低下していくだろうが、製造業が重要な産業の一つであることは変わらないであろう。製造業が果たしてきた雇用や経済波及効果が、他の産業分野に容易にとってかわるとは考えられず、製造業を活かすことがこれからの日本の産業の展望を考える上で現実的でもあり、効率的でもある。但し、すでにふれたように、日本の製造業の置かれている状況は厳しい。今日のグローバルな競争構造と日本の製造業が持ってきた優位性を考えるならば、大量生産・大量消費・大量販売やエネルギー浪費型ではなく、資源と環境に配慮した先端分野型で優位性を発揮することと、新興国市場の経済発展を効果的に組み込んでいくような展開を図ることが必要である。

表2　国内総生産（支出側）および各需要項目の対前年度比（%）

年度	国内総生産（支出側）	民間最終消費支出	民間住宅	民間企業設備	政府最終消費支出	公的固定資本形成	財貨・サービス	
							輸出	輸入
2000	2.6	0.7	−0.1	7.2	4.3	−7.6	9.5	9.7
2001	−0.8	1.4	−7.7	−2.4	2.8	−4.7	−7.9	−3.4
2002	1.1	1.2	−2.2	−2.9	2.1	−5.4	11.5	4.8
2003	2.1	0.6	−0.2	6.1	2.6	−9.5	9.8	3.0
2004	2.0	1.2	1.7	6.8	1.7	−12.7	11.4	8.5
2005	2.3	1.8	−1.2	6.2	0.8	−5.6	9.0	5.9
2006	2.3	1.1	−0.2	5.6	1.1	−8.8	8.3	3.1
2007	1.8	1.4	−13.5	0.8	1.5	−6.4	9.3	1.9
2008	−4.1	−2.2	−3.6	−6.9	0.2	−6.8	−10.4	−4.2
2009	−2.4	0	−18.2	−13.6	3.5	14.2	−9.6	−11.0
2010	2.3	0.8	−0.2	4.3	2.3	−10.0	17.0	11.0

出典）内閣府HP内資料より作成。

(2) 「景気回復」期（二〇〇二〜〇七年）の動向

日本経済は、二〇〇二年から二〇〇七年まで高度成長期を超える長期間の「景気回復」期にあるとされてきた。この「景気回復」期の産業の動向を見ることで、現在の日本の産業の特徴を把握することができる。まず、この間の項目別の前年度比伸び率を見ると（表2）、①輸出と民間企業設備の伸び率が大きい、②一方で民間最終消費支出は伸び率が低い、③公共事業等の公的固定資本形成は大きく減少している、といった特徴がみられる。輸出産業と輸出産業を中心とした設備投資が経済をリードしていたが、消費の拡大にはなかなか結びつかず、「実感なき景気回復」としばしば指摘されていた。公共事業に関する問題は、次節で地域経済との関係についてふれることとし、ここではこの時期の製造業の構造変化について見よう。

一九九八年から二〇〇七年までの国内製造業の製造品出荷額等の変化を表した図5では、出荷額等は〇二

図5　製造業の推移（2000-09年、2002年＝1）

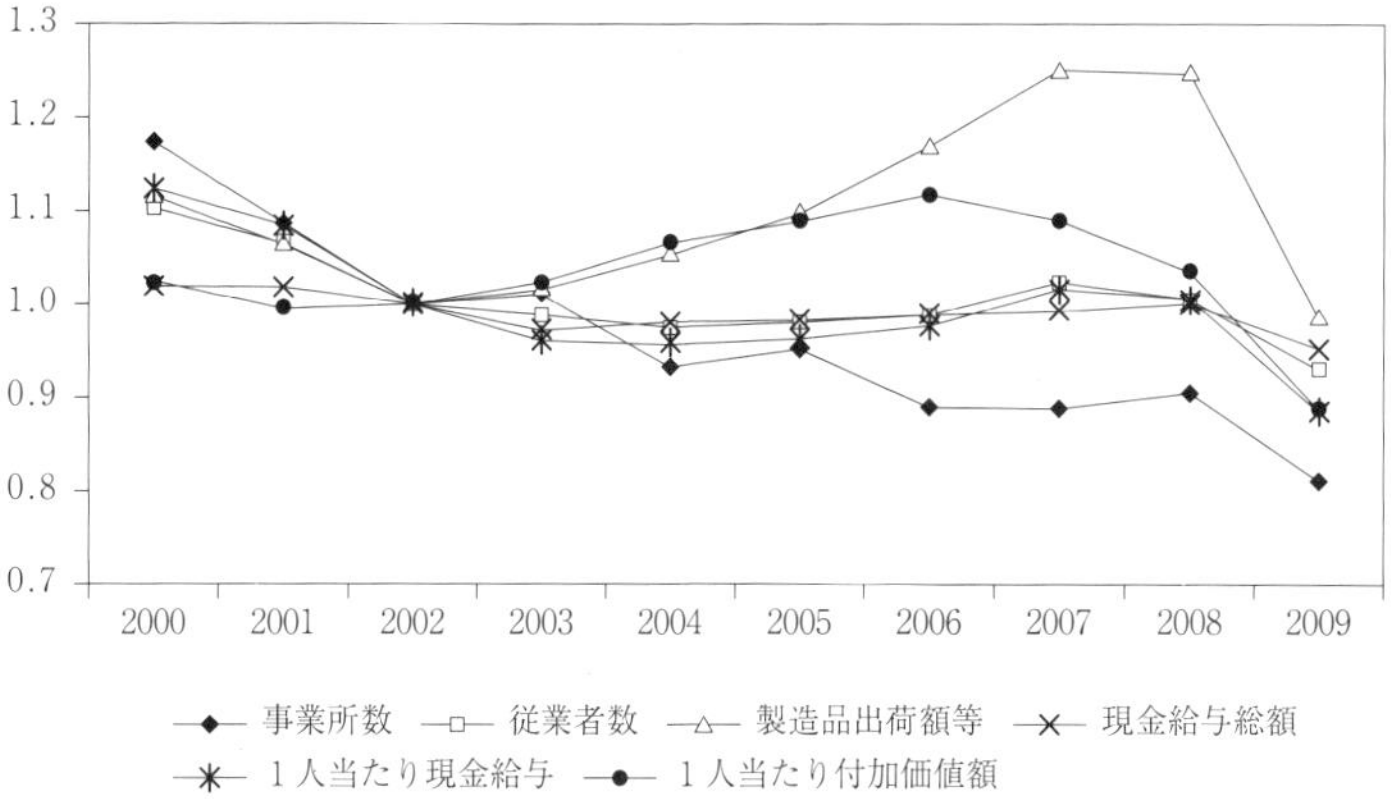

出典）「工業統計」より作成。

年から〇七年まで毎年増加し、〇二年から〇五年にかけて二五％拡大したことが示されている。バブル経済崩壊以降、製造業の伸びとしては最も大きい。中分類では、〇二年から〇七年までに鉄鋼業（八九％増）、一般機械器具（四二％増）、輸送用機械器具（三三％増）、電子部品・デバイス（三一％増）など輸出関連分野で出荷額の伸びが大きかった。しかし、出荷額等の拡大は、事業所数、従業者数などの拡大はもたらしていない。従業者数は〇四年まで減少し、その後は微増にとどまっている。現金給与総額、従業者一人当たり現金給与総額はほぼ横ばいで推移し、事業所数は減少傾向が続いている。〇二年から〇七年までの製造業の生産拡大が、雇用の拡大や従業者の給与に及ぼす効果については限界があった。

また、「労働力調査」（厚生労働省）によると二〇〇三年の製造業就業者一二〇二万人は、〇五年には一一四二万人まで減少し、その後〇七年に一一六五万人に

表3　業種別事業所数・従業者数の変化

業種（大分類）	2001年			2006年			増減率（01年→06年）	
	事業所数（A）	従業者数（B）	(B)/(A)	事業所数（C）	従業者数（D）	(D)/(C)	事業所数（%）	従業者数（%）
製造業	643,353	10,955,761	17.0	548,442	9,921,885	18.1	−14.8	−9.4
建設業	606,944	4,943,615	8.1	548,861	4,144,037	7.6	−9.6	−16.2
情報通信業	60,103	1,465,996	24.4	59,436	1,592,643	26.8	−1.1	8.6
運輸業	139,007	2,975,043	21.4	130,911	2,914,126	22.3	−5.8	−2.1
卸売・小売業	1,807,284	13,315,805	7.4	1,604,688	12,400,519	7.7	−11.2	−6.9
金融・保険業	96,732	1,638,016	16.9	84,107	1,429,413	17.0	−13.1	−12.7
不動産業	328,633	1,003,335	3.1	320,365	1,014,844	3.2	−2.5	1.1
飲食店、宿泊業	869,549	5,116,583	5.9	788,263	4,875,468	6.2	−9.3	−4.7
医療、福祉	297,888	4,528,545	15.2	351,129	5,588,153	15.9	17.9	23.4
教育、学習支援業	232,030	2,812,939	12.1	231,758	2,939,730	12.7	−0.1	4.5
複合サービス業	54,436	753,356	13.8	49,043	706,584	14.4	−9.9	−6.2
サービス業（他に分類されないもの）	1,132,669	8,149,012	7.2	1,118,554	8,690,128	7.8	−1.2	6.6

出典）総務省統計局「事業所・企業統計調査」より作成。

増加しているが、正規雇用者比率は〇二年七八・九％から〇七年七八・〇％に低下しており、この間絶対数では正規が一五万人減少、非正規が七万人増加となっている。製造業における雇用増の多くは非正規が占めていた。

このように、従業者数と出荷額のこの間の変化は、小規模事業所が減少し、一面では結果として一人当たり生産性の拡大をもたらしたともいえる。しかし、一方で製造業が出荷額を拡大させても、それが地域の雇用拡大や従業員の給与の上昇を通じて、地域経済の活性化に結びつく効果が小さくなっている点も看過できない。二〇〇二年から〇七年が「実感なき景気回復」と呼ばれた一つの理由となっている。

製造業以外の主な業種の「景気回復」期の動向を確認しておこう。「事業所・企業統計」の二〇〇一年と〇六年を比較した表3、表4から次の点を指摘することができる。

第一に、二〇〇一年から〇六年までの五年間で事業所数が増加したのは「医療、福祉」だけであり、「情報通信業」「教育、学習支援業」「サービス業（他に分類されないもの）」が微減で、多くの業種では減少が大きいことである。「景気回復」期でありながら、サービス関連業種でも事業所数が増加しない状況が見られる。一方、「建設業」「卸売・小売業」「金融・保険業」「飲食店、宿泊業」では、減少傾向が依然として強い。また、一事業所当たりの従業者数の変化から、相対的に大きな規模の事業所へのシフトが進んでいる業種が多いことがわかる。(6)

第二に、「医療、福祉」「情報通信業」「教育、学習支援業」に「卸売・小売業」を加えて東京都、神奈川県、大阪府の比率を見ると（表4）、次の特徴を示すことができる。「情報通信業」については、東京都への一極集中化が進み、従業者数では全国の半数近くが集まっている。また、東京都に所在する事業所は、大阪府の事業所と比べて規模が相対的に大きい。「医療、福祉」「教育、学習支援業」では比率は大きく変化していないものの、「教育、学習支援業」の東京都所在事業所の規模は他地域を圧倒している。また、「卸売・小売業」は全国的には大きく減少しているが、その中で東京都の比重が高くなっていることにも留意したい。

以上のように、「景気回復」期といわれた二〇〇二年から〇七年にかけて、製造業では出荷額等は増えていたものの事業所数や雇用の拡大へはなかなか結びつかない状況であったこと、他のほとんどの産業で事業所数は増えていないこと、減少幅が小さいか少しでも増えている業種では相対的な規模

川県		大阪府			
2006年		2001年		2006年	
事業所数	従業者数	事業所数	従業者数	事業所数	従業者数
4.6%	5.5%	7.6%	8.7%	7.3%	8.2%
4.2%	6.1%	9.7%	9.7%	8.8%	8.9%
5.8%	5.9%	7.4%	7.3%	7.5%	7.5%
5.4%	6.5%	6.0%	7.0%	5.9%	7.1%

の拡大や東京集中化が見られていること、などの特徴があった。特定の産業の拡大を中心として、その波及効果が他の産業や地域へ広がり、雇用や企業数を増やしていくといった状況を見ることができないことを、示している。

2　中小企業の減少と地域経済

前節で見たように、「景気拡大」期の産業の展開が雇用や企業数の増加に及ぼす効果は弱くなっている。この節では、産業構造の変化が地域経済に及ぼす影響について検討する。

(1)　公共事業の削減

前述したように、一九九〇年代後半以降公的固定資本形成のマイナスが見られたが、その背景にあるのは、公共事業費の抑制である。公共事業費の削減は、財政支出のむだを省く目的で進められており、実際に必要性が感じられない公共事業が少なくなかったことは否定できない。しかし、一方で、地域経済が現実的には公共事業に支えられる形で存在してきたこと、あるいはそうした構造が八〇年代の日米構造

表4　業種の東京都、神奈川県、大阪府のシェア

業種	東京都				神奈	
	2001年		2006年		2001年	
	事業所数	従業者数	事業所数	従業者数	事業所数	従業者数
卸売・小売業	10.7%	14.6%	11.0%	14.9%	4.5%	5.3%
情報通信	31.3%	42.0%	35.9%	47.7%	4.5%	7.1%
医療、福祉	11.5%	10.3%	11.4%	10.4%	5.4%	5.5%
教育、学習支援	8.3%	13.3%	8.8%	13.8%	5.5%	6.6%

出典）表3に同じ。

協議以降、アメリカ側から強く求められた内需拡大の具体化として公共事業が行われるなかでつくり上げられたことも看過できない(7)。地方自治体は、竹下内閣時代の「ふるさと創生」政策、九〇年代にはいっての「地域づくり推進事業」「ふるさとづくり事業」に翻弄され、地方債の発行によって公共事業を進めてきた。地方債の発行は地方自治体の経営を圧迫することになる一方で、公共事業は一九九〇年代半ばをピークに減少していったのである。

公共事業に依存する地域経済が政策的に構築されたところに、その縮小が政策的に進められたため、産業基盤の弱い地域経済に与えた影響は小さくない。一九九六年から二〇〇六年の一〇年間に、建設業従業者数は五七七万人から四一四万人へと二八％減少している。一般に、一人当たり県民所得の低い地域ほど建設業の雇用に占める比重は大きく、公共事業の縮小にともなう雇用の影響は大きい。

地域経済は、従来のような公共事業依存の展開に戻ることはありえないものの、現実に建設業等公共事業に関係する産業の比重が高いこと、地域の生活と産業を支える上で公共事業関連の産業が必要なことについては重視する必要がある。今後は、それぞれの地域における高

図6　中小企業数の推移

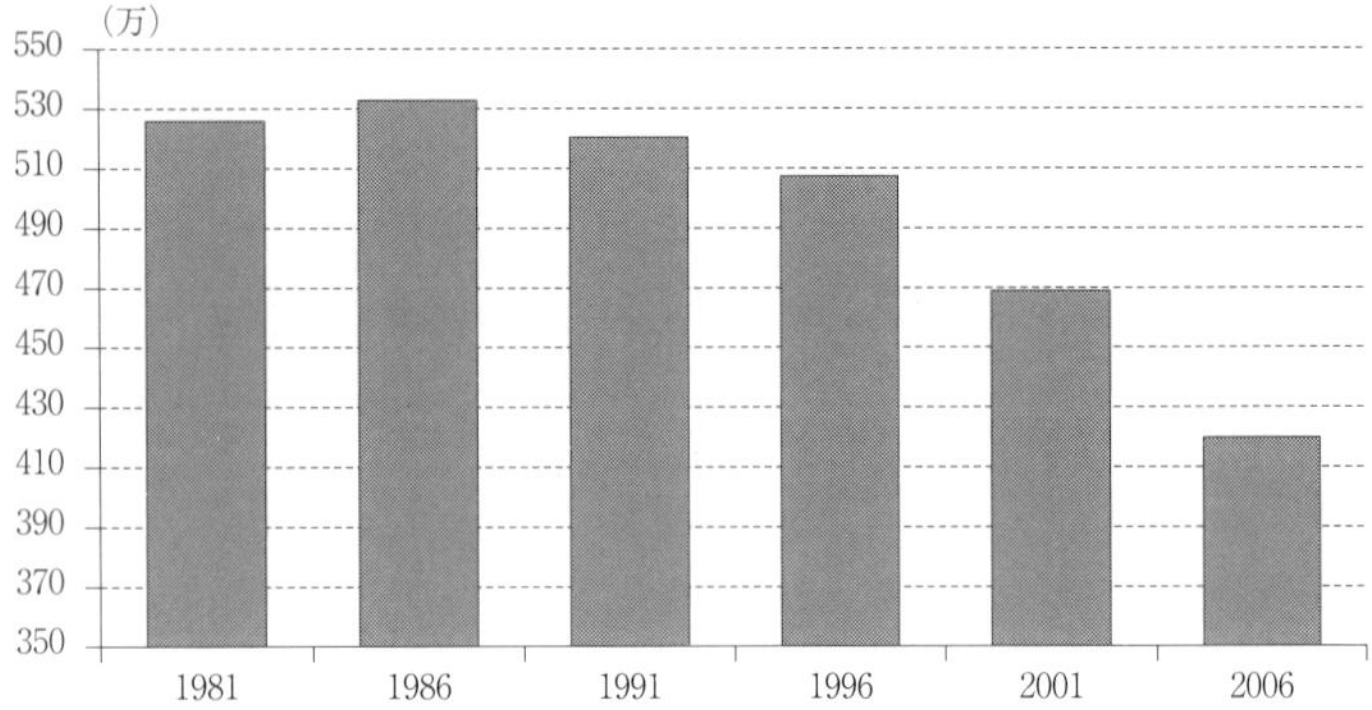

注）中小企業庁の『事業所・企業統計』の再編加工データによる。
出典）『中小企業白書』より作成。

齢化、安心・安全への対応、生活の質の向上といったこれからの日本社会に求められる課題も考慮しながら公共事業の必要性を検討し、地域の生活と産業を支える基盤として関連産業をどう位置づけていくのか考えていく必要がある。

(2)　中小企業数の減少

前述したように、事業所数は業種による違いはあるが、製造業や卸売・小売業では一九八〇年代半ばには減少傾向に入り、他の産業でも九〇年代以降、減少が進んでいる。図6は、中小企業数について見たものであるが、ここでも八〇年代半ばをピークにその数が減少している。九六年から〇六年にかけて、全国の非農林業就業者数は六〇〇万人以上減少したが、大企業の八・三％減少に対し、中小企業は一五・〇％減少と、中小企業の減少のほうが大きい。こうした中小企業の減少は、特にバブル経済崩壊後の九〇年代に、日本経済の活性化を阻害するとして問題視され、九九年に抜本的に改正された中小企業基本法で創業促進が重視されたものの、その効果は十分に現れているとはいえない。

中小企業の減少傾向が続いている理由は、廃業件数の増加と開業件数の増加に分けて考えることができる。廃業が増えている理由としては、中小企業経営者の高齢化が進む一方で後継者難から経営者の引退とともに廃業するケースが増えていること、国内市場の伸び悩みなど経営環境が厳しいこと、などがあげられる。開業については、開業コストの上昇や、若年者を中心に開業意欲の低下、国内市場の伸び悩みなど経営環境の厳しさがあげられることが多い。また、前述したように「景気回復」期であっても中小企業数が増えていくという形での産業の拡大が見られない状況になってきていること、なども中小企業数の減少に影響している。

(3)　地域経済の疲弊と悪循環からの脱却の必要性

中小企業の減少は、雇用の減少、地域での生活を維持する機能の低下といった形で地域経済に影響を与えている。特に、中小企業で働く人の比率は、都市部よりも地方が高く、中小企業の雇用への影響がより大きくなっている。図７にあるように、就業者人口が多い（図では右側に位置する）東京都（四三・八％）や大阪府（五七・三％）、愛知県（六九・二％）を除いたすべての地域は、全国での中小企業の就業者比率（六九・四％）より高く、九割を超える県も一二ある。中小企業数の減少は、こうした地域の雇用の場を消失させるだけでなく、地域の資金を循環させる機会も減少させていく。二〇〇〇年

図7　都道府県別従業者数と中小企業従業者比率（2006年）

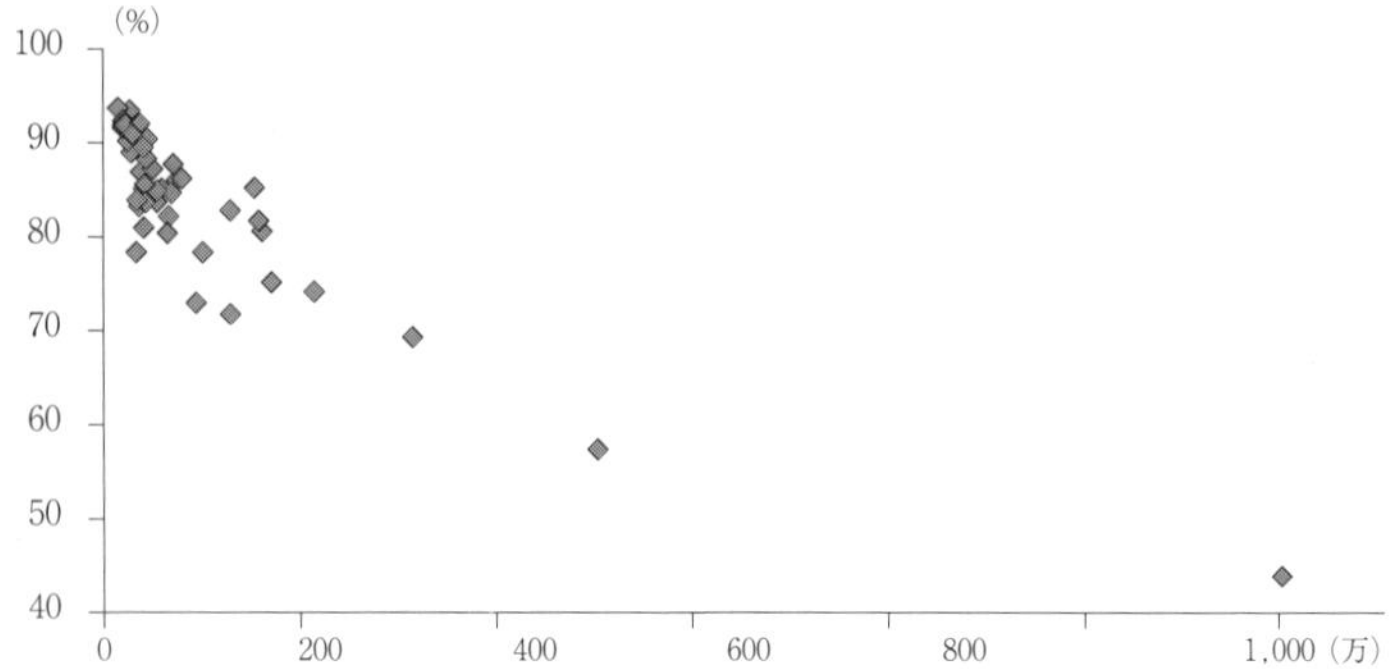

出典）『中小企業白書』より作成。

代に入って、信用金庫の預貸率（貸出金／預金＋譲渡性預金）低下が進行し、九〇年代末の七〇％前後が、最近では五〇％台になっている。その最大の理由は中小企業数の減少と中小企業の投資意欲の低下であり、地域で集めた預金を地域内に再投資する資金循環が従来のように機能しなくなっている[8]。

　このように、中小企業が減少し、雇用が失われることで人口が減少し、一方で住民へのサービスや商品の提供も悪化する地域が増えている。その結果、例えば北海道の自治体では、二〇〇〇年代前半に人口（〇〇年→〇五年）と事業所数（〇一年→〇六年）がどちらも減少した自治体が七割、どちらも五％以上減少した自治体は四割となっている。こうした地域では、雇用、人口、生活条件、資金循環の悪循環が進んでおり、早急に悪循環を断ち切ることが求められている。そのためには、第一に、地域資源を活用し、地域での循環を強める事業活動を展開する企業を地域で育てる、あるいは誘致する、ことが必要である。この場合、地域の総力をあげて、つまり自治体や商工会議所・商工会といった経済団体やもちろん、大学や金融機関、住民などとの共働が不可欠である。また、誘致も悪循環打破を課題とした戦略的なものが必要である。[9]

第二に、好循環をつくっていくため、ある程度の財政資金の投入は、呼び水効果として積極的に利用していくべきだろう。いくつかの自治体が行っている住宅リフォームへの支援は、地域内の住環境の整備（地震対応、高齢対応等）、地域内関連企業への仕事の波及、地域内企業と住民との新たなネットワークの形成、といった点で有効である。但し、支援を永久に続けていくことは困難なので、こうした仕事づくりが施策とは離れて自立した仕組みとして展開していくための工夫が今後は必要だろう。

3　日本的下請システムと産業集積の変貌

日本の自動車産業のような組立型ものづくり産業を支えた存在として中小企業を含む広範な分業構造と分業に組み込まれた企業間の取引関係、そして大都市部に広範に存在していた産業集積があった。しかし、前述したような国内市場の縮小とグローバルな競争環境の変化が、こうしたものづくり産業の基盤に大きな影響を与えている。それぞれがどのように変化しているのか、本節ではふれていく。

(1)　日本的下請システムの変化

前述したように、一九八〇年代には、日本の自動車産業、エレクトロニクス産業など、加工組立型産業の国際競争力が注目され、その理由として日本的生産システムが国際的にクローズアップされていた。日本の製造業の国際競争力を支える一つの要因として注目されるようになった下請分業構造は、このころ「日本的下請システム」と呼ばれ、日本的生産システムの構成要素として重視されてきた。

日本的下請システムの特徴は、一般的には次のように捉えられてきた。第一に、発注側の外製率が高いが、利用する外注先数は多くないことである。限られた外注先との間に形成された密な関係が特徴的である。第二に、発注側と受注側との関係は長期的な関係になっていることが多い。これは最初から意図されたわけではなく、長期的な経済成長と持続的な生産拡大の結果としてもたらされたものである。第三に、発注側と受注側とのさまざまな取引関係上の慣行が、こうした長期的な取引を規範として形成されている。つまり、長期的な取引を前提に取引に関わるさまざまな問題が処理されている。第四に、品質（Quality）、コスト（Cost）、納期（Delivery）などは厳しく管理されている。ＱＣＤ管理は、発注側の管理手法と同様な手法が下請側に展開するという、管理手法の同質化も見られていた。第五に、こうした日本的下請システムによって、情報が密にスピーディに流れ、発注側の要請に下請側が機敏に応え、高品質で低価格な製品が供給できる体制がつくり上げられた。

日本的下請システムが形成されたのは、製造業の生産が急激に拡大し、中小企業数が急増した高度成長期であった。この時期に、上記のような特徴が下請関係に見られるようになってきた。しかし、こうした特徴が日本の製造業の競争力として発展していくのは、一九七三年の石油危機を経てのことであり、このころ強調された「減量経営」（生産量が減少しても利益のできる経営）のもとで特にＱＣ

Dの管理能力が下請側に厳しく求められてからのことであった。例えば、トヨタ自動車では、有名なトヨタ生産方式を自社内に展開したのは一九六〇年代後半だったが、それが石油危機後に一次メーカー、さらに二次メーカーへと展開していくことになり、一九八〇年代には生産システムの同質化が広まっていた。日本的下請システムが日本の製造業の国際的競争力の源泉となっていくのは、このように七〇年代から八〇年代にかけてであり、この時期に日本的下請システムは確立したのである。

　こうした日本的下請システムを支える条件が、高度成長期以降の長期にわたる経済の成長とそのもとでの生産の拡大であった。長期の右上がり成長が、結果として下請関係の長期化を可能にし、長期的関係を規範とした取引関係が形成されたのである。下請中小企業側は、長期的な関係を考慮した設備投資、設備導入を行えたし、発注側も長期的関係を考慮して下請中小企業の育成に取り組んだ。また、発注側の下請中小企業への評価も中長期的な視点で行われ、提案能力が問われるようになっていた。[10]

　しかし、バブル経済崩壊後、国内生産が減少し右上がり成長を前提とした長期的関係の維持が困難になったこと、海外生産の拡大が本格化し取引関係が海外を含めた広域で形成されるようになったこと、自動車産業のように海外資本による支配が行われ経営スタイルに大きな変化が見られるようになったこと、などから下請システムを機能させている条件が変わってしまった。長期的な関係を規範とした取引関係を展開することが困難になってしまったのである。

日本的下請システムでは長期的な関係を前提としているため、取引上の問題を長期的な関係の中で調整していこうとする傾向が強かった[11]。コスト削減などの負担や、価格決定のメカニズム、下請企業に対する評価などは、長期的関係を前提として処理され、そのことが発注側と下請側の関係を密にし、情報のやり取りを機敏にし、下請関係を効率的なシステムとして機能させてきた。しかし、長期的な関係をベースにできなくなると、こうした効率的なシステムは機能しなくなる。つまり、日本的下請システムはその有効性を発揮する条件が失われたのである。効率的な開発・生産システムを支える日本的下請システムは、バブル経済崩壊後の一九九〇年代以降、大きく変化していった。

日本的下請システムが大きく変化をした後も、下請システムで技術と生産力を発展させてきた多くの中小企業は存在しているし、製造業の分業構造もある。日本の製造業が、前述したような課題を乗り越えて今後も発展していくためには、こうした中小企業の持っている技術や可能性を最大限有効に活用していくことが必要である。そのためには、中小企業は、日本的下請システムの中でのビジネスモデルとは異なった、より自立的な展開を図っていかなければならないし、発注側も長期的な取引関係が前提とならないなかで新たなパートナーシップを形成していかなければならない。現在は、こうした過渡期にあると考えられる[12]。

(2)　産業集積の縮小と機能の変化[13]

一九九〇年代のバブル経済崩壊以降、日本の製造業は国内需要の低迷、中国等の急速な生産拡大によるグローバル競争の激化、国内企業の海外生産の拡大などの大きな環境変化に直面した。そうした

図8　都市型産業集積地域の製造業事業所数推移

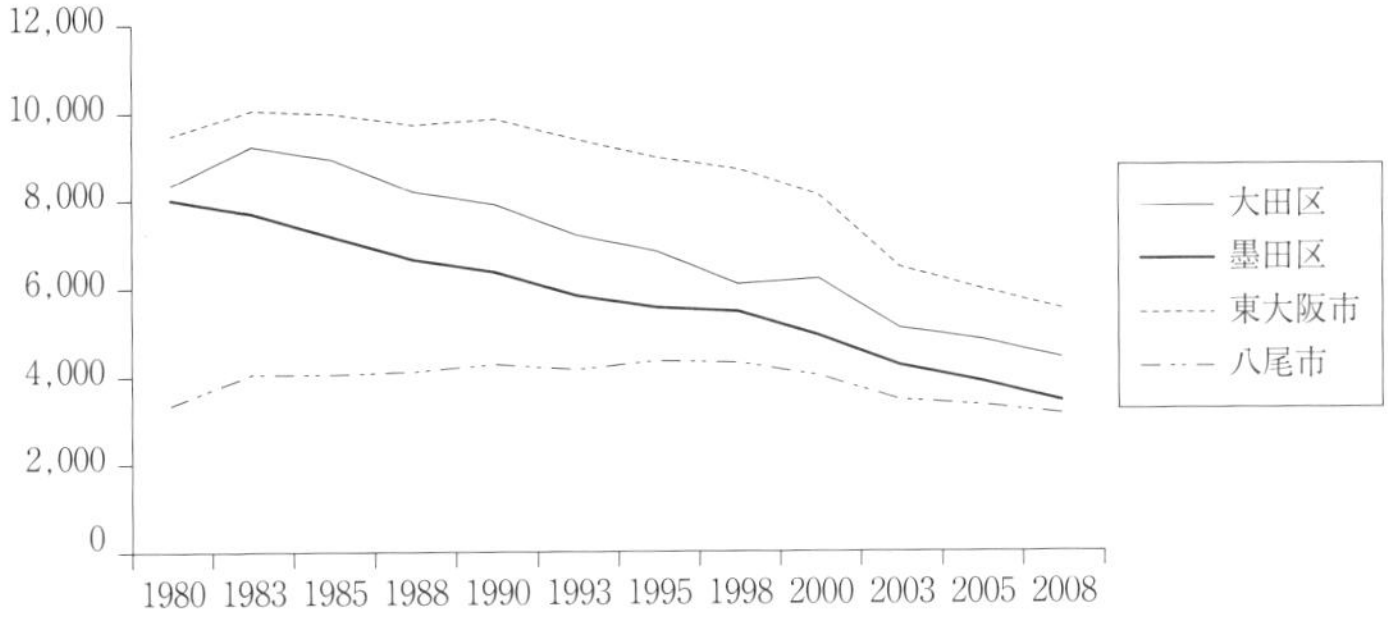

注）工業統計の全数調査年。
出典）「工業統計」による。

なかで、国内製造業復権の切り札として九〇年代半ば以降政策的にも期待されてきたのが製造業を支える基盤的技術を担う多くの中小企業が特定地域に集まり、競争と協力を通してそれぞれが専門能力を高め、高いものづくり能力を持つと考えられていた産業集積であった[14]。九七年に公布された地域産業集積活性化法は、都市部の中小企業を中心とした産業集積の機能を評価し、その強化を図ることで日本の製造業の活性化を実現しようとした。しかし、東京都大田区や大阪府東大阪市に代表されるような都市型産業集積は、すでに八〇年代半ばから工場数も出荷額も量的には縮小傾向に入っていた。地域産業集積活性化法によっても、こうした都市型産業集積の量的拡大を復活させることはできず、大都市型の産業集積の縮小は、図8にもあるように九〇年代以降ますます進んでいる。

　多様な業種、機能を持つ企業や関連業務を担う企業、施設が一定の地理的範囲内に多数存在する産業集積については、①産業集積内部の効率的な分業生産システムとしての効果、②相互学習が展開する学習地域としての効果、③新しい技術、新しいビジネス、新しい製品を生み出し、イノベーションを創り出す効果、④細胞分裂のように新しい企業が生まれていくスピンアウト効果、創業促進効果、などの点で効果があると考えられる。産業集積の機能は多面的であり、相互に関連し合っており、産業集積の発展にともなってその機能も変化している。

もともと大田区や東大阪の都市型産業集積では、多くの中小企業が集積することで可能となった多様で柔軟な分業生産が効率的で多様な機能を持つ基盤的技術産業集積としての機能を洗練させ、日本の製造業の発展を支えてきた。しかし、製造業の国内生産が減少し、コスト競争がグローバルに展開している今日、産業集積の厚みは前述のとおり急速に収縮しており、創業促進効果や効率的な分業生産システムとしての意味は低下している。

それでは、都市型の産業集積の意味はなくなったのであろうか。グローバルな競争構造、需要構造の変化の中で、前述したように日本の製造業はその方向性を変化させなければならず、中小企業も経営環境の変化に対応して自らビジネスモデルを改革しなければならない。こうした中小企業のビジネスモデルの改革とそのための新技術、新製品、新ビジネスの開発を進めていくうえで、集積内に蓄積された技術、知識、企業のネットワーク、さまざまな企業支援サービスや機関の存在、は意味を持っていくと考えられる。都市型産業集積は、ピーク時から比べると企業数は大きく減少しているものの、こうした役割を果たしていく能力と可能性は十分持っている。今後の都市型産業集積の有効性は、中小企業が新しい目的に向けて新しいネットワークを構築できるかどうかにかかっている。

おわりに

本章で見てきたように、日本の産業構造は、二〇世紀末から二一世紀にかけて大きく変化した。それは、資本主義経済の発展にともなう先進国として一般的な変化であると同時に、日本の資本主義構造とその発展に規定された変化でもあり、またこの時期に急速に進んだグローバル経済の展開による影響でもあった。産業構造全体が製造業からサービス業に比重を移行していること、その一方で製造業の比重は他の先進国と比べて高く、今後も製造業が中心的な産業の一つとして重視されるべきだが、その方向についてはグローバルな需要構造と競争構造の変化の中で、新たな方向を展望する必要があることが示された。また、二〇〇二年から〇七年の「景気回復」期の状況から、一部の輸出産業中心の成長経済下であっても経済成長の波及効果が限定的であり、特に地方の経済は依然として厳しい状況にあるところが多いことが示された。さらに、日本の製造業の発展を支えてきた下請システムと産業集積については、いずれも国内生産と中小企業数の減少によって、八〇年代までとは異なった状況になっている。

このように、一九九〇年代から二〇〇〇年代にかけて日本の産業構造は大きく変化した。変化の内容自体は明確であるが、今日のようなグローバルな需要構造と競争構造が変化し、国内市場と国内の社会構造が大きく変わりつつある中で、どのような形へと発展していくことが適切なのか、明快な方向性が得られていない。今後の日本産業のあり方について、日本が蓄積してきたものを経済環境の変化の中でどのように発展的に生かすことができるのか、国内の各地域の経済が好循環化し地域経済と地域生活の発展が図られるような産業の仕組みをどのようにつくっていくのか、などの課題を鮮明にして、考察していくことが必要となるであろう。

【注】

（1）関満博の「フルセット型」（『フルセット型産業構造を超えて』中央公論社、一九九三年）、渡辺幸男の「国内完結型」（『日本機械工業の社会的分業構造』有斐閣、一九九七年）などは、こうした日本の国内完結型の産業発展、産業構造に注目している。

（2）「事業所・企業統計」（「事業所統計」）の産業分類は、二〇〇〇年代に入って大きく変更されているため、図1～3では二〇〇一年までの連続した数値しかとることができなかった。

（3）例えば、神野直彦編『自立した地域経済のデザイン——生産と生活の公共空間』（有斐閣、二〇〇四年）では、工業社会から知識社会への産業構造転換によって「地域社会の生活様式としての文化を復興させること、工業によって荒廃した環境を、人間の生活する『場』として回復することが地域政策として求められている」（はしがき、v頁）としている。

（4）「ガラパゴス化」については、宮崎智彦『ガラパゴス化する日本の製造業　産業構造を破壊するアジア企業の脅威』東洋経済新報社、二〇〇八年、などを参照。また、携帯電話産業については、丸川知雄／安本雅典編『携帯電話産業の進化プロセス　日本はなぜ孤立したのか』有斐閣、二〇一〇年、などを参照。

（5）グローバルな競争関係の中での日本の製造業の国際競争力を検討した研究として青島矢一／武石彰／マイケ

ル・Ａ・クスマノ編『メイド・イン・ジャパンは終わるのか――「奇跡」と「終焉」の先にあるもの』東洋経済新報社、二〇一〇年、を参照。

(6) 従業者規模別にみると、「医療、福祉」では中規模の事業所数、従業者数が増えているのに対し、「情報通信業」では従業者数五〇人以上の層が、「教育、学習支援業」では三〇〇人以上の層の増加率が大きい。

(7) この点について、神野直彦氏は、「産業構造を転換すべきだった一九八〇年代に、日本は公共事業に資金を投入して、地域経済を公共事業依存型に変えてしまっている。しかも、一九九〇年代に工場機能を空洞化させてしまうと、公共事業を基軸産業とする地域経済という特色が決定づけられてしまう」としている（神野編前掲書一〇頁）。

(8) 近年の信用金庫では、地域内中小企業の資金需要の低迷から、融資業務以外の証券業務や保険業務等の拡大、国債、地方債の保有の拡大が進んでいる。国債保有残高は二〇〇〇年三月の三兆七七二三億円が一一年三月には九兆五六六六億円へ、地方債は一兆八五〇七億円が五兆五六二九億円へと増加している（信金中金　地域・中小企業研究所ＨＰより）。

(9) 地域の関連する機関や中小企業、そして自治体が中小企業の新規事業展開や創業などを積極的に支援していく体制をつくっている事例としては、二〇〇七年に中小企業振興基本条例を制定した北海道帯広市があげられる。帯広市では、人口減少、事業所減少が進行する中で地域の中小企業が積極的に事業を展開し、数が増えていかなければ地域の活性化はあり得ないとし、地元の中小企業支援のためのさまざまな活動を行い、中小企業側もそれに応え、新製品開発や新市場開拓を進めている。帯広については、植田浩史『自治体の地域産業政策と中小企業振興基本条例』自治体研究社、二〇〇七年、植田浩史・立見淳哉編『地域産業政策と自治体』創風社、二〇〇九年、岡田知弘他『中小企業振興条例で地域をつくる』自治体研究社、二〇一〇年、等を参照。

(10) もっとも、中小企業のすべてが日本的下請システムに包摂されていたわけではなかった。日本的下請システムでイメージされていたのは、量産型の自動車やエレクトロニクス、家電製品であり、同じ機械製品でも単品生産に近い分野などでは取引の方法には違いが見られた。また、分業階層構造のどの位置に置かれるかによっても、分業関係や取引関係に違いが見られた。

(11) この点については、植田浩史『現代日本の中小企業』岩波書店、二〇〇四年、第3章参照。

(12) この点については、植田前掲『現代日本の中小企業』第4章参照。

(13) 産業集積については、植田浩史編『「縮小」時代の産業集積』創風社、二〇〇四年、植田浩史・北村慎也・本多哲夫編『地域産業政策——自治体と実態調査』創風社、二〇一一年、を参照。

(14) 産業集積は、都市型以外に企業城下町型、産地型などのタイプがある。一九九〇年代に政策的に重視されたのは都市型である。

第6章 日本農業の存続方策

――「国際競争力」についての考察を中心に

加瀬　和俊

はじめに

本稿の課題は日本農業とその支援策に対する批判の激しさを念頭において、いわゆる「国際競争力の弱さ」の内容について検討しつつ、農業に対する批判的諸論調の特徴点を吟味し、国民的支持に支えられた産業振興を図るために採るべき方向性について論点を整理することである。

日本の農業が一九七〇年代の市場開放と変動相場制（特に一九八〇年代後半期における円高状況）の下において国際競争力を失い、自給率をいっそう低下させてきた事情については広く知られている。しかし、そのプロセスを先導してきた農業政策提言の論理立てについては、論者によってその強調点が多様であり、状況に応じて論旨が変化したこともあって、あまりよく理解されていないように思われる。特に、「先進国に農業はいらない」という原理的な主張が支持を得られにくいことが明らかになって以降、財界団体等も農業の国際競争力の強化を目指すという姿勢をとって農業振興策を提唱するようになり、大新聞・マスコミもほとんど同様の論調を主張するようになったために、農業政策提言をめぐる対立点はかえって見えにくくなっている。すなわち、類似の政策手段を推奨しているように見える種々の農業振興策のうち、どの見解とどの見解が何をめぐって対立しているのかについては、意識的な整理が必要になっているように思われるのである。

そこで本稿では、農業の国際競争力をめぐる考え方を整理するとともに、農業のあり方をめぐる諸論の対立関係を明らかにし、そうした理解を前提とした上で、現実に提示され採用されている農業政策のうち将来的に重要と思われる政策方向について評価を試みたい。

なお本稿では、往々にして農業と同一視されて国際競争力の弱い産業と見られている漁業についても比較の意味でふれることとする。これは農業政策をめぐる議論が農業だけ、それも稲作を中心にする土地利用型農業だけに視野を限定しがちであることに鑑み、食糧基礎産業の多様な可能性について問題提起する意図に基づいている。

1　農業の国際競争力とは？

(1)　国際競争力を決定している諸事情

日本農業は国際競争力の著しく弱い産業であるとイメージされており、財政的支援に支えられてかろうじて生きながらえているといった非難が繰り返し投げられている。そこで本節ではまず、「国際競争力の弱さ」とはどのような事態を意味するのか、どのような事情によって「国際競争力の弱さ」が生まれているのかについて考えておきたい。

アメリカからのリンゴの輸入が自由化され、日本のリンゴ産地は壊滅的な打撃を被るのではないかと恐れられたのは一九九四年のことであった。しかし、現在はリンゴの生産は八〇万トン前後、輸出は二万トン前後、輸入はほとんどゼロの状態である。この事実は日本の農産物の「国際競争力の弱さ」という現象は、特定の条件を有する特定品目について、限定的に妥当しているにすぎないことを示唆している。この立場から、農産物の国際競争力について重要であると考えられる論点を列挙してみよう。

第一に、農産物の「国際競争力の弱さ」は農産物自体の物的生産性の国際序列によって決定されるわけではなく、それを前提にしつつ、その生産コストの国際価値、したがって為替相場の水準によって大きく影響される。為替相場が人々の平均的消費物資・サービスの国際競争力の過重平均によって定まるのではなく、輸出品・輸入品の競争力の対比によって定まる以上、重化学工業を中心とする輸出品の構成比率が高い日本にあっては、その為替相場は非輸出品にとっては大幅な円高水準にならざるをえない。このため、日本の農産物の生産コストは同じであっても――コメ生産のための労働時間＝自家労賃コストの急減に示されるようにコスト削減が急速に進んだにも関わらず――、先端産業の製品の輸出が急増すれば、あるいはドル相場が下落すれば、農産物の国際競争力は失われることになる。この点で一九七一年までの一ドル＝三六〇円レートと、今日の一ドル＝八〇円前後のレートとの違いは極めて大きい。農家が生産性上昇に怠慢であったから国際競争力が低下したわけではなく、生産性上昇の容易な先端的製品の集中豪雨的な輸出増加がその原因であると言わなければならない。このことは今後の日本経済が釣り合いのとれた産業構造に移行すれば、あるいは輸出産業の生産拠点が海外に移れば、農業の国際競争力は結果的に高まってくることを意味している。

第二に、問題になっている国際競争力は世界各国のコストの平均水準よりも高いか低いかではなく、日本に農産物を輸出している特定国の国際競争力との比較である。アメリカが世界一の国際競争力を持つ品目についてはアメリカと、オーストラリアが世界一の国際競争力を持つ品目についてはオーストラリアとの優劣によって日本の作物の国際競争力の有無が判定されているのである。このように世界一の輸出競争力を持つ国と日本との比較である以上、この意味での国際競争力を日本が持ち得ないのは当然である。このような事態は主要な農産物について日本商社が最も高い価格で購入できた段階に最もよく当てはまる事態であり、日本の長期不況を反映して国際市場における日本商社の「買い負け」現象が一般化するにつれて修正されつつあるところであり、一過性で再びは再現されない事態であるといえる。

第三に、国際競争力の元となる国内の生産コストが、アメリカやＥＵの場合には輸出補助金によって大幅に引き下げられてきたという歴史があるのであって、日本のように輸出補助金を政策手段として持たなかった国（したがってＷＴＯ体制の下では新たにはそれを採用できない国）とコストを比較することはそもそもフェアでないといわなければならない。

第四に、アメリカとの国際競争力の違いの基本点は、土地条件の圧倒的相違に由来する。家族・個人経営でも平均一三〇ヘクタールの規模（二〇〇二年農業センサスによる）のアメリカの経営と二ヘクタールに達しない日本の農家では、圃場における規模の経済性が大きい作目にあっては、コスト水準の大幅な相違が生じるのは当然である。

しかもこの差異は単なる自然的産物ではなく、歴史的・社会的に形成されたものである。よく知られているように、アメリカ、オーストラリア、ニュージーランド、カナダ等、日本に対して農産物輸出を迫ってきた国々は、歴史的にはアングロ・サクソン民族が移民して建国し、先住民族を殺戮・抹殺し、その土地を奪って占有した国々である。日本のように弥生時代以来、人々が村を形成し、相互の生存を尊重しあい、農地を拡大できる限り分家を進め、可能な限り多数の世帯が生存を維持できるようにして小規模耕作を意識的に維持してきた国とはその歴史性が全く異なっている。これらの国々ではわずかに生き残った先住民族の末裔達がアメリカ・インディアン、マオリ、アボリジニとして今や殺戮と追放に対する歴史的補償を要求し、現代の法体系の下では異質で特殊な権利を認められている。とはいえ、そうして取得した「無主」の地を最初の移民達が占有してしまい、後続者には分け与えなかった成果が今日の大農場であるのだから、それを今から見習えという規模拡大論は時代錯誤と言わなければならない。

以上の諸点から判断できるように、「日本の農民は努力しないから国際競争力がない」といった主張は国際競争力について極めて自分勝手な解釈に立っており、説得力はないと言わなければならない。

(2)　ＷＴＯ＝自由貿易原則は公理であるか？

各国の食糧主権を否定する論拠としてＷＴＯの自由貿易原則が強調されており、グローバリゼーションの時代に国境措置を残存させようとする姿勢は時代錯誤であるとも批判される。しかし、現実に進行している事態は輸出国のみに都合のよい自由貿易原則が通用しなくなり、真に公平な相互主義が求められている状況である。

ＷＴＯのドーハ・ラウンドは停滞状況が続いているが、その背景にはアメリカ流の貿易自由化のダブル・スタンダードが通用しなくなり、新興国がアメリカに対しても相互主義的な公平な貿易自由化を要求し、アメリカがそれを受け入れることができないという事情がある。ＧＡＴＴ時代のウェーバー条項はその典型であったが、今日でも棉花保護策などがこうした点で問題となっている。アメリカはこうした批判にも関わらず、国内農業保護の政策枠組みを再び強めつつあり、自由貿易原則を自ら過去のものにしつつあるから、ＷＴＯ合意の可能性は高くはなくなり、たとえ合意されたとしても空洞化された協定にとどまる可能性が強い。

こうした状況の下では、日本がアメリカとの二国間交渉に入るというような愚かな選択をしない限り、日本の農業の実態に配慮した現実策を探る条件は十分にあるといえる。

もっとも従来の日本のＷＴＯ交渉の姿勢からする限り、ＷＴＯ交渉において日本が従来の主張を維持できるのか危惧される。しかしＷＴＯ交渉における「日本の弱腰」は日本内の利害が貿易自由化に傾斜していることの表れであって、国内的な力関係の反映にすぎない。したがって関係省庁の中で日本農業を維持することに反対しにくい状況をつくることができれば、交渉の態度は全く変わってくるであろう。この点は正反対の意味で捕鯨交渉の推移が示唆している。

日本は国際的な捕鯨禁止の潮流の下でこれに逆らって調査捕鯨という名の大量漁獲を継続しており、この点で環境団体のスポンサー役であるアメリカ、オーストラリア等と真っ向から対立している。すでに生産者企業に対しては充分な補償がすんでおり、鯨肉消費も奮わない状況にも関わらず、「沿岸捕鯨の存続を認める」という現実的妥協点を拒否して遠洋捕鯨に固執しており、そのための財政負担は大きく、ＩＷＣ加盟国の賛同を取りつけるための各種の付加的費用を加えれば国費の費消は相当な規模に上っている。ここでは「食文化を他国から抑圧されるのは不当である」という抽象的理念や、「資源の豊富な鯨種を採らせないのは不当である」という一般論に立って、ほとんど一国で奮闘しているのである。この交渉姿勢については批判的に論ずべきことが多いが、ここでは日本の自主性を前向きにとらえて、ＷＴＯ等の交渉でも自主性を貫けるはずであることの根拠としておきたい。

(3)　農産物貿易についての配慮

高度な資本主義国にして農産物輸出国でもあるアメリカに対する対応と、途上国に対する対応とは区別する必要がある。特にアジア諸国との経済交流を円滑に進めることは財界の意図とは別の意味で重要であり、アジア諸国の農漁民の生産物を日本が購入することも避けて通ることのできない課題である。途上国への食糧支援が当該国の農業を弱体化させ、援助を受けなければならない状態を永続化させている事態に鑑みて、フェア・トレイドによる輸入を拡大することも我々自身の課題である。日本では生産できない熱帯産品についてはもちろんであるが、日本農業と競合する産品についても、一定の制御された輸入が計画的に許容されるべきであろう。

ここでの一定の秩序をもった永続する貿易の拡大が、財界の工業製品売り込みの条件整備に陥らないようにするために、明確な原則の確定が求められている。介在する日本商社が現地で安く買いたたき、利益の大半を吸い取ってしまうのではなく、現地の農業の長期的利益を実現する方向で、援助政策と関連づけつつ拡大を図ることが必要である。この点で農協・漁協等が貿易協力のために相手国の生産者協同組合等と協力しあうことが望まれる。

2　農業の展望をめぐる諸論

農業の将来を見通した議論としては、現時点では以下のような諸タイプが存在していると整理できよう。

(1)　農業不要論――新古典派

現代の主流経済学＝新古典派経済学の主張は国際分業論であり、労働力・土地が希少財化している日本は先端産業に特化して農産物は輸出競争力のある国から輸入すべきであるとするものである。新古典派が勢力を奮っている大学教育の場では、その講義を通じてこの見解が広く学生の常識となっているといえる。

日本から農業がなくなることのメリットとして新古典派経済学が想定している事態はおよそ以下の諸点であろう。

第一は、高度技術を用い、付加価値の高い先端産業に労働力を含む投入要素を移動させることによって国民経済全体の効率が高まるはずだという抽象論である。ここでは農業が存在することによって生産諸要素が可能な高い生産性を上げられず、国民経済に無駄が生じているとされており、農業の消滅によってそれが解消できるというのである。

第二は、自由貿易を実現し、世界を自らの市場として活用できるという想定である。日本および相手国の経済・社会問題のあり方を考慮せずに、資本の効率だけを判断基準として世界大に輸出を拡大しつつ最安地から輸入し、それによって日本での生活費が低下すれば、それだけ低賃金化できるし、個別商社にとっては外国農産物の取扱業務が拡大できるというわけである。

第三に、不要になった農地を産業的および宅地的利用に大量・安価に転用できることであろう。農業がなくなれば農業振興地域の設定も意味がなくなるし、市街化調整区域を市街化区域に変えることもすぐにできる。このように農業がなくなることによって効率的な企業活動を制約する社会的コストが軽減できる点が期待されていると思われる。

(2)　企業の農業参入論、零細農家の退出と企業経営への置き換え論

現在の財界の中心的な主張は「農業は先端産業になり得る」としてその可能性を高く評価した上で、そのためには資本力・経営力のある企業の参入を促進すべきだと説くものである。労働集約的で利幅が少ないという農水産物の通常のイメージを転換し、科学的知見に支えられた高度技術を用いて付加価値率の高い農水産物をつくり出せば、高い利潤を得る先端産業として発展できるという議論がこれである。高額の投資を必要とする「野菜工場」等の先端的農業がその具体的イメージであるが、チェーン・レストラン企業が蔬菜の調達を自社農場で行っているといった事例としてすでに定着している事例も少なくない。

財界はこの立場から農地法改定による農業への企業の参入自由化を主張してきた。二〇〇九年の農地法改正によって株式会社の農地借入が自由化されたことが一応の制度的仕上げであったが、極めて象徴的なことに、この法改正前後の二〇〇九年五～六月の経済雑誌は一斉に「農業で儲けよう」という趣旨の特集を組んでおり、企業参入によって農産物市場が拡大し、大きなビジネス・チャンスが生まれると叫ぶキャンペーンが組織されたことがわかる。

(3)　構造改革＝農漁業経営体の規模拡大＝経営効率化論

この見解は、輸入自由化の下で生き延びる日本農業をつくるためには、現在の農家の経営規模を拡大して大規模な農業経営体にならなければならないと主張するものであり、財界団体が上記の企業参入論とともに主張している。このためには、農業経営を支えるための政策的支援を大規模な上層農家に限定し、それ以外の階層は経営支援の対象から外して農業経営をやめるように誘導し、その土地を大規模経営体に集中すべきだとされる。

この方向は、農家側から見ればあからさまな選別政策であるが、アメリカ、オーストラリア等の圧倒的に大規模な農場と競争せざるをえないという理屈から、「規模の経済性」が充分に発揮されるようにすることが経済法則として避けられないと主張されている。

この種の見解には大きな幅があり、各種の誘導措置を援用しつつ規模拡大を無理なく進めていこうとするマイルドなものから、零細農家の追い出し＝土地取り上げを想定している極端なものまでバラエティに富んでいる。後者の議論では、オーストラリア並みの農場規模が目標とされるなど、ほとんど夢物語といわざるをえない代物も少なくない。またそれらの議論では、弱体な経営が退出すれば必ず競争力を持った経営体が遊休化した土地資源等を活用し、農業は強い産業になるという楽観的な状況が想定されているが、そのための有力な手段とされた米価低落が大規模経営体の収支悪化をもたらしているように、農業経営体全体が総崩れになってしまう可能性が全く考慮されていない。

(4) 家族経営重視論、地域政策論

農産物輸出国と対抗するだけの規模拡大は不可能であると判断し、また就業機会の限られた農村部においては、できるだけ多数の人々が農業で生活できる条件を確保すべきであると考え、家族経営の維持・存続を求める見解である。この見解に属する人々の中でもニュアンスの差は大きく、農家数が減少してしまえば農村・農業の力は衰えると考えて可能な限り零細な兼業農家の存続を期待し、高齢農家への支援策を重視している者もあるし、小粒の複合的な専業農家を中心とした将来構想を想定している者もある。

いずれの場合でも、小規模な家族経営体の存続が困難な現実を前提にして、小規模農業に対する保護政策が不可欠な支えとして要求される。特に零細農家の存続を重視する者にとっては、食糧供給に貢献度の少ない農家に対する保護を正当化するために、生産以外での農業の役割が農業の多面的機能として強調される。

(5) 集落営農論、生産主体の混在論

専業的農家の経営的成長も、零細農家の個別的存続も困難であるという判断から、零細な兼業農家が一種の協業組織として集落営農を組織し、これが地域内の農地の利用を担当する方向が、コメおよび転作農産物について進展しているが、その方向に期待をかけているのがこの見解である。この主張は専業的農家の育成方針と矛盾する面を持ち、どちらを重視するかによって種々の見解にわかれるし、

現実の農業政策に対する評価も相当大きく異なることになるが、現実においては集落営農と大規模農家の混在＝併存論になっているといえる。これは農林水産省の政策論理でもあるし、急速な規模拡大も零細農家の独立的存続もともにリアリティの乏しい地域にあっては、消去法的にこの見解に立たざるをえないという実態がある。

(6) 小括

今日では農業不要論の論拠は崩れてしまい、シンガポールのような特殊な国を除いては、どの先進国においても食糧基礎産業の保護育成策をとらざるをえなくなってきた。というのは、国際分業論については食の安全性とぶつかる事態が広範に生じていること（狂牛病、中国餃子事件等）、食糧価格高騰の下で日本が食糧を国際市場で調達できない事態が広範化していること、二〇〇八年農産物価格高騰時にアメリカを含む二二カ国が食糧輸出に制限をつけたようにＷＴＯの自由貿易原則の前提条件を農産物輸出国自体が放棄してしまったこと等の事情があるからである。

したがって実際に戦わされている農業政策論は、企業参入と規模拡大をどのように進めるのか、なお残存する零細家族経営を消滅すべきものとするのか、各次元での協業化措置を活用して新しい担い手として再建していくのかといった諸点をめぐって争われているといえる。そして、すでにＥＵ規模に達している北海道農業が、経営難の下で大規模層を含めて減少している中で、規模拡大だけでは決め手にならないことが明瞭になっており、それと所得補償政策を中心とする他の経営維持方策との関係のつけ方に注意が集まりつつあると見ることができる。

食糧自給率の引き上げという目標は、単なる食糧調達の問題ではなく、各国国民経済の相互関係の再編成問題として改めて重要な課題になっていると言えよう。

3　政策についての考え方——所得補償政策を中心に

民主党が編成した二〇一〇年度予算では公共事業が大幅に削減され、それがソフト予算に回されることによって、従来の予算編成方針が大きく転換した。(1) このことは、農林水産予算の公共事業偏重性を大きく改変するものであり、筆者はこの変化を農業政策の有効性を高めた措置として評価している。ただし、それに代わるソフト予算の充実が所得補償政策を中心とすることについては警戒感を持っている。

農業政策の切り札として重視されている所得補償政策は、生産のための資本・労力の投入が社会的に必要にして正当なものであると判断されれば、それに見合う所得が確保されるべきである（実際の所得額と得られるべき所得額の差額分が補償されるべきである）とする考え方に基づいている。それは、一九三〇年代において各国共通に強化され戦後に引き継がれた農産物価格支持政策が、一九七〇年代以降には圧縮せざるをえなくなったことによって採用されるようになった政策手法であるが、価格政策とは異なって貿易歪曲的ではないとしてＷＴＯが容認していることもあって、価格政策から所得補償政策への移行が各国で進み、今や日本にもそれが及んで来たというわけである。

農産物価格支持政策が採用できなくなった理由は、それが生産の増大を招いてしまい、その結果として一つには貿易自由化を阻害すること（農産物輸出国の利害に相反）、二つには農産物過剰と財政支出増加の弊害を蓄積させてしまうことである。同時に、自由貿易体制の流れの下で農業の国際競争力を強化しなければならない各国にとって、競争力をもった農業経営階層だけを育成・支援するためには、全経営体の所得を引き上げてしまう価格政策は不都合になったという事情がある。それゆえ所得補償政策には、農業経営体のどの階層が対象とされるのか（全経営体か、大規模経営体だけか、条件不利地域の経営体か等）、農業経営のどの部分が対象とされるのか（経営全体のコストと所得の差額か、特定作物部分だけのそれか）、どのような条件が付加されるのか（転作受け入れ等の生産抑制義務が課されるのか等）等によって、実際の政策内容は大きく異なってくる。それゆえ所得補償という政策手法には期待をかけることが可能であるが、現実の所得補償政策が適切か否かについては個別具体的に判断しなければならないのである。

この点で、本音においては日本農業の消滅を期待している財界が所得補償政策の採用に賛同していることの意味を検討しておかなければならない。日本経団連はいくつかの提言の中で農業における所得補償政策に対して支持を表明しているが[2]、それは農家全体の経営が成り立つようにするという趣旨では全くなく、農業の構造改善を推進するためである。すなわち、交渉の進展しないＷＴＯだけに頼らず自由貿易協定を各国と結んで貿易面での完全自由化を実現し、農産物価格を大幅に引き下げて農業を輸出産業とする「攻めの農政」を実現するために、大規模経営体に限定して所得補償をし、その政策対象とならずに採算のとれなくなった小規模経営体は消滅して構造改革を進めるという構想である。[3]

このように財界が、価格政策には徹底して反対した上で所得政策を支持する意図は、最大限好意的に評価しても少数大規模な経営体だけで構成されるように「構造改革」を進めることであるが、おそらく本音としてはそれを越えて、再編後の大規模農家に対しても長期にわたって所得補償を継続するのではなく、経営的自立を求めて所得補償のための財政支出を削減し、農業を消滅に導き完全な輸入体制をつくることであろうと想定される。

筆者も土地利用型農業における大規模化の必要性を否定するものではないが、構造改革の手段として所得補償政策を採用することは、恣意的な政策運営を導きやすく危険であると考えている。それでは、民主党が現に採用しつつある政策のように、全階層を所得補償の対象にすればよいのかといえば、それに対しても必ずしも賛同することはできない。

というのは、現時点において農産物価格引き下げと並行させて所得補償政策を導入したとしても、予定されている給付単価程度の水準では後継者増加の作用は働かず、現在の大半の農家の高齢化状況からみて、ほどなく農家数が急減するのは明らかである。それによって社会的勢力としての農民の力量が低下すれば、所得補償策は廃止へ向かう可能性が大きく、所得補償によって経営を支えられて存続してきた残存農家の大半は、その時点で存続不可能になると考えられるからである。

このように危惧するのは所得補償政策に対する国民の支持があやふやであり、マスコミの批判的論調の氾濫の下では、(4)将来の遠からぬ時点で、所得補償政策廃止の方向がすんなりときまってしまうことが危惧されるからである。

労働に対する対価の相当部分が自由貿易体制の強制によって奪われているために、同じ自由貿易体制によって過大な利得を得ている部門から所得の一部を回し、国民経済全体で打撃を緩和するという、所得補償政策本来の趣旨が実感できなくなれば、国民にとってそれは、あたかも労働報酬を超える補助金が与えられているように理解されてしまうであろう。そうなれば与野党双方が都市政党化している現状において、所得補償策が存続できる条件はないと見なければならない。

結論的に言えることは、所得補償政策に安易に乗るべきでないこと、短期的にそれを活用することは可能であっても、国際的な自由貿易をめぐる状況変化に注目しつつ、農業が成り立つ価格体系が市場機構を通じて実現できるように条件を整えることが本道であり、そのための政策を主張すべきであるという立場である。

4　日本漁業の場合——農業との共通点と異質点を念頭において

日本漁業の生産額はかつての三兆円から低下して今日では一・六兆円程度に縮小しているが、農業生産額八兆円の中の稲作、畜産、酪農、蔬菜、果樹等の個々の分野の生産額と比較すれば同等ないしそれ以上の大きさを持っている。にもかかわらずコメ政策についての議論は極めて盛んであるのに対して漁業問題と漁業政策についての議論は低調であり、論者の人数も極めてわずかである。漁業についてはマスコミでの議論は、捕鯨やマグロの国際交渉といった際物的話題や、「資源悪化」をめぐる一般論等にほぼ限られている。

私見によれば農業同様に家族経営から構成されている沿岸漁業の内実は、農業のあり方に対して種々の意味で示唆を与えるものであり、本稿の文脈で一言しておく価値があると考えられる。

(1)　日本漁業の重要性

漁業は農業と同様に食糧基礎産業として重要であるが、特に以下の点は強調されてよい特徴である。

① 日本は先進国の中で最も沿岸漁業が発展している。企業的漁業を有する先進国は少なくないが、日本の沿岸における家族自営漁業の密度は先進国の中で例外的に稠密である。その背景には、暖流と寒流が交差し、湧昇流が遍在し、生産力の高い世界三大漁場の一つを抱え込んでいること、日本の有する二〇〇海里内漁場の面積が島国の特性として陸地よりもはるかに広大であることといった好条件が存在している。どの国の漁船でも操業できた広大な二〇〇海里水域を日本だけの財産に囲い込むことができたという意味で、二〇〇海里体制の発足は沿岸・沖合漁業には莫大な財産をもたらしたのである。

② 日本人は依然として国際的に最も大量に水産物を消費する国民であり、タンパク資源の相当部分

を水産物から摂取している。畜産物は自給が困難な飼料を輸入せざるをえないためコスト高をもたらすとともに、その生産増加はトータルな自給率の低下要因となるのに対して、水産物は自然界の栄養によって成長するので、コストなしで再生産される資源である。また、いくつかの先進国のように大型漁船・大型養殖業が冷凍魚や単品養殖魚を大量供給・大量ストックするのではなく、全海岸線にわたって稠密に存在している沿岸漁業によって、多種多様な生鮮魚が日常の食材として途切れなく提供されている点で、漁業は食生活に密着している産業である。

③　沿岸漁業は地域経済、特に他産業の就業機会の乏しい離島・過疎地等における最も重要な産業の一つである。人口の少ないそれらの地域では、産業排水・生活排水も少なく、良好な漁場環境が維持されていることがその背景にある。

④　沿岸漁業は、航路の設定、排水、沿岸域開発、原発、自衛隊演習等と対抗関係にあり、これらが恣意的になされないための牽制役として機能している。企業の開発行為に対する規制が弱い日本では、いったん開発が始まると歯止めなく進行し、住民生活を守る努力は被害が表面化してから事後的に開始されることになるが、海の環境の維持が生活＝労働のために欠かせない漁業者は、開発計画の初期から積極的に対応し、その被害が拡大しないように提案し、計画を修正させたり、撤回させたりする現実の力を発揮している。このことが、財界・開発業界が沿岸漁業の漁業権「開放」を主張して沿岸漁業の縮小を策している主要な理由である。

⑤　捕鯨問題、マグロ資源の国際管理問題、国境警備問題、国境線問題（竹島の領有権に関わる二〇〇

海里海域帰属問題等）等、漁業問題は国家間対立の一焦点を形成している。こうした問題に対するマスコミの不正確でナショナリスチックな宣伝は往々にして相手国に対する日本人の見方を歪めやすい。

以上のような諸点を確認した上で、以下漁業の特徴を整理してみたい。

(2) 漁業と農業の対比

沿岸漁業のおいても農業と同様に後継者難、就業者の高齢化が指摘されており、その対策が大きな課題となっている。しかしその様相は農業とはかなり異なっている。そこで、農業と漁業の大まかな経済事情の相違を確認しておこう。「農業センサス」（二〇〇五年現在）によると農業では販売農家一九六万戸のうち売上高三〇〇万円未満が七九・一％を占め、五〇〇万円以上の農家は一四・二％にすぎない。これに対して漁業にあっては、一一・五万の経営体のうち売上高三〇〇万円未満が四九・五％、五〇〇万円以上が三四・七％である。[5] 漁業の方が販売額の多い、したがってそれによって生活を立てている世帯が相当に多いことが明らかである。ここから想像されるように、農業では第二種兼業が最大多数であるのに対して、漁業では専業・第一種兼業が多数を占めており、特に漁業の海上作業に従事している者に限定すれば、漁業専業が大半を占めている。

その理由は、漁業では労働時間的に兼業が困難であるため、漁業経営主は専業的に漁業に従事するか、漁業を全く廃業するかの選択をせざるをえず、サラリーマンをしながら漁業にも従事するといったスタイルはとりにくいことである。すなわち漁業の操業時間は魚群が形成される時刻・時期に合わせなければならないから、他産業の雇用者としての勤務時間の合間に漁業に従事するということができないのである。

加えて、漁業においては農地と異なって漁場が私有財ではないために、世帯内に保有している労働力に応じて実質的な経営規模を調整しやすいという事情がある。もちろん漁業にも養殖業のように利用できる漁場面積があらかじめ定められている場合があるが、自分が参加している漁協に申請して養殖漁場面積を増加させることは一定の待機時間をおけば可能な場合が多いし、養殖業以外の採捕漁業の場合には漁船の大きさ、網数等について一定の範囲内で適正規模を選択することが可能である。こうした事情があいまって、沿岸漁家では漁業によって生計費の大半をまかなっている漁家の割合が農業よりも相当に多くなっているのである。

(3) 後継者確保をめぐる事情

沿岸漁業の後継者難もその原因は基本的に農業と同様であるが、自営漁業の後継者にとって特徴的な傾向もみられる。

第一は、漁業の所得は水準としては必ずしも他産業よりも低くはないが、その変動が著しい。このため漁業では、豊漁の年には豊かに、不漁の年には貧しく暮らすという方式で、所得に合わせて生活水準を調整させる方式が長くとられてきた。しかし高度成長期以降の先進資本主義段階においては、現金支出を削減する余地が極めて限られているために、そうした対応は不可能である。この結果は、不漁年における生活不安を避けるために若年者が漁業外に就職するという一般的な傾向をもたらすことになる。

第二に、中学・高校の同級生達と比較して学卒＝新規就業時の所得水準は漁業の方が高い場合が少なくない。かつてはこの条件が満たされれば漁業者の息子は後継者になっていたのであるが、今日では同じ条件であっても後継者化を選択しない者が多い。というのは、今では新規就業時の所得比較だけではなく生涯所得の比較がなされるようになっているためである。特に、漁村地域においてもサラリーマンを定年になった年金生活者が増えてくるにつれて、当面の所得ではなく年金を含む生涯所得の重要性が親にとっても子にとっても意識されるようになってきたのである。この点で漁業後継者の確保にとっては、当面の所得水準とともに、年金制度の充実等が大きな影響を与えると思われる。(6)

しかしながら近年の不況と若年者の就職難の下で状況が確実に変化しつつあるように見える。特に若年の漁業就業者が若干ではあれ増加に転じたことは（「漁業センサス」による）、若年者の失業増加の下で自営業が失業者の受け皿となっていることを示唆している。そうした時点で、所得の不安定性や国民年金の少額性といった不利を政策的に改善することができれば、沿岸漁業はその潜在力にみあうだけの就業者を確保できるようになると想定される。

また、かつては漁場・資源に対して漁業者・漁船が過剰であり、養殖でも過密養殖が一般化して品質を下げていると指摘されていたが、近年における漁業経営体数の減少によって漁場に余裕が生じ、一人当たりの漁具数を増加させることも、養殖漁場をより広く使うことも、あるいは漁法をより効率的なものに変更することも徐々に可能になってきている。このため、後継者を新たに確保した漁家や壮年漁業者にとって、経営規模を拡大する条件が好転しつつあるといえる。私有財の農地を集積しなければならない土地利用型農業に比較して、保有労働力に応じて実質的な経営規模を増減できる沿岸漁業の強みが発揮され、経営体数の減少は継続しながらも、基幹的経営体が確実に形成されていく方向を展望できる段階に入ったように思われる。

(4) 企業参入論と漁業権解体論

二〇〇七年の第二次答申、二〇〇八年の第三次答申において、内閣府規制改革会議は沿岸漁業に対して漁業権制度の解体要求をぶつけてきた(7)。同会議は日本の漁業は衰退しているとみなし、その原因は漁業権制度によって意欲・能力・資本力のある経営体が沿岸漁業に参入できないことであると主張し、外部企業が自由に養殖業・定置網漁業等の有望漁業に参入できるよう漁業権制度を改変することを要求したのである。こうした主張の意図するところは、技術的にほぼ完成し、高い利潤がなお一〇年程度は見込めそうなマグロ養殖業の漁場を漁業企業・商社が入手することであるが、この構想は資本力のある者が沿岸漁場を占有し、地元の漁業者はそれに雇われるか、占有外の漁場で細々と零細漁業を営んでいた戦前の状況に逆戻りさせることをねらった提言であった。

この暴論は漁業権制度の趣旨についても、その利用実態についても誤解の多い粗雑な議論であったこともあって、漁業関係者の反撃を受けてさしあたりは敗退することになった。しかし、自然再生産資源を漁獲する漁業が当然に制度化しておかなければならない参入制限――沿岸漁場で誰もが漁業を営めるようになれば、漁場・資源の先取りをめぐる争いが収拾できなくなる――を、非民主的で漁民だけが優遇されていると非難することは俗受けしやすい。さらに各漁業者が漁獲できる魚の量を決めて、その権利を売り買いできるようにすれば、よい経営体は権利を購入して規模を拡大でき、悪い経営体は権利を売って廃業するので、資源管理も徹底し、不良経営体は自動的に淘汰されるという議論はマスコミ受けがよく、同じ主張が繰り返し新聞に紹介されている[8]。

その主張は農地法改定時の企業参入論と同様な論理立てであるが、改訂農地法が転用規制の強化を一応はうたったのに対して、漁業権を企業が取得した後で原発立地・埋立行為等が起こった時には、漁業権を得ていた企業は簡単に漁業権を放棄して補償金を入手することになるであろうから、無償で入手した漁業権から多額の利潤を生み出せる点で、経営者としては見逃せないビジネス・チャンスであり、今後も繰り返し形を変えて表れてくる動きであると予想される。

(5) 沿岸漁業振興の核心――成熟した漁協民主主義へ

農業において農地集積問題が経営確立に向けた難点になっているが沿岸漁業の事情は大きく異なっている。沿岸漁業にあっては漁業者全員が参加して地区ごとに組織されている漁協が県行政から漁業権を免許され、その組合員の経営状況（保有労働力、経験、兼業状況、必要漁業所得水準等）を勘案しながら、誰に、どの漁業権の行使権を、どれだけの規模で付与するのかを漁協が決定するのである。

したがって漁業者各層間の利害調整さえつけば、漁協が管理している地先の漁場を最も効率的に利用して、主業的経営体を維持し、高齢者の生き甲斐漁業をそれと抵触しないように配置するといった措置をとることができる。現に全国各漁村ではそうした努力を日々行っているのである。

その意味で漁協の役割は極めて重要であるが、その場合に漁協の直接民主主義が将来の地域漁業の確立を目指して行使されることが必要であり、そのためには形式的な平等主義を排した成熟した運用が不可欠である。

漁協の意思決定は最終的には総会において承認されなければならないので、現状では組合員の多数派（多くの漁協においては後継者のいない高齢漁業者）の意向によって左右されやすい。体力が弱っている高齢者は、同じ面積の養殖漁場から一〇〇万円の所得しか上げられず、若年者は五〇〇万円の所得を揚げられるといった場合が多いが、各漁業者の利用できる漁場面積を決定する漁協が高齢者の漁場を減らして若年者に回すことは必ずしも容易ではない。組合総会による漁協意思の決定という直接民主主義の下においては、「天気のよい日にだけ、死ぬまでゆったりと漁業をやり、年金収入、貯金の取り崩しとあわせて生活していきたい」という高齢漁業者の人数が多い以上、「子弟の教育費を含めて上昇する生活費のために少しでも漁場を増やして所得を上げたい」という若壮年漁業者や、後継者を確保して親子二世代で操業している漁業者の意向が優先されるとは限らないのである。

一人一票制の協同組合民主主義の原則は漁協の最終の意思決定の原理としてなお積極的な意義を有しているが、客観的に存在する組合員間・世帯間のライフコース上の差異を認めなければ後継者の確保はおぼつかないから、漁業権行使に関わる決定では漁場の有効利用の重視等、尊重されるべき原則を確認した上で、直接民主主義方式を柔軟化することが必要であろう。各地の漁協は直接民主主義と両立させながら種々の内規をつくって、こうした方向での成果を確実なものにすべく努力を続けているのであって、機械的な協同組合原則の適用によって行政がそうした努力をつぶしてしまうことがないことを期待している。

おわりに

本稿は農業・沿岸漁業の将来を展望するために重要と思われるいくつかの論点を論じたものであり、農業・漁業政策の全体像を描いたものではない。民主党政権が農業・漁業の政策的枠組みを大きく改変することを試み、財政支出の中身も相当大きな変化を見せつつある現時点において、農業・漁業の現状に立脚したあるべき政策方向について議論を深め、積極的な試みにつなげていけるように、同じ勤労者として、あるいは食糧基礎産業の受益者＝消費者として、私達も必要な判断を迫られていることを認識しておきたい。

【注】

（1）加瀬和俊「二〇一〇年度予算の成立経緯と特徴点」『農村と都市をむすぶ』七〇一号（二〇一〇年四月号）。

（2）直近のものとしては日本経済団体連合会「新たな食糧・農業・農村基本計画に望む――農業を日本の成長産業として確立するために――」（二〇一〇年二月一六日）。

（3）前掲、経団連文書および「経団連ビジョン『希望の国、日本』」（二〇〇七年一月一日）等。加瀬和俊「財界好みの日本か、国民のための日本か――経団連『希望の国、日本』を読む」『農村と都市をむすぶ』六六四号、二〇〇七年二月号。

（4）民主党による個別所得補償制度導入に対して全国紙がほぼ一斉に「ばらまき」批判を行ったことは記憶に新しい。

（5）上位六千経営程度＝五％程度は雇用経営形態の沖合・遠洋漁業であるので、沿岸漁業は最上位六千経営を除いた部分となる。

（6）農業者年金が公的年金であるのに対して、漁業者年金は純然たる民間年金であり、その給付額は農業者年金よりずっと低いから、自営漁業者の年金はほぼ国民年金だけ（それも満額でない場合が多い）である。

（7）この経緯については、加瀬和俊『沿岸漁業への参入自由化論を駁す――高木委員会提言・規制改革会議答申を吟味する』（東京水産振興会『水産振興』四八四号、二〇〇八年四月号）を参照。

（8）筆者はこの提言の作成者達と日本水産学会の公開討論会で論争を行ったことがあり、提言の問題点を箇条書き風に指摘している。日本水産学会『日本水産学会誌』七六巻二号（二〇一〇年）。

（追記）

二〇一一年三月一一日に発生した東日本大震災は、被災地の人々の生活と労働を麻痺状態に陥れた。被害の大半は津波によるものであったから、被災地域は沿岸部に集中し、産業的には漁業関係の人的・

物的被害が最大となった。特に三陸地方の沿岸域では漁業が基幹産業であったから、漁船等を失った家族経営の廃業と失業した雇用乗組員、水産加工業従業員等の将来不安が大きい。私的財産の取得には公的補助金は出ないという財政原則の下では――この原則は必要に迫られて部分的に緩和されているが――、沿岸漁業者が漁船、漁具、漁業機器類や加工施設等を再取得し、従前の経営を可能にすることは不可能であり、廃業者の続出が始まっている。また原発事故による漁獲物の汚染不安もあって、漁協市場は機能を停止し、あるいは取引額を大幅に低下させているので、市場手数料によって維持されていた漁協の経営は行き詰まり、職員の解雇も避けられない状況である。沿岸域集落の多くが、そのまま生活保護の対象地域とされてしまう可能性が現実のものとなっている。

「単なる復旧ではなく未来につながる復興を」といった各種委員会等の建前論の下で、農業における「高付加価値化、低コスト化、経営多角化」といった超一般的方針が唱えられ、あるいは漁業権「開放」という新古典派的方策――復旧過程の漁業者の漁場を奪い、多数の沿岸漁業者を少数の企業的経営に置き換えようとする手法――が露骨に出されているが（六月二五日、復興構想会議提言より）、すでに成立したはずの補正予算による緊急対策すら現場の人々には届いていない現実がある。生活と労働の再建の方向が見いだせなければ、被災者達は生活支援の要望を続けざるを得ないから、それに対する「自助努力不足」のバッシングも始まろうとしている。

住居の高台移転の可否等、時間を要する課題があることは十分に認めた上で、当面の生活と労働の見通しをつける緊急策を軌道に乗せることが現時点では何よりも急がれている。

第Ⅲ部

地域経済再生への展望

第7章　グローカル展開に活路を見出す大田区モノづくり産業

山田　伸顯

はじめに

二〇一一年三月一一日に発生した東日本大震災は、それまでの日本経済の発展形態に大転換を迫るインパクトを与えた。巨大地震の規模もさることながら、引き起こされた津波の衝撃はすさまじく、沿岸部の漁港は言うまでもなく、海からはるかに離れた農村部にも被害をもたらし、広大な地域に壊滅的な爪痕を残した。死者と行方不明者は合わせて二万人を超え、国内有数の食糧供給基地の農漁業を破壊し尽くす未曽有の惨事となった。

さらに、「想定外」の大きさの津波が福島第一原発のメルトダウンを併発し、周辺地域の住民が強制退去させられるという事態を引き起こした。温暖化対策の切り札としての「クリーンで安全な原発」幻想は脆くも崩れ去った。しかも、冷温停止と放射性物質の封じ込めに失敗した結果、野菜、水産物、お茶・牛肉などの食品にとどまらず、工業製品も含め広範に風評被害を生んだ原発事故は未だに収束の目途が立っていない。

日本の原発事故の影響は海外にも波及していった。事故直後に、フランスからサルコジ大統領と大手原子力企業アレバ社の最高経営責任者が相次いで来日し、日本への肩入れを通じて、自国の原子力発電の安全性を喧伝するのに躍起となった。フランスでは、電力の八〇%を原子力発電に依存しており、まさに他人ごとではなかったのだ。ドイツでは、事故直後のバーテンヴィルテンベルグ州知事選挙で原発推進反対派の候補が逆転勝利し、メルケル首相が原発推進路線の転換を表明せざるをえない事態となった。スイスも脱原発に踏み切り、国民投票で原発凍結賛成票が九四%に達したイタリアも、新設や再稼働を断念する意向を示した。

日本国内においては、一層深刻さが増している。今後三〇年以内に八〇%以上の確率で発生すると想定される東海地震の震源域に位置することから、浜岡原子力発電所の全面停止が決まり、中部電力は東電管内に電力を融通する余裕がなくなった。

原発を抱える他の地域でも不安が高じており、定期検査で止めた原発の再稼働にストップがかかる可能性が生じている。こうなると、総発電量の二四%を原発に依存している我が国の電力供給構造が根底からひっくり返る。新たな原発建設など相当な期間、口にすらできなくなる。

日本は、電力の需給に対して二つの方向を同時に選択するしかない。ひとつは再生可能エネルギーによる発電計画を急速に強化する方向である。国連の場で鳩山前首相が脱炭素社会を標榜して高らかに表明した公約を反故にして、火力発電を復活する方策に邁進することがそのまま国際社会に許容されるはずもない。地域独占が認められた電力会社の権益を制限してでも自然エネルギーへのシフトを推進するしかない。再生可能エネルギーの導入は、水力発電を含めて、国内総発電量のまだわずか九・五％を占めるに止まっているが、スウェーデンの五四・三％、スペインの一九・八％、ドイツの一四・三％に少しでも近づく努力をしなければならない[1]。今後、我が国のエネルギー政策は原発依存から自然エネルギー重視へ大きく舵を切らざるをえないのだ。

もうひとつの方向は、節電の徹底である。当面の間、再生可能エネルギーが原発の発電量を賄えるわけではない。したがって、需要する側が節電方策を取らなければ、供給の絶対量の天井にすぐに突き当たってしまう。

国民生活の面では、夏場に向けてさまざまな節電策が打ち出されている。エアコンから扇風機に、照明は白熱球からＬＥＤに、冷蔵庫は省エネタイプにと、省電力志向を強めるよう啓発も行われ、国民の意識転換が進められている。

次に、事業活動では、ビルや工場における照度低減やエアコンの節減、昇降機使用制限など省電力の徹底が求められる。さらに大手企業を中心に、週休三日制の導入、勤務時間のシフトや休日出勤、工場ラインの停止や夏場の一斉休業の増加など、操業の調整により電気使用ピークを分散するためのさまざまな対応が実行に移されている。自動車業界では七～九月の休日を木・金曜日とすることになった。中には本社機能の一部を東電管内から移転するという動きも現れている。電力供給リスクは製造業の海外シフトをも加速させかねず、一層の国内の空洞化が懸念される。

　中小製造業においても、室温を一定に維持しなければならない精密加工業や炉の温度管理を要する鋳造・熱処理業といった業種にとって、停電は決定的ダメージを与える。一五％のピークカットに対応するべく、企業ごとに製造設備の電力を維持しつつ、無駄の排除を徹底した節電対策が講じられている。

　このように震災復興とエネルギー転換、節電対応には、さまざまな課題が横たわっている。一方で、大きな復興需要と新規事業が生まれ、日本経済にとってデフレ克服の契機となりうる。ところが、復興財源確保のためという名目で消費税などの増税論が浮上している。折角需要が高まり、デフレ脱却への期待が生まれようとしているときに、消費を冷え込ませる経済政策はナンセンスである。今回の原資は復興債で賄うべきだ。これは後世にインフラを残す建設国債であり、赤字を穴埋めする特例国債ではない。累積債務がＧＤＰの二倍となっている異常な財政状況は改善されるべきだが、今の時点で財政再建を絡ませては、デフレという病から立ち直ることができない。震災からの復興は日本の再生そのものなのだ。

1　日本産業の強みと大田区のモノづくり

(1)　世界に生産財を供給する東北・北関東地域

東日本大震災は、製造業におけるサプライチェーンを広範囲にわたり寸断した。東北・北関東で生産していた電子・半導体材料や自動車部品などが供給されなくなったために、その影響は日本に止まらず世界の製造業に及んでいる。携帯電話や自動車の生産が止まったことで、東北・北関東地域がシリコンウェハーやマイコンの世界的生産地であり、コア技術の部品を国内外に供給しているハイテク産業の集積地であることを世に知らしめた。

東北・北関東の産業の特徴は、まさに日本を象徴している。日本の産業の強みは、核となる部品や素材の製造技術が傑出していることだ。中核的な生産財を世界に供給している日本の製造業の重要性が、大震災により思わぬ形で証明されたのである。ただし、電力不足等により東日本の生産再開が危ぶまれれば、早晩これらの技術は海外移転を迫られる。

(2) 東アジア貿易に見る日本産業の強み

二一世紀に入ると、中国をはじめとする東アジアの新興国が、部品の製造技術力を高め、コストパフォーマンスにおいて日本を圧倒する様相を呈している。産業のグローバル化が進行する激烈な国際競争下で、日本の産業が現在どのように競争力を維持しているのかは、東アジアとの関係性の中で見る必要がある。

まず、韓国との比較で貿易の動向を眺めてみよう。

韓国においては、二〇〇〇年から〇九年までの名目GDPはドルベースで一・六倍に拡大したが、

図１　日本・韓国の輸出総額と韓日貿易収支の推移

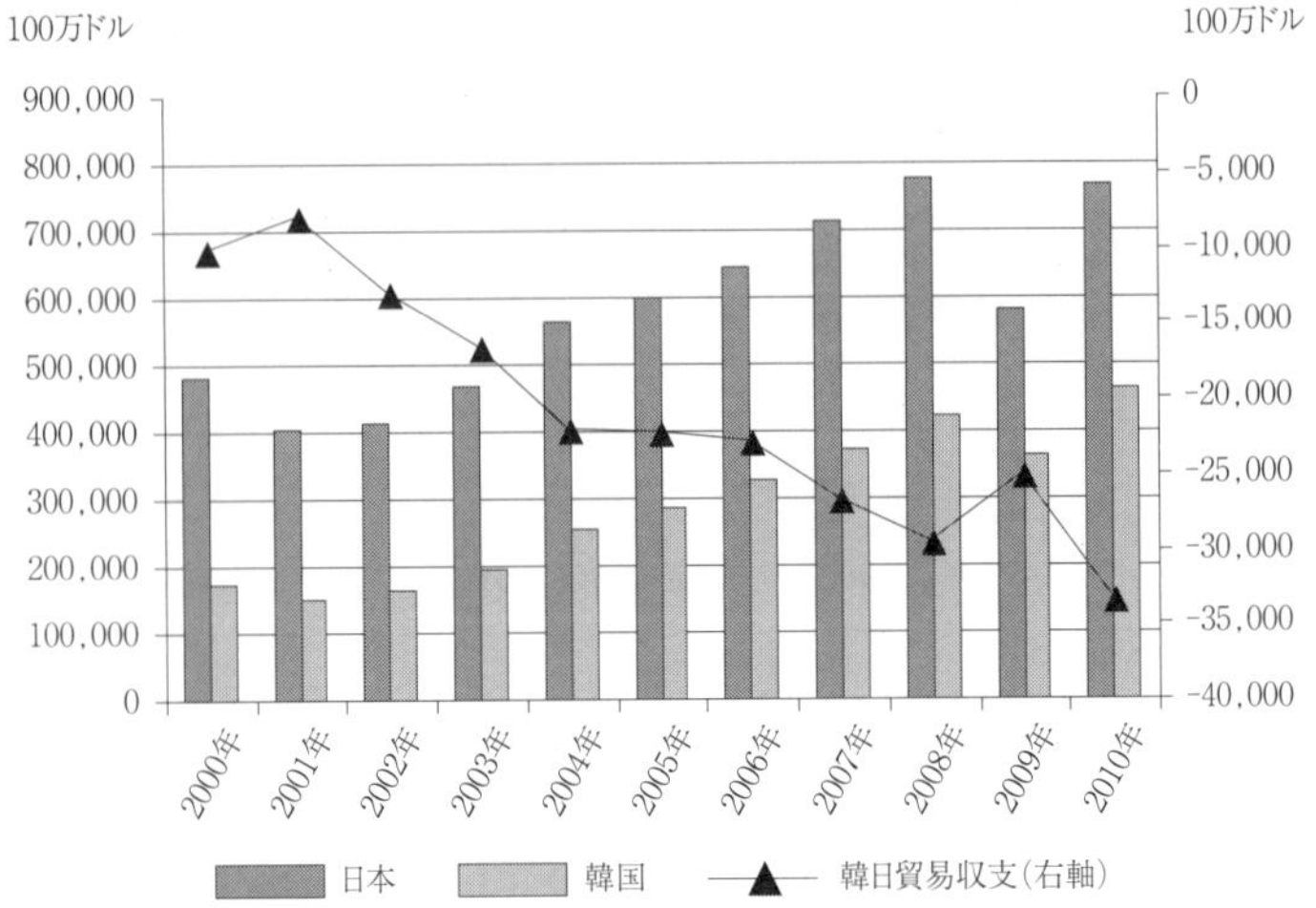

出典）ジェトロ。

総輸出額の伸びは二・一倍と、輸出主導で成長を支えてきた。この間の日本は、輸出額の伸びが一・二倍に止まっており、日本と韓国の輸出総額の開きは二・八倍から一・六倍に縮まった。しかし、二国間貿易で見ると、二〇一〇年の輸出額六二〇億ドルに対し、輸入額二八五億ドルで、日本の輸出超過は三三五億ドルとさらに拡大した（図１）。韓国から見れば、対日輸出が伸び悩み、貿易赤字が増大する一方なのだ。

つまり、韓国では技術が高度化し、サムスン、LGや現代自動車など世界的メーカーがグローバル市場に展開して輸出を増大すればするほど、生産設備や重要な素材、基幹的部品などを日本から輸入して製品の品質を高めるという行動に出ていると考えられる。

こうした貿易動向は、台湾など技術水準が高まった国・地域との関係でも同様に現れている。それらの国は他国に対し輸出が増大しているが、対日貿易では赤字が拡大する。日本からコアとなる部品・素材を輸入し、技術を導入することで世界に対して優位性を発揮しているのである。

次に中国との関係を見てみよう。

中国は、二〇〇〇年から〇九年までにドルベースで名目GDPが四・二倍に跳ね上がり、一〇年にはGDPは日本を抜いて世界第二位に到達した。その間の総輸出額は四・八倍にまで急伸した。

日中貿易においては、かつて繊維を中心として量産技術を移転したことにより、安価な製品を大量に中国から輸入してきた日本は大幅な貿易赤字を計上していたが、二一世紀に入ると日本からの輸出が急増した結果、貿易の赤字額は縮小している。二〇〇〇年から一〇年までに、日本の対中輸入額は二・八倍の一五二〇億ドルに伸びたが、輸出額は四・九倍の一四九〇億ドルに増大した。今や中国は世界最大の輸出・輸入相手国になった。

量産技術においてはコスト面からも太刀打ちできなくなってきたが、基礎研究と技術の蓄積が必要な素材分野と耐久性や高精密複合技術を要する機器類においてははるかに大きな差があり、日本の優位性は揺るがない。つまり、中国の技術水準が上がるに伴い、日本から高機能の生産財の輸入を増大させているという構図が浮かび上がる。

このように日本産業は、一見下請的な存在である部品・素材産業に強みを有している。高度技術の蓄積と優れた加工技術・技能に立脚した新素材や高品質の部品・コンポーネント（機械要素）の技術分野においては圧倒的な国際競争力を保持し続けているのである。

しかし、技術の優位性に立脚した競争力も、今回の大震災によって吹き飛ばされる懸念が生じている。三月の大震災以降から四月にかけての貿易統計は、輸出の急減による貿易黒字の縮小を示している。財務省が四月二〇日発表した三月の貿易統計速報（通関ベース）によると、輸出額は前年同月に比べて二・二％減の五兆八六六〇億円となった。三月の輸出額は一〇日までは前年同期比で一四・八％増だったが、大震災が発生した一一日から月末までは九・七％減と大きく落ち込んだ[2]。一方輸入額は、原油高・資源高に加え火力発電用の液化天然ガス（ＬＮＧ）の調達増の影響もあり上昇している。その結果、四月は四六三七億円の赤字に転落した[3]。

(3)　大田区モノづくり産業の特性と存在価値

大田区にとって東北・北関東地域は、中小製造業の多くの企業経営者の出身地でもあることから、主要な分工場が多数存在しており、生産活動の重要な拠点となっている。この地域における生産体制の復興の行方は、大田区企業の将来を大きく左右しかねない。

大田区の最大の産業特性は製造業、中でも事業所数の七八・三％を占める機械金属業種の集積の厚みにある。その生産高（製造品出荷額等）は東京都全体の約九・五％に達する。

内容的には、最終製品というよりも部品、ユニットあるいは加工といった中間財が主力となっている。したがって、大田区のモノづくりは、製品として表に出ていないのでイメージしづらいが、さまざまな製品の中に部品として組み込まれていたり、試作品を作る過程や、生産設備などに技術が導入されたりしているのだ。こうした黒子のような存在であることが、大田区産業の特質と言える。

大田区の企業は、試作品などの一品物生産や多品種少量生産を得意とし、量産物を手がけるところは少ない。量産型工場は、地方移転したか、海外に展開している。しかし、量産を成り立たせるためには、それを支える技術、すなわちサポーティングインダストリーが必要である。時代の先端的産業を担う特殊技術は次々に変化し、生産分野の中間技術も大きく変遷を遂げる。しかし、底辺をなす技術は、徐々に進化しながらも基本は不変的で、技術全般の発展を下支えする役割を持っている。この底辺技術の厚みが不十分であると、その国の産業は自立的に発展することができない。この技術のことを基盤技術と呼んでいる。大田区は日本における有数の基盤技術の集積地である。

その大田区の製造業は、今日大きな岐路に立たされている。八三年には九一九〇あった工場数は、〇八年では四三七三にまで減少した。そのうち約半数が従業者規模三人以下の零細企業であり、廃業予備軍となっている。域内ではモノづくりの現場が縮小している。

またリーマンショック後、全国の製造業が回復基調にある中で、大田区の中小企業の立ち直りがかなり遅れている。仕事を確保できない状況が続き、受注量五〇％以下のまま先の見通しがつかない企業が未だに多数存在する。このように、従来技術のまま下請体質を改善できず、毎年単価の引き下げに甘んじざるをえない企業がある一方で、技術革新を進め、顧客に対する提案力を持つようになった企業や、グローバル化に対抗し自ら積極的な海外展開を仕掛けている企業が現れてきたという二極構造が鮮明になっている。

工作機械の機能が高度化し、コンピュータ制御で複合的な加工が可能になったため、一人の加工能力は飛躍的に高まった。中小・中堅企業は、減少する零細下請企業の代わりに設備を強化することで、内製化率を高めている。しかし、デジタル化によって代替できる技術は、主に工作機械による切削加工であり、それだけではモノづくりは完結できない。超微細加工、研磨、熱処理、めっき、治具製作、計測など切削加工に関連する周辺の技術があってはじめて部品製作が可能になるのである。それらの基本となるのは熟練性を要するアナログ的技術であり、日本が最も優れている。技術向上が著しいアジアにおいても未だ到達できていないレベルにある。

特に大田区がモノづくりにおいて他の地域と比して優位性があるのは、この熟達した技術の地域集積を維持しているからである。優位性を獲得するには専門の技術に特化することが必要だが、複合的な工程を要する機械分野のモノづくりにおいては、関連する技術が集積していることが不可欠である。なぜなら、いくら一企業が優れた専門技術をもっていても、部品ひとつ製作できないからである。また、集積ネットワークがあることによって、さらに深く専門技術を極めることが可能となるのである。従業者数三人以下の企業の優秀技能者六八名が、「大田の工匠」として表彰されている。これらの小企業が相互に支えあう形態で技術を補完しあい、経営を成り立たせる、いわば「集積依存型企業群」として存続しているのが大田区の特色である。

2　グローバル展開に向かう大田区中小製造業

(1) 生産拠点の海外シフト圧力

大田区の中小製造業が生産するものは、最終の消費財ではなく、主として生産設備を構成する機械要素（コンポーネント）・デバイスやさまざまな特殊部品である。大手メーカーの生産拠点が海外にシフトし、それに伴い第一次・第二次のサプライヤーが海外に移転していった今日では、グローバルな資材となった生産財部品を主として製造する大田区の中小企業は、国内市場が狭まってきたことを認識せざるをえなくなり、海外市場に目を向けなければならなくなっている。さらに、現地調達を求める取引先の強い要請により、海外生産に踏み切る企業も多くなっている。

加えて、昨今の円高が海外シフトに拍車をかけている。円高は、輸入材料の価格を下げるため一部には有利になる企業があるが、多くの企業にとっては国内での生産を不利にする。その影響は海外移転圧力となって、大手だけでなく中堅・中小の製造業にまで及ぶ。そして海外生産が活発になるに伴い、現地調達が増加し日本からの輸出は減少する。従来受注していた仕事もなくなっていく。不況だからではなく、産業がグローバル化する結果必然的に生じることである。国内向けの景気対策を打っても一過性の効果しか生まれないのは当然なのだ。

また、東日本大震災の影響でサプライチェーン（供給網）が寸断され供給不能となった反省から、リスクを分散するため、日本のメーカーが国内に集中している高機能部材を海外で調達する動きも現れている。

大田区の製造業は地域（ローカル）に立脚し、産業集積のネットワークの中で存立しているが、その存続のためには、グローバルな展開を求められるようになった。まさに「**グローカル**」戦略に活路を見いださなければならなくなったのだ。

こうした状況が進行する中にあって、大田区と大田区産業振興協会は海外での生産拠点を欲する大田区中小製造業向けに、タイの工業団地にレンタル型の集合工場「オオタ・テクノ・パーク」（以下ＯＴＡ）を〇六年に開設し、企業の入居を支援する事業を展開してきた。

(2)　タイの政治経済状況

何故タイに着目したかと言うと、ＡＳＥＡＮの中で最も製造業の基盤がしっかりしており、資材調達や外注先確保に支障がないなど、総合的モノづくり力を形成しているからである。ＡＳＥＡＮの雄として、巨大な市場への供給ルートを確立し、中国やインドへも市場展開できる抜群のロケーションにある。中国が経済成長優先から国民生活のバランスや環境重視へと政策転換した今日、チャイナ・プラス・ワンの最有力生産基地となっているのがタイである。

一〇年の政治的混乱によりタイのＧＤＰの約六％を占める観光産業などは大打撃を受けた。しかし一方、製造業は好調で、リーマンショック後の回復は日本より早く、〇九年の経済成長率がマイナス二・三%だったのに対し、一〇年では七・八%を記録した（ジェトロ）。特に、自動車産業の回復は顕著で、国内生産台数は前年比六四・六%増の過去最高の一六四万五千台に達し、そのうち一トンピックアップトラックは五九%増の一〇六万六千台となった。自動車輸出は、完成車が前年比六七・三%増の八九万五千台、部品などを含む輸出額が五三・九%増の五八四〇億バーツとなった[4]。

タイは九〇年以降九五年まで八%以上の経済成長を続け、アジア通貨危機の影響で九七年と翌九八年にマイナス成長を記録したものの、九〇年から〇八年までの平均成長率は四・六七%と、堅調な発展を遂げてきた。一〇年の名目GDP総額は三千百億ドルに達し世界で第三三番目になるが、一人当たりのGDPは四九九二米ドルで世界八七位に過ぎない。タイにおけるインフラの整備状況や技術の発展動向などを鑑みると、今後さらに豊かさを求めて経済を成長させる潜在力を有していると考えることができる。しかし同時に、農村部と都市部との経済格差など根深い問題も内包しており、今回の政治的混迷はこれが露呈してきたと見ることもできる。

タイの経済成長を牽引してきた動力は貿易である。アジア通貨危機を引き起こしたバーツ急落により、輸入型から自国生産・輸出型経済に切り替えざるをえなくなった。そこで、自動車を中心とする産業を高度化し、輸出に耐え得るような品質レベルに引き上げることをめざし、これに成功した。特に日本メーカーが世界戦略車と位置づけているピックアップトラックについては、ASEANのみならず世界へ輸出する体制を構築した。九八年以降タイは、慢性的な貿易赤字国から黒字国に転換し、IMFの借款を早期に返済した。今日では、輸出依存度（GDPに対する輸出総額の比率）は六〇%

を超え、世界の中でも突出した輸出主導型の国となっている。

貿易を後押しする政策が採られてきたことも成長に寄与している。各国とＦＴＡ（自由貿易協定）を締結することに積極的で、ＡＳＥＡＮ域内はもとよりＡＳＥＡＮを通じて中国、インド及び韓国との協定を締結、単独でもオーストラリア、ニュージーランドと結んでおり、日本とは〇七年に経済連携協定（ＥＰＡ）を取り交わしている。

(3)　タイとのウィンウィン関係の構築

大田区産業振興協会が提携したアマタナコン工業団地は、バンコク郊外のスワンナブーム国際空港から東南四〇キロメートルほどの位置にある。現在も開発中の工業団地で、ゴルフ場などのスポーツ施設やショッピングエリア、教育機関も配置した未来都市を計画し、総面積約六八平方キロメートルという巨大なインダストリーパークを開発するものである。その中にあって、ＯＴＰはわずか約二ヘクタールの敷地に建設した中小企業向け集合工場である。ＯＴＰの施設建設と管理は、工業団地のオーナーであるアマタ社が担っている。第二期工事が終わり、一一年六月現在六社が入居している。

タイ側としては、工業団地を整備し、国外から自動車、電気・電子機器等の主たるメーカーの生産拠点を誘致することで産業の高度化を進めてきたが、メーカーに供給する部品産業や、そうした産業全体を下支えするサポーティングインダストリーが脆弱で、それらの集積を強化する必要があった。そうしないと、自動車産業を中心としたタイ製造業にとってボトルネックとなると危惧されているか

オオタ・テクノ・パーク（OTP）

らだ。その基盤技術を有するのが日本であり、特にその象徴的な地域である大田区のモノづくりブランドをタイ側は高く評価した。また、中小企業の有する基盤技術のネットワークが工業団地に形成されることにより、さらに多くのメーカーの誘致が推進できるという狙いがあったのである。

大田区としては、企業が全面移転することは認めていない。事業所の拠点を区内に維持しつつ、グローバル分業による経営革新を促すのが趣旨である。中小企業が海外において生産し、新たな市場を開拓して経営余力を獲得することにより、日本国内においては先端的開発に振り向けるという戦略である。タイとは産業におけるウィンウィン関係が成り立つと考えている。

大田区産業振興協会は、大田区からOTPに入居しようとする企業を現地に案内し、事前に実現可能性の調査を十分行った上で進出意思を確定してもらうようにしている。タイに進出する段階では、税制上の優遇を受けるためにＢＯＩ（タイ投資委員会）の認可手続きをサポートするほか、会計士や弁護士等の専門家の紹介も行っている。

ＯＴＰに入居した企業の状況は、リーマンショック後仕事量が大きく落ち込んだが、一〇年からは好調で、中には二交代制、三交代制でフル操業している工場もある。タイ国内からの注文だけでなく、ＦＴＡによる関税低減により、ベトナム、インドネシア、インドなど周辺国への輸出が伸びている。セットメーカーに生産財を供給する企業にとって、タイへの進出は不可避の方向であったと評価している。(5)

(4) 中国市場から世界市場の開拓へ

中国は、今や「世界の工場」から「世界最大の市場」へと変貌を遂げつつある。中小企業にあっても、中国市場を注視せざるをえず、すでに八〇社を超える大田区企業が中国における拠点を設置し、製造や販売に踏み出している。しかし、中国は外資に対する税制優遇措置をやめ、供給拠点重視から内需強化に政策を切り替えている。そこで、大田区産業振興協会は、タイのような生産拠点を求めるのではなく、大田区と中国の企業相互がマッチングできるよう国際取引の機会を設けることとした。

大田区企業との技術提携が想定される中国の沿海部をターゲットとして設定し、従来から提携してきた上海（華東）、東北振興の遼寧省、そして世界の工場である広東省（華南）にアクセスする香港という三地域のルートに焦点を当て、マーケティング展開を試みている。各地の連携機関としては、上海市の外郭機関である上海市中小企業発展サービスセンター、中国国際貿易促進委員会大連市分会や遼寧省中小企業庁、日本のＪＥＴＲＯに相当する香港貿易発展局などがある。日本の機関としては、日中経済貿易センターや日中投資促進機構などと提携している。

協会の事業では、三地域で開催される見本市に出展し、そこで大田区企業と中国企業との商談会を設定するなどして企業連携のチャンスを広げている。また、ＮＣネットワークチャイナと提携し、中国国内に大田区企業の情報を常時発信するサイトを構築している。

ところで大田区は、九四年からシンガポールを皮切りに海外見本市に区内中小企業と共同で出展する事業を展開してきた。一一年五月までに実施した海外見本市出展は三六回となり、参加した企業は、延べ一八六社に及ぶ。区内企業のグローバル展開に何らかの貢献を果たしてきたと自負している。当初は、技術の海外流出を招き、国内の空洞化に繋がるのではないかと危惧したが、むしろ技術の乖離が著しく、製品を販売したり現地代理店を探したりするのも容易でなかった。ある程度技術が移転し、相手国のレベルが高まってこないとマーケティング対象にならないことを知った。

中国を相手取る場合にも、技術流出や知財侵害・模倣などのリスクをあまりに恐れていたのでは市場の開拓ができない。日本においてより高度な技術開発をし続けるという覚悟のもとに、グローバルに販路を拡張することで売上を増強し、その果実を日本国内に還元するという姿勢で臨むべきである。

但し、中国企業と直接取引をするリスクを取りきれない場合、中国国外に拠点を置く華人企業との提携も選択肢のひとつと考える。中国企業と交渉するに当たり、言語や文化的背景を共有している強みを持ち、かつビジネスマナーにおいては日本企業にとって違和感が少ない華人企業はパートナーとして有力である。それが香港ルートを設定した理由であるが、もうひとつは台湾系企業との関係を構築することが有効であると考える。

中国における輸出企業のトップ一〇のうち、台湾に本社がある現地子会社が七社を占める。そのひとつ鴻海精密工業（ホンハイ）は、ＡｐｐｌｅのｉＰｈｏｎｅなど世界ブランドのＥＭＳ（電子機器受託生産サービス）カンパニーであり、他にもパソコンの受託生産で世界最大手となった広達電脳（クアンタ・コンピュータ）もある。ほとんどの企業の創立は八〇年代以降であり、九〇年代から中国に進出し生産拠点を設置した。二一世紀に入るとそれぞれが急成長を遂げ、中国における重要な位置を確保するに至った。

台湾系企業は、中国系企業に対し同じ中国語で交渉でき、ビジネス展開における困難を克服してきた。さらに、自ら生産技術を保有しているため、より高度な技術の理解力があり、日本の技術に対して深い関心を示している。また、台湾には親日家が多く、日本の企業にとって海外ビジネス面でのストレスが少なく、交渉しやすいという利点がある。

台湾系企業は、生産拠点を中国に移転しつつ、台湾内では開発・デザイン・設計の部門を強化している。したがって、日本の中小企業は台湾の本社・開発拠点と技術的提携を進めることで、間接的に中国市場に参入するという戦略も採りうる。さらに、台湾企業の中国からの輸出力を活かすことにより、世界市場に展開することも可能となる。最近では台湾の工業団体や工業技術院との交流を通して、日本の技術によりコアとなる部品や生産システムを提供し、それをもとに台湾企業が製品を完成し販売するビジネスモデルが現実味を帯びてきた(6)。

(5) 特殊部品メーカーのグローバル展開

大田区中小製造業の具体的なグローバル展開事例を紹介する。

㈱南武は、自動車のエンジンブロック製造や製鉄所の圧延工程の設備に必要とされる特殊シリンダーのメーカーである。九〇年代から大田区の海外見本市共同出展を皮切りにアジアへの展開を志向し、〇二年にタイへ進出した後、OTP開設と同時に第一号の入居企業となった。リーマンショックによる国内の停滞が長引いた時期にも、いち早く回復したタイ工場が親企業を支えるだけの成長を遂げ、五年を経て手狭になったOTPから同じアマタナコン工業団地内で拡張するために移転することとなった。合わせて市場として拡大する中国での生産拠点を設置するため、立地条件を入念に調査し、一〇年四月に常州市武進高新技術産業開発区に進出した。

同社は、一五年前に中国人技術者を採用し、社長の三男を上海の大学に入学させるなど、中国の将来的可能性を考え、人材の登用と育成を図ってきた。中国各地の工業団地を調査し、最終的には、南京大学出身で日本に帰化したその社員のルートから、現地と密接なコンタクトを取り、常州市武進区の技術開発区を選んだ。

選定の理由として、①大田区から近い（羽田空港から上海虹橋空港と新幹線乗り継ぎで約四時間）、②

外注先が多い（機械産業に関わるメッキ業などの工業集積がある）、③優れた人材の供給を受けられる（開発区に常州大学と五つの高等職業訓練校、一五の実習訓練センター、四三の科学研究機構があり、毎年実践教育を受けた二万五千人の卒業生を出す）、④武進区の企業誘致に対する誠実で真剣な受入姿勢、⑤同じ担当者が継続してアフターフォローする体制、といった条件を挙げている。

同社は、同時に国内の生産体制を再構築し、技術開発特化型企業への発展を模索している。

3　イノベーションと広域連携による産業再生へ

(1)　GDP縮小の危機

これまで述べたように、拡大する海外市場に対応するため、海外に生産拠点を設置しグローバル展開に踏み出すことは重要である。しかし、ではすべての生産機能を海外にシフトすべきか。進出した現地における市場競争で、日本企業が勝負できるのはコスト面ではなく、品質の優位性であり、高度技術面である。持続的に先端的技術開発を担えるのは、日本国内の開発拠点である。何故なら、日本の開発力は、アジアの技術力が高まった今日においても依然として群を抜いているからである。国内には、さまざまな複合的技術と優れた素材の開発技術、そして中小企業が得意とする基盤技術の集積がある。こうした生産機能が存続してはじめて開発を支えることが可能となる。研究者を含めたモノづくり人材の厚みとネットワークこそ、日本の最大の強みなのだ。

したがって、中小企業が国内拠点をなくして海外生産拠点だけを続けようとしても、日本企業の強みを失って激烈なコスト競争に巻き込まれ、やがて現地での存在価値も喪失し消滅してしまう。

一方、国内生産の空洞化が進行すると、GDPの縮小という問題を生じさせる。GDP（国内総需要）＝消費＋投資＋政府支出＋純輸出（輸出―輸入）つまりGDPは、自国における雇用者の消費需要と企業の国内投資に、政府による財政支出と貿易収支を加えたものである。

日本は〇五年以降人口の減少に転じたが、それ以上にGDPが縮小すれば、一人当たりのGDPも減少し、一層の消費・投資・財政の縮小を引き起こすというマイナス成長のスパイラルに陥っていく。国内空洞化により、製造業の雇用吸収力が縮小し、サービス業など他の産業に振り替えきれない速さで雇用が減少していく傾向にある。雇用の縮小が消費を減少させ、大企業を中心に国内の設備投資が削減される。輸入額が今後も増大し、貿易収支が赤字に転落した場合、さらにGDPの縮小が加速される。また、先進国中最悪の累積債務をかかえた財政が行き詰まり、国債価格の暴落を引き起こすと、いきなり円安に転じる可能性がある。そのとき、国内の生産拠点が衰退していたならば、輸出力を失っているため経常収支が急速に悪化する懸念すらある。日本の国力を支えてきた基盤が崩壊し一気にクラッシュダウンするリスクを抱えているのだ。

このような岐路に立たされているにもかかわらず、日本の政府は内需の拡大・輸出依存からの脱却という間違ったメッセージを発し続けている。「日本は貿易立国だから輸出依存度が高い。だから内

図2　各国の輸出依存度（対GDP）

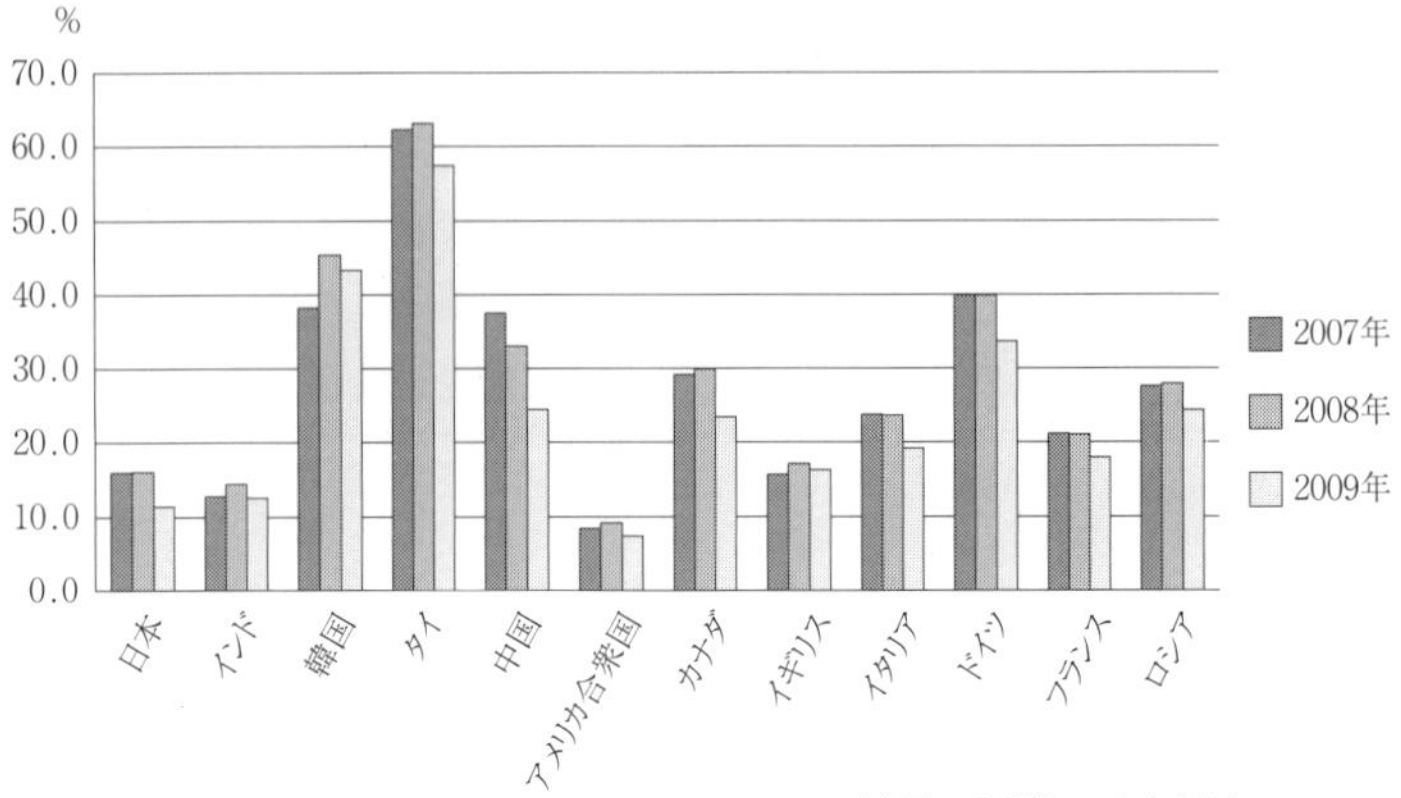

（中国には香港・マカオ含む）

出典）総務省統計局。

需拡大に転換すべきだ」という議論であるが、これはまったくデータを無視した暴論である。

日本のGDPに対する輸出依存度は、高くとも一七％に過ぎない。先述したように、タイは六〇％以上であり、韓国は約四五％、中国は三〇％以上、EU諸国は域内貿易もあるため軒並み高く、アメリカとインドが日本より低いといった状況である（図2）。

もともと日本は内需の比率が高いのである。なぜ輸出主導型の国とみなされるのかと言うと、八〇年代から九〇年代にかけて他国を圧倒する国際競争力で製品を売りまくり、バッシングを受けながら膨大な貿易黒字を蓄積してきた経緯からである。中でも、日本の工業生産高の五割弱を占める輸送機器・電気機器・一般機械という基幹産業は、輸出総額でも約六〇％の比重である（〇八年）。この分野の輸出主導により今日の貿易水準に到達したと見ることができる。だからこそ、リーマンショック後アメリカなどの需要の激減が日本の実体経済を直撃したのである。

もちろん、内需の内容を変革することは重要である。ニーズの変化に対応しない製品・サービスを供給し続けたのでは、デフレがさらに深刻化する。ニーズの多様化・個別化やエコロジー対応といった時代の変化への適応は、個々の企業経営の生き残り戦略としても必須条件である。政府支出も、福祉サービスを含めて同様な見直しが求められる。

ＧＤＰの縮小を回避するためにも、輸出力を持った産業の国内における再構築は焦眉の課題である。

(2)　国内開発を支える企業間パートナーシップ

したがって今後の日本にとって、国際競争力をもった基幹産業が重要であることに変わりはない。アジア各国の技術力が高まり、組立産業だけでなく部品の加工・製造技術を身につけてきた現在において、日本の製造業は基幹産業を支えてきた技術を研ぎ澄まし、先端的な開発に集中特化する方向を目指すべきである。これからは、創造的開発力を武器にして、コア技術の製品を供与する質的貿易に転換しなければならない。つまり、これまでのように加工貿易により圧倒的な物量を輸出し、膨大な貿易黒字をもたらすことではない。コストダウン至上主義ではなく、イノベーション志向を徹底することである。

そのために重要なことは、大企業と中小企業との関係の再構築である。無理な買い叩きや無償の契約変更といった下請法のコンプライアンスに関わる行為など、下請企業に対し優越的地位を押しつけるようなことは論外である。これまで円高に対するにコストダウンを強制しながら、円安に振れたときサプライヤーに還元した大企業はあっただろうか。また、資材価格が高騰したとき、その分の値上げを認めた企業はごく少数ではないか。全国の製造業事業所数のピークは八三年の約七八万で、〇八年には約四四万に減少した。中でも従業者規模四〜九人という末端の下請を構成する事業所数が約二六万から約一二万と半分以下になり、国内で受注先を探しだすのは容易でなくなってきた。親企業は、かつての下請企業が激減し、自らの足元が崩壊し始めたことに気づくべきである。

これからは、世界のトップランナーとして先端的開発に取り組んでいる大手・中堅の企業にとって必要なパートナーは、指示どおりに動く下請企業ではなく、自社の抱える課題解決の技術提案をしてくれる中小企業である。そのような技術力をもった中小企業は、一方的なコストダウンに応じるとは限らない。むしろ取引相手を選別するかもしれない。まして、国際的な受発注が活発になれば、直接海外の企業を選択し、国内の大企業を優先しなくなることも考えられる。日本がグローバル競争に勝ち抜くために、大手・中堅と中小企業との対等なパートナーシップを確立することが不可欠となっているのだ。

(3)　新たな企業との出会いがもたらすイノベーション

大田区の中小製造業は、特定顧客との取引関係しか持たず、営業による新規取引先開拓に躊躇するものが多い。他の顧客の情報がないので、毎年のコストダウン要請に対し、採算割れ覚悟で応じてし

大田区受発注商談会

まう。

大田区産業振興協会では、日常の受発注あっせんや商談会・展示会を活用し、区内約三千社の受発注登録企業や東京全域そして全国の企業との取引促進を強化してきた。中小企業の弱みである営業力をカバーするために、先述したアジアの国際見本市のほか、国内の展示会に地元企業と共同で出展する事業を毎年数多く続けてきた。時には、大手企業に中小企業を紹介し、同行してプレゼンを行うなどの営業支援も行っている。

大田区のモノづくりの特徴である加工技術を全面的に打ち出すため、「加工技術展示商談会」を毎年開催している。下請型の典型とみなされる加工業であるが、専門特化した最高度の技術・技能をネットワーク化することで、どこの地域よりも優れた高精度・複雑形状の複合加工技術を提供できるのだ。サブタイトルを「モノづくりソリューションフェア」としているとおり、加工技術を顧客の課題解決サービスと位置付けている。どこでもできなかった加工依頼が殺到し、一〇年度は一日の展示会で三千万円の成約実績を上げた。

さらに、大学や研究機関などとの連携により、企業に新規の事業開発を促す機会を提供している。大手企業と中小企業との共同開発に向け「オープン・イノベーション」マッチングに参加する企業も増えてきた。製品サイクルの短期化と、グローバル競争が激化するなか、開発コストの低減やスピードアップは大企業にとって至上命題であり、そのため提案力のある中小製造業との連携が模索されてきているのだ。このようなマッチングの機会を創出してきた結果、新規顧客との取引開始に積極的に乗り出すところも多くなった。

これらの業務を担うために、さまざまな民間経験を持つ人材を固有職員に採用し、また専門知識と実務経験豊かな民間企業ＯＢを専門相談員として配置している。中小企業に対して継続性のある専門的サービスを行えるようにするためである。

中小企業の新規技術開発への挑戦を具体的に支援するため、大田区産業振興協会は、航空機産業への参入や医療機器開発に向けたセミナー・研究会を開催してきた。日本の産業にとって国産ジェット機の開発は、戦後国内での航空機生産をアメリカによって禁止された後、国産プロペラ機ＹＳ－11を製造して以来の悲願である。日本の技術が加われば、安全性が高まるという期待をよそに、容易に国産化できないでいた。三菱ＭＲＪの開発は、打開の一歩を踏み出したように見える。しかし、日本の中小企業が参入する領域は限定的である。数百万点の部品で構成される航空機生産には、まだまだ多品種少量生産を得意とする中小企業がその力を発揮すべき広い技術領域がある。

日本特殊工業㈱は、以前から航空機の部品生産を行ってきたメーカーである。一〇年度に大田区産業振興協会から「企業グループ新事業展開助成金」の交付を受け、他の大田区内の二社と共同して、航空機客室内部品の開発に取り組んだ。航空会社に納入した「ホルダー」という、客席シート下に設置している緊急時使用のライフ・ベストを保管するボックスのパーツである。

航空機の修理交換部品には、メーカーが製造した部品やＦＡＡ（米連邦航空局）により承認されたＰＭＡ部品の使用が義務づけられているが、航空機の安全上に関わらない部品で、３インチ以内の大きさであれば、航空会社の責任において自社機の修理交換部品（ＯＰＰ部品）として使用できる。今回の開発品はこれに該当する。

続いて、同社のグループは、東京都中小企業振興公社の「基盤技術産業グループ支援事業」として選定され、今後、ＰＭＡ部品市場への新規参入を目指し、航空機客室部品の開発にチャレンジしていく。

このほか、航空機産業参入のセミナーに参加した企業を中心に、「ＣＦＲＰ（繊維強化プラスチック）研究会」を立ち上げ、航空機本体を軽量化する素材の幅広い応用と技術開発の研究を進めている。

また、地域の総合病院と中小企業とのつながりを深め、医工連携を推進している。

医療機器は、強い国際競争力を持った日本の機械技術の中で、輸入依存度の高い分野である。厚生労働省による薬事法上の承認を得る治験のハードルが高いという規制があるが、日本の技術レベルをもってすれば克服できる課題もある。大田区には医工連携に関心のある企業が多く、今後成長が期待できる分野である。

(4) 日本の産業連携のハブ機能を果たす大田区の使命

これまで、ともすればグローバル化の波に翻弄されがちな中小企業が、日本における自らの存在価値を認識し、生き残りをかけた経営戦略を展開すべきかについて述べ、支援機関の役割として大田区の実践例を紹介した。

ここで、もう一歩踏み込んで、被災した東北・北関東地域をはじめとする全国の広域的産業連携の方向性を見いだしてみたい。

大田区産業振興協会は、これまでさまざまな地域との企業連携を進めてきた。広域商談会という形態で、秋田県や鳥取県と共同の受発注マッチングの場を設定したり、日立地域、燕三条地域、東大阪市や三重県が大田区で開催する展示会を支援したりしてきた。

中でも、意外と思われる地域間連携であるが、山陰合同銀行との協定をもとに、山陰地方の企業と大田区企業との具体的技術提携を推進している。大田区から見れば、従来から交流のある産業集積地とは異なった新鮮な交流が展望できる。大田区には機械金属工業を営む町工場が多く集まっているが、自分たちの専門領域の殻に閉じ籠ってしまう傾向が強い。特定の顧客との関係でハウツウの提供だけにこだわり、エンドユーザーのニーズに基づく独自の製品開発などしたことがない企業が多い。しかし、鉄の技術が鍬などの農機具を作る「村の鍛治屋」から始まったことを考えれば、原点に返って、山陰地方の主要産業である農林水産業との付き合いにより、大田区の機械金属企業が殻を破るきっかけとなり得ると期待できる(7)。

例えば、地域の人々の高齢化により、島根県の特産物であるトウガラシのさや取りや西条柿の皮むき、鳥取県のらっきょうの植付けといった作業が容易でなくなってきたという問題がある。労働軽減に貢献する機械が必要となり、開発に協力できる大田区企業とのマッチングを行っている。他にも植物工場の技術革新などさまざまなテーマに取り組んでいる。

このような大田区の広域連携の取り組みは、被災地である東北・北関東地域における企業支援に何らかの参考となると考える。被災地域の再生には、産業復興が重要であり、それに当たり、現地企業の再建と雇用確保がこれからの最重点課題となる。そこで大田区は復興支援のひとつとして、現地の企業に対する発注案件の紹介や受注仕事の技術的補完といった相互受発注支援を行うとともに、展示会・商談会への優先的出展の受け入れや被災地開催イベントへの参加を呼びかけていく。他地域への企業誘致や生産拠点のシフトなどは、被災地から産業を流出させるだけで、地域再生にはつながらない。復旧とともに仕事が地元に戻る仕組みをつくらなければならない。これが広域連携のあるべき方向である。

大田区では一〇年一〇月より羽田空港国際化という、他地域にはない最高のビジネス・チャンスを迎えた。羽田からアジアや欧米に直行するため、地元大田区の企業は国際ビジネスをどこよりもスムーズに展開できることとなった。また、全国の空港と世界を結ぶハブ空港として、多くの旅行者を地域に集客できる最も有利なアクセス性を獲得し、二十四時間空港に対応した観光産業や流通産業を振興する強い追い風となっている。

さらに、大田区は空港跡地に産業交流施設エリアを設ける計画を進めている。この場所に「グローバル・アライアンス・センター」（国際的な受発注取引と技術交流の場）の機能が導入されるならば、中小企業は国外に移転することなく、海外の企業に対し先進的技術を売り込む場が確保される。また、ハブ空港である羽田空港との近接性を活かし、全国のモノづくり集積地とアジアそして世界をつなぐ結節点として、「モノづくりのハブ機能」を発揮する基地となりうる。これを推進することは大田区の使命である。激化する国際競争に勝ち抜くには、全国の企業と相互連携することが必須である。羽田空港国際化は、大田区だけではなくオール・ジャパンで活用すべきものである。

将来「グローバル・アライアンス・センター」の運営を担えるよう、大田区産業振興協会としては、国際的連携を進めることができる人材を育成する必要がある。

最先端技術と開発機能を生かしてアジアの母工場となることが、日本の中小企業によるモノづくりの存在価値を示す道である。日本の競争力を再生するために大田区が果たす役割は極めて大きい。

【注】

（1）東京電力ホームページ「環境への取り組み、再生可能エネルギー」。但し、日本の場合、水力発電を除くと、新エネルギー等の発電電力量は総発電電力量の一・一％に過ぎない（エネルギー白書二〇一〇）。
（2）一一年四月二〇日付『日本経済新聞』。
（3）財務省貿易統計速報（一一年五月）。
（4）タイ工業連盟自動車部会一一年一月発表。
（5）拙著『日本のモノづくりイノベーション』（日刊工業新聞社、二〇〇九年一月）。
　　拙稿「ＡＳＥＡＮとの連携で活路を見いだす大田区の中小企業戦略」（日本経済復興協会『経済復興』二〇一〇年六月上旬号）。
（6）「機械工業発展に向けた中国企業との連携のあり方調査等事業」（大田区産業振興協会、二〇一一年三月）。
（7）山陰合同銀行広報誌「ごうぎんＰＲＥＳＳ　平成二一年度決算報告号」。

第8章

危機下の地域社会と再生の展望

——浜松を事例に

藤井　史朗
西原　純

はじめに

現在の浜松は、二〇〇八年九月のリーマンショックによる不況に加えて、二〇一一年三月一一日の東日本大震災による産業界への影響など、未曽有の危機下にある。これまで浜松は、第一の危機：浜松県の廃止、第二の危機：世界恐慌、第三の危機：第二次世界大戦の敗戦、第四の危機：第一次石油危機と繊維不況、第五の危機：バブル経済の崩壊と産業空洞化という危機を乗り越えてきた。今回のリーマンショックと東日本大震災による危機が第六の危機といえよう。本章では、以下に述べるように地方圏にありながらわが国有数の複合工業地域へと発展してきた浜松を事例として、これまでの危機を克服してきたリーディング産業の進化の歴史をたどり、一九八〇年代以降の浜松の産業構造変化の実情をさぐって、今回の危機からの再生の展望を述べることにする。

浜松都市圏の中心都市浜松市の製造品出荷額[1]は、二〇〇七年三兆二二五七億円に達し、わが国の製造業出荷額の約一％を占め、全国の都市順位では九位となり、浜松都市圏は三大都市圏以外ではわが国有数の製造業地域である。浜松は一九八四年にテクノポリスに指定された以外には、新産業都市などの国の大規模な工業地域政策の恩恵を受けてこなかった。それにも関わらず、浜松は地方核心型工業地域の一つで（小田 2005）、地方圏には希な複合工業地域と位置付けられる存在である（大塚 1986）。浜松がこのような地位を築いていた理由として、明治の近代化以来、世界恐慌、第二次世界大戦の敗北、石油危機と繊維不況、バブル経済の崩壊と産業空洞化などの危機下で、リーディング産業が繊維産業から楽器産業やオートバイ産業へ、さらに四輪自動車産業や光・電子技術産業へと次々に進化していったことが指摘されている（今井 1984）。

リーディング産業とは、地域経済の大きな部分を占め地域の産業発展を先導し牽引する産業をさす。一般に、わが国の地域ではある産業がリーディング産業として繁栄したとしても、その産業がやがては停滞し衰退していくと、次の新しい産業が興らず地域が衰退してしまうことが多い。しかし、次々と危機に遭遇してもリーディング産業が生み出されていく浜松の活力の源は何なのであろうか。その鍵をみいだすために、浜松のリーディング産業の進化の歴史をたどることにする。

1　浜松のリーディング産業と進化——浜松はこれまでどのように危機をくぐりぬけて来たか

浜松の第一の危機は、江戸時代が終わり明治時代となった当初、浜松県が置かれ浜松はその県庁所在地となったものの、一八七六（明治九）年に浜松県は静岡県に編入され、浜松が行政の中心地としての地位を失ったことである。その危機を、浜松は織物産業を振興させるとともに、さまざまな試み（掘留運河の開削、三方原台地の開発など）で乗り切ろうとした。この熱心な企業家精神を浜松では「やらまいか精神」と呼んでいる。その中でも、浜松の発展を支えたのは一八世紀から周辺の農村地域で商品化が進められていた織物産業である。一八八九（明治二二）年七月に東海道本線が全通し、浜松は、東京と大阪の中間に位置して、東海道沿線の一大交通の中心地となった。これと前後して、繊維生産・流通の拠点が浜松の都市部に移り、浜松は全国市場を対象とした「遠州織物」の流通と生産の拠点となった。

浜松においてこの時期に、このように繊維産業が発展した要因は、東海道本線の開通とともに、産業組合や商工会議所が設立されて織物産業が地域産業として組織化されたことや、その織物産業や茶業によって蓄積された資本を元に多数の銀行が設立され、それが新規の企業家に融資されてさらに産業を発展させたことによる（荒川 2002）。また、織物産業の発達は、関連産業として紡績工場や染色工場だけでなく、繊維機械工業も発展させた（図１）。

この繊維機械産業の発展は、製品が「小幅織物」から「広幅織物」へと変化する過程で、浜松では容易にその変化に対応することができた。繊維機械が地元地域で供給されたため、その製品変化に対応した繊維機械を供給できたからである。第二の危機ともいえる第一次世界大戦後の世界恐慌の下でも、浜松は広幅織物やサロン織物に対応し、危機を乗り切った（大塚 1986）。

また、浜松において楽器産業が興った経緯も、たいへん浜松の地域的特徴をよくあらわしている。一八八七（明治二〇）年に、医療器械修理のため浜松に逗留していた時計・医療器械修理技術者の山葉寅楠がオルガン楽器の修理をきっかけに、わが国でオルガン一号機を試作するとともに、山葉風琴製造所（後に日本楽器、現在はヤマハとなる）を浜松に設立した（一八八八年）。そして山葉は、元錺職人の河合喜三郎の助けを借りて、オルガンの量産化に成功した。山葉がオルガンの修理からわずか一年で商品化に成功したことは特筆に値する。その地域的要因には、浜松に江戸時代からの「十職」として蓄積されていた高い木工技術や錺職の技術者が存在していたこと（図1）、企業設立を後押しする浜松経済界の援助の気風が強かったことがあげられる。

このオルガンとピアノの生産も、昭和に入って、日本楽器で山葉寅楠の片腕として活躍していた河合小市が独立し、一九二七年（昭和二）に、河合楽器研究所（後に河合楽器製作所）が設立され、楽器メーカーとして競いあうとともに、日本楽器・河合楽器の職人が独立して新たに多数の楽器工場を設立していったことも浜松地域の特徴である。

また同じ頃、帽子製造、染色の分野でわが国をリードする近代的大工場が相次いで浜松に設立され

図1　浜松における製造業発展の連関

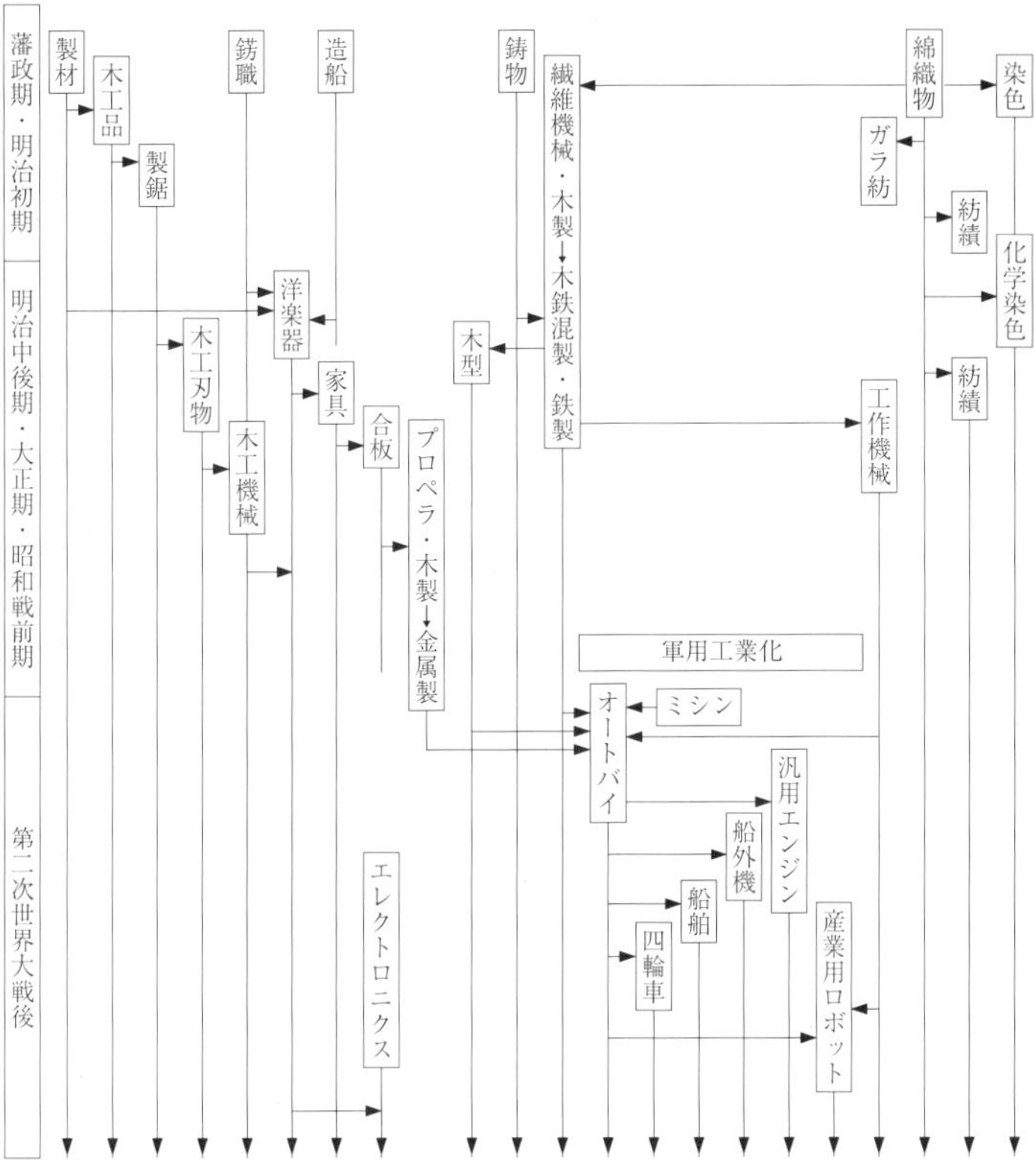

出典）元図・大塚昌利（1986）を修正した大塚(2002)による。

た。それらが帝国製帽㈱（一八九六年）、日本形染㈱（当初は浜松木綿中形㈱（一九〇〇年）で、日本楽器と並んで、「浜松で近代的設備をもつ大会社」を意味する三大会社と呼ばれた。三大会社は地元の有力産業人たちが幅広く参加して設立されたものだったので、浜松の工業の近代化は地元資本を中心に進められたことを意味する（荒川

図2　浜松における三大産業の変遷

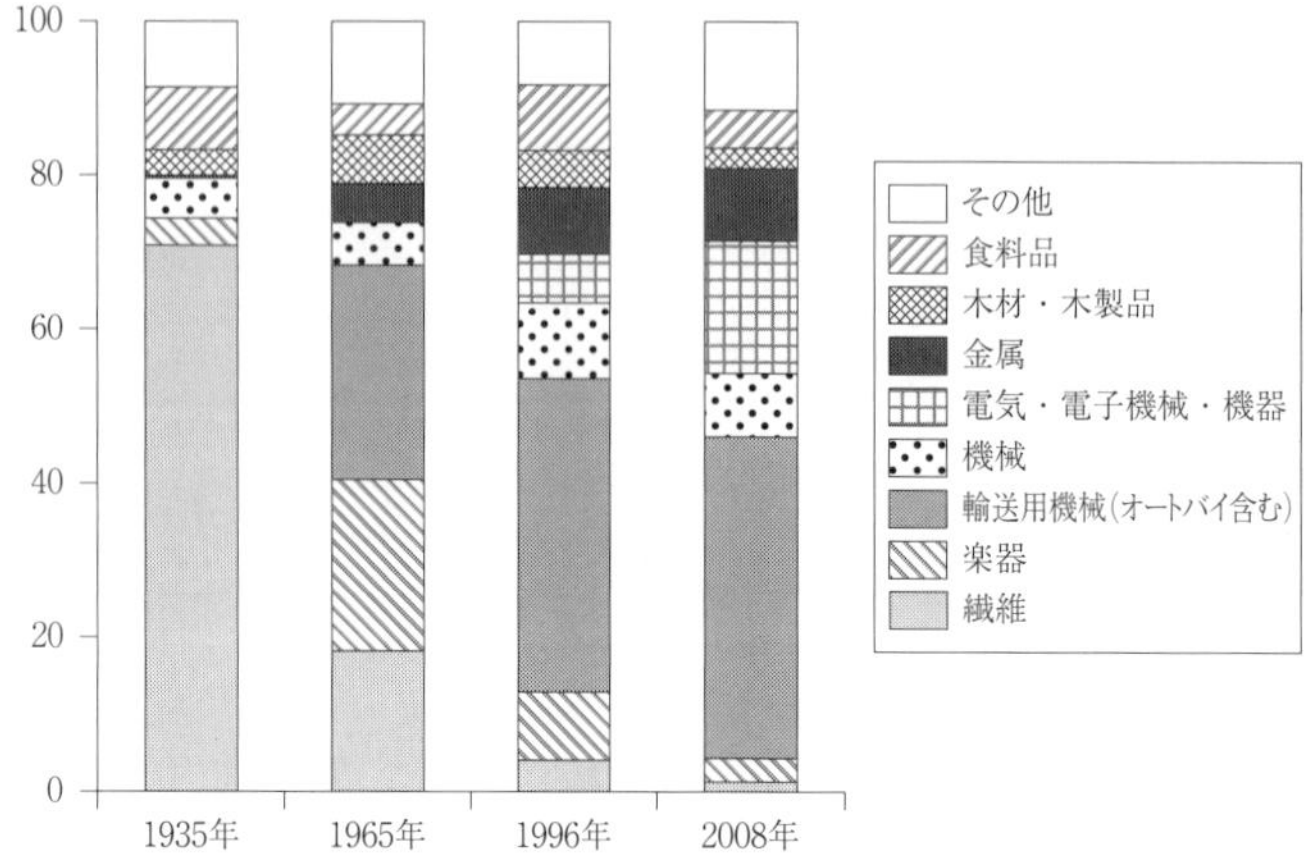

2002）。さらに同じ頃、浜松での近代的機械工業の誕生のきっかけとなる工場誘致が成功した。一九一二（大正元）年に、浜松市民の熱心な誘致運動に応えて、鉄道院（局）浜松工場（機関車修理工場）が設置され、最新式の設備が整えられた。またここで働いた技術者が後に地元企業でさまざまな形で活躍し、機械製作技術をもたらしたという（大塚 1986）。

上記のような新しい動きがみられたものの、第二次世界大戦前の一九三五年には、浜松市全体の生産額七二七三万円のうち、繊維が実に約七〇%を占めている。それに対し、浜松が日本で随一のオルガン、ピアノ、ハーモニカの生産地となっていた楽器産業も、三・五%を占めるに過ぎなかった（図2）。

浜松の第三の危機は、一九四五（昭和二〇）年第二次世界大戦の敗戦である。戦時中、陸軍航空隊基地がおかれたこともあって、連合軍の爆撃や艦砲射撃で、浜松の町は焦土と化した。この危機から立ち直れたのも繊維産業のさらなる発展である。戦後の「がちゃまん景気」で、浜松の繊維産業はさらに発展し、大規模な紡績工場も立地して、浜松地域の織物生産は全国生産の一五％（一九五五年）を占め、最盛期を迎えた。また戦後まもなく彗星のごとく現れたオートバイ産業がこの危機を救ったのである。

後述するように、この隆盛を極めた浜松の繊維産業も一九七〇年代には、石油危機と深刻な「繊維不況」を迎えることになる。これが浜松の第四の危機といえよう。しかし、これらの第三、第四の危機に打ち勝つことのできる産業構造へ変化させる動きを、第二次世界大戦直前の「軍需工場化」にみることができる。すなわち、浜松に陸軍施設が置かれるとともに、一九三八（昭和一三）年に日中戦争の進展で国家総動員法が公布されて、浜松の民間工場が軍需工場化されたので、浜松地域での機械産業の比重が増大した。これが、戦後の浜松において繊維・楽器に加えて、オートバイと工作機械などが生産される基盤となった（図1）。

浜松のオートバイ産業の先駆けとなった本田宗一郎は、陸軍航空隊が使用していた無線用発電機を改造して、自転車に取り付けて走らせ（一九四六年）、後に本田技研工業㈱を設立した（一九四八年）。本田宗一郎の成功に刺激されて一九五〇年頃から、浜松地方の鉄工業各社がオートバイの生産に乗り出し、四〇社に達した。この当時の全国のオートバイ生産の約六〇％（一九五二年）を占めたという（大村 2000）。

その中には、わが国を代表するオートバイ・自動車メーカーとなった、ヤマハ発動機㈱・鈴木自動車㈱（現在のスズキ㈱）も含まれていた。本田は、自動車修理から、内燃機関や工作機械の研究・製造、原動機付自転車生産へと事業を展開し、オートバイの量産化へと進んだ。鈴木は元々織維機械を生産し、わが国有数の織維機械メーカーだった。鈴木は織機生産のかたわら自転車用補助エンジンの生産を始め、一九五四年に鈴木自動車を設立して、オートバイ生産に乗り出し、やがては軽自動車生産へも拡大していった。当初は、楽器製造のみだった日本楽器も、戦前より陸軍の要請によって木製プロペラ製造を始め、やがては金属製プロペラ生産へと発展し、その工作機械設備を有効に利用すべく、日本楽器の全額出資によるヤマハ発動機を設立して（一九五五年）、二輪車生産を本格化させた。

オートバイ生産が勃興するのに、先行産業として織維機械産業と楽器産業が大きな役割を果たし、オートバイ生産の基礎をなしたものが工作機械産業であった。すなわち、オートバイ生産の発展には、それまで浜松に存在した織機生産の工程と共通部分が多かったこと、織機生産が培ったメッキ・プレス・木型金型製造の技術の集積、楽器産業の資本・設備があったからである（図1）。現在、世界を席巻するわが国の四大オートバイメーカーのうちホンダ・ヤマハ・スズキの三社は、いずれも浜松を発祥の地としているのは非常に興味深い。

第二次世界大戦の敗戦による第三の危機とその後の高度経済成長期を糧にして、ヤマハ・河合という浜松の二大楽器企業は大きく飛躍した。戦後、学校で楽器による音楽教育が盛んになり、高度経済成長期を迎えて人々の生活水準が向上した。後述するが、その頃、ヤマハ・河合は、海外・国内の販売体制を確立し、同時に需要を創出するため音楽教室制度をつくりあげた。その結果、技術革新と大量生産方式も確立されて、質の良い普及品が大量に生産できるようになった。そのおかげで、一般家庭におけるピアノ・オルガンが普及し、浜松での楽器生産額が急増していったのである。

わが国の高度経済成長期のまっただ中にある一九六五年の浜松の産業構造をみると、繊維産業は、浜松市製造品出荷額一七七六億円の一八・二%に止まっている。一方で、楽器二一・三%、輸送用機械二七・八%となり、名実ともに繊維、楽器、オートバイが三大産業となり、リーディング産業となったのである（図2）。

しかしながらその後、一九七三年の第一次石油危機も相まって、わが国全体の転換と同様に、繊維産業がそのシェアを減少させ、さらに楽器も、国内需要と先進諸国への輸出が頭打ちとなりシェアが低下し、浜松は「繊維不況」を中心とする第四の危機に遭遇していく。第四の危機を、浜松はオートバイ生産とともに、四輪自動車への生産を開始して、さらなる輸送用機械産業の発展で乗り越えていった。これに先立つこと約二〇年前、鈴木自動車は、一九五五年の通産省による国民車育成要綱案にそって、「スズライト」の発売を開始した。鈴木自動車の発展は、わが国の道路運送車両法の改正とともにあるといっても過言ではなかろう。一九七六年に軽自動車の規格が三六〇ｃｃから五五〇ｃｃへ変更され、さらに一九九〇年に六六〇ｃｃへ大型化された。これにつれて、鈴木自動車は、軽自動車の大型化を図るとともに、軽自動車の規格を超える小型自動車を生産する自動車メーカーへと成長したのである。

またオートバイ産業も、国内外の需要の減少と新興国メーカーの台頭で、浜松地域のオートバイの生産台数が一九八一年をピークに、以降、著しい減少傾向が続いている。一九九〇年代の楽器産業とオートバイ産業の低調により、浜松は第五の危機を迎えたのである。一九九六年の三大産業をみると（図2）、繊維四・一％、楽器八・八％、輸送用機械四〇・八％となり、一九六五〜九六年の間では、浜松の工業を牽引しているリーディング産業は輸送用機械産業へと変化している。さらに、三大産業以外では、機械九・九％、電気・電子機器六・三％と、これらのシェアがだんだんと増大してきた。先に述べた楽器におけるエレクトロニクス化がきっかけとなり、さらには第二次世界大戦前からの浜松高等工業教員高柳健次郎のテレビ開発に端を発した、光・電子産業の発展がみられる（図1）。二〇〇八年にはいっそうこの傾向が強まり、輸送用機械四一・七％、電気・電子機器一七・二％と、浜松のリーディング産業が光・電子機器産業へと進化していることを物語っている。浜松の第五の危機を、光・電子技術の発展で乗り越えようとしたといえる。

このように浜松は数度の危機を迎えても、織物から織機へ、製材から木工機械へ、自転車用エンジンからオートバイ・軽自動車へ、オルガン修理から楽器へと、企業の積極的な技術開発・新製品開発によって連鎖的に産業が発展し、危機を乗り越えている（今井 1984）。浜松産業発展の要因として、大塚（1986）は、新しい産業に技術・技術者や資本・設備・ノウハウを提供した「先行産業」の存在を指摘している。さらに、同じ産業内でも、楽器ではヤマハ、河合楽器、最近のローランド、オートバイではホンダ、ヤマハ発動機、スズキというように、地元地域での企業間の激烈な競争があり、これが優良企業を生み出してきた。また、楽器産業をはじめ、工作機械産業でも、エレクトロニクス化への適応が早かったことも浜松地域の特徴といえよう。

大塚（1986）をもとに、浜松が次々とリーディング産業を転換させ、イノベーションを達成できた理由をまとめてみる。まず、地域の基本的な特徴として、①浜松は、東京圏と名古屋圏・京阪神圏の中間的位置にあって、主要街道・主要鉄道の東西交流の場所であったこと、②江戸時代以来の城下町の特徴的性格に、藩主が次々と交代し家臣団が入れ替わったため、浜松の住民に既成の概念、既成の組織にとらわれない気風が形づくられたこと、③国学が盛んで市民の教育水準が高い上に、後に勤勉・倹約精神にあふれる「報徳思想」も盛んになった地域であったこと、④明治時代以降は、浜松が行政上の中心的位置を失ったため、産業育成でまちづくりをせざるを得ず、挑戦的な気風が大事にされたこと、などである。さらに、リーディング産業を次々と進化させた要因として、①先行産業で蓄積した資本が次の挑戦に投資されたこと、②技術者の移動・独立によって企業の業種転換や類似業種への拡大がされたこと、③常にわが国有数のメーカーが産業ごとに浜松に存在し、絶えず競争したこと、④多種多様な部品工場が集積しているため、新たな起業が比較的容易だったこと、なども上げられよう。

4節で述べるように、現在、リーマンショックによる不況、東日本大震災による産業への悪影響とともに、製造業の深刻な空洞化が進行して、第六の危機に悩んでいる。これまでの浜松地域における三大産業における進化は、高度経済成長時代の「輸出型」と「量産型」という当時のわが国産業の得意としている分野へ浜松の製造業がシフトした結果でもある。しかしながら、新興工業国の追い上げが厳しくなった一九九〇年代以降、「量産型」レベルの生産は海外へ移転が激しい。そのため浜松の企業も、従来の路線での発展を意図することは難しいと思われる。

さらに浜松市は、二〇〇五年七月に一一市町村と合併し、市域が大幅に拡大したものの、リーマンショックも相まって、ヤマハ本社工場機能の掛川移転、スズキ本社工場のオートバイ組立部門の豊川（愛知県）移転、ホンダ浜松製作所のオートバイ組立部門の熊本移転という製造業の激しい空洞化現象に悩んでいる。このような状況を改善するため、浜松市・浜松商工会議所は「知的クラスター」、「光創生事業」など国の産業育成助成制度を活用して、①オプトロニクス（イメージング・センシング・ナノテク）産業クラスター政策、②次世代自動車の開発という、必死の製造業復活政策を進めている。

2　一九八〇年代以降の浜松における製造業の位置変化——第五の危機と産業構造の変化

⑴　産業全体に占める製造業の地位の変化

浜松が遭遇した第五の危機の影響とそこからの再生は、一九九五年～二〇〇五年の間にどのような産業構造の変化、製造業の業種変化や、都市圏構造の変化にあらわれているのであろうか。分析対象とする浜松都市圏を、一九九五年に浜松市への通勤通学者率五％以上の市町村とした。その圏域を、平成の市町村合併直後の二〇〇五年一〇月時点の市町に合わせて再編成した。ここで分析する浜松都市圏は、中心都市：浜松市、郊外内圏：磐田市、郊外外圏：袋井市・湖西市・森町・新居町からなっている。なお、浜松市、磐田市はそれぞれ合併によって、広大な郊外地域や森林地域を含む広域市となったため、西原（2002）に比較すると、都市圏の三地帯構造はかなり不明瞭になっていることは否めない。

まず中心都市の発達と都市圏の拡大を支えた産業を検討することにする。国勢調査資料をもとに、従業地ベースの産業大分類別就業者数を、農・林・漁業、建設・鉱業、製造業、運輸・通信・電気・ガス・水道業、卸小売・サービス業、金融・保険・不動産業、公務（その他を含む）の七部門に再構成して、都市圏全体の構成比率をもとにした中心都市・内圏・外圏の立地係数を算出した。なお、都市圏内における変化を追跡するため、前述のように、都市圏全体、内圏、外圏を二〇〇五年の境域に固定して立地係数を示した（表1）。

これによると一九八〇年時点で既に、浜松都市圏を構成する中心都市と郊外部（特に外圏）との間の産業立地の地域的差異が著しい。浜松市には、中心性の高い都市機能にあたる金融・保険・不動産業のほか、公務、卸小売・サービス業に加え、運輸・通信・電気が集積している。それに対して、内圏・外圏における製造業の立地係数がそれぞれ一・二四、一・一六で、特に内圏での製造業の集積が著しい。このように一九八〇年時点の雇用の郊外化は、主に製造業によっていることが明らかである。一九九五年になると、浜松市において金融・保険・不動産業、卸小売・サービス業の立地係数がさらに高まった。逆に、郊外部では製造業の集積が一段と進行し、立地係数は内圏で一・三四、外圏で一・三四に上昇している。

二〇〇五年になると、それまでと都市圏の産業配置の様相がやや異なる。浜松市において製造業の

表１　浜松都市圏における就業者の産業別構成比率と立地係数（従業地ベース：1980・1995・2005年）

従業地		就業総数（人）	農・林・漁業	建設・鉱業	製造業	運輸・通信・電気	卸小売・サービス業	金融・保険・不動産	公務・その他
1980年									
中心都市（立地係数）	浜松市	367,642	9.6% 0.87	8.0% 1.05	35.3% 0.92	5.7% 1.09	36.2% 1.09	2.7% 1.15	2.5% 1.08
郊外内圏（立地係数）	磐田市	70,199	13.2% 1.19	6.7% 0.87	47.4% 1.24	4.1% 0.78	25.2% 0.76	1.7% 0.73	1.8% 0.78
郊外外圏（立地係数）	湖西市など	70,353	16.6% 1.50	6.6% 0.86	44.1% 1.16	3.7% 0.72	26.0% 0.78	1.2% 0.51	1.8% 0.78
都市圏全体		508,194	11.1%	7.7%	38.2%	5.2%	33.3%	2.3%	2.3%
1995年									
中心都市（立地係数）	浜松市	421,952	6.0% 0.90	9.1% 1.09	30.4% 0.85	5.6% 1.04	43.1% 1.11	3.2% 1.17	2.6% 1.09
郊外内圏（立地係数）	磐田市	88,659	7.8% 1.16	7.0% 0.84	47.8% 1.34	4.3% 0.80	29.0% 0.75	2.0% 0.71	2.2% 0.89
郊外外圏（立地係数）	湖西市など	92,518	8.8% 1.31	6.1% 0.74	47.9% 1.34	5.4% 1.01	28.8% 0.74	1.4% 0.49	1.7% 0.71
都市圏全体		603,129	6.7%	8.3%	35.6%	5.4%	38.8%	2.8%	2.4%
2005年									
中心都市（立地係数）	浜松市	426,446	4.8% 0.92	8.3% 1.11	26.8% 0.84	6.2% 1.03	47.2% 1.09	2.9% 1.18	3.7% 1.11
郊外内圏（立地係数）	磐田市	94,802	5.9% 1.12	5.6% 0.75	44.1% 1.37	5.0% 0.83	34.8% 0.80	1.7% 0.70	3.0% 0.89
郊外外圏（立地係数）	湖西市など	94,098	6.6% 1.25	5.5% 0.74	44.0% 1.37	6.1% 1.03	34.4% 0.79	1.3% 0.51	2.1% 0.62
都市圏全体		615,346	5.2%	7.5%	32.1%	6.0%	43.4%	2.5%	3.4%

注）立地係数＝当該地域の当該産業部門の構成比率÷地域全体の当該産業部門の構成比率、データは2005年の地域境域に合わせて算出。

出典）1980年・1995年・2005年国勢調査。

構成比率・立地係数とも減少し、金融・保険・不動産業の立地係数はやや高まったものの、比率そのものはやや低下している。このことは、浜松市の製造業の空洞化と経済コントロール機能が低下しつつあることを示し、第五の危機がここにあらわれているといえよう。逆に、郊外部では製造業の集積が一段と進行し、製造業就業者割合そのものは若干減少しているものの、立地係数は内圏で一・三七、外圏で一・三七に上昇している。卸小売・サービス業では、郊外部の比率・立地係数とも上昇し、この産業の郊外化が進行してことを裏付けている。

このように、都市圏単位でみた産業配置の構造は、一九八〇～九五年と、一九九五～二〇〇五年との二つの期間では傾向が異なる。前半期では浜松都市圏全体の発展傾向を元に、産業集積状況からみた都市圏の地帯構造には中心都市と郊外部の違いが大きくなり、中心性の高い都市機能では浜松市への集積が、製造業という生産的・現業的機能では郊外部への集積が進んでいる。後半期では、第五の危機の影響が明瞭となり、製造業の空洞化とともに金融・保険・不動産業を代表例とする中心都市浜松市の経済コントロール機能が低下した。

この様相は、一九八〇～九五年、一九九五～二〇〇五年における就業者数の増減を検討するとさらに明確になる（表2）。一九八〇～九五年の前半期に、都市圏全体では、就業者は九万四九〇〇人増加しているが、その増加に最も大きく寄与しているのは、卸小売業の六万四九〇〇人の増加で、製造業で二万八〇〇人の増加がそれに次いでいる。都市圏の地帯別にみると、中心都市浜松市の増加（五万四三〇〇人）を支えているのは、卸小売業・サービス業の増加（四万八六〇〇人）である。逆に、製

表2　浜松都市圏における産業別就業者数の増減（従業地ベース：1980～2005年）

従業地		増減数合計（人）	農・林・漁業	建設・鉱業	製造業	運輸・通信・電気	卸小売・サービス業	金融・保険・不動産業	公務・その他
1980-95年									
中心都市	浜松市	54,310	−9,948	8,657	−1,550	2,689	48,626	3,852	1,944
郊外内圏	磐田市	18,460	−2,331	1,539	9,090	943	7,996	559	664
郊外外圏	湖西市など	22,165	−3,521	1,012	13,259	2,373	8,311	405	326
都市圏全体		94,935	−15,800	11,208	20,799	6,005	64,933	4,816	2,934
1995-2005年									
中心都市	浜松市	4,494	−4,870	−2,696	−13,917	2,841	19,566	−1,283	4,853
郊外内圏	磐田市	6,143	−1,357	−865	−637	900	7,288	−119	933
郊外外圏	湖西市など	1,580	−1,934	−468	−2,916	774	5,806	−63	381
都市圏全体		12,217	−8,161	−4,029	−17,470	4,515	32,660	−1,465	6,167

注）データは2005年の地域境域に合わせて算出。
出典）1980年・1995年・2005年国勢調査。

造業は一五五〇人の減少をみた。郊外内圏では、一万八四〇〇人の就業者の増加のうち、製造業が五〇％にあたる九一〇〇人の増加を記録している。郊外外圏になるとさらに就業者の増加に寄与した製造業の比率はさらに高まり、六〇％に達している。

後半期の一九九五～二〇〇五年になると様相が一変し、都市圏全体の就業者の増加はわずかに一万二二〇〇人となり、ここにも第五の危機があわれている。この間、中心都市、郊外内圏、郊外外圏ともそれぞれわずかずつ就業者は増加しているが、それは二〇〇五年現在の境域でカウントしていることも一因である。すわなち、合併の結果、中心都市の浜松市も郊外内圏の磐田市とも、郊外外圏の地域にあたる部分を多く含んでいるためである。都市圏全体で減少数が多いのは、製造業の一万七五〇〇人、さらには建設・鉱業の四〇〇〇人で、製造業の空洞化、公共事業費の削減による建設業の衰退が大きくあらわれている。また、先述した金融・保険・不動産業の減少も一五〇〇〇人規模で起こり、低下傾向が著しい。逆に、この期間で増加しているのは、卸小売業・サービス業と公務であり、都市圏の産業基盤が大きく変化し、製造業基盤が失われつつあることが明白である。

(2) 危機下の製造業でのリーディング業種の変化

浜松都市圏における一九八一～二〇〇六年の製造業の展開を、事業所・企業統計調査[2]を用いて、都市圏の中心都市・内圏・外圏ごとに産業中分類を独自の八分類別に従業者数とその構成比率を示した(表3)。表3によると、一九八一年の浜松都市圏で従業者構成比の大きい業種は、輸送用機械の二五・六％、次いで楽器[3]を含むその他の一六・一％、繊維産業の一四・八％である。これらの業種は、先に述べた浜松の三大産業にあたるものである。一九八一年は後の期間と異なって、都市圏全体の製造業従業者に占める中心都市浜松のシェアが六六％と大きく、重要な地位を占めていた。

一九九六年になると、都市圏全体で従業者数も増加し、その八分類ごとの割合では、輸送用機械[4]が三一・九％、その他が一三・八％に対し、電気・電子機器が一三・三％になり構成比率三位の業種となった。繊維産業はわずかに六・九％となり、前節で述べた繊維産業の衰退を如実に示している。先に述べたように、楽器産業の部門でもエレクトロニクス製品への拡大にともなって電気・電子機器に相当する製品が増大しているが、それ以外に、光・エレクトロニクス技術を活かした新しい製造企業が浜松製造業の新しい潮流となっている。

表３　浜松都市圏における製造業従業者の構成比率（従業地ベース：1986・1996・2006年）

従業地		従業者数合計	食料品・飲料	繊維・衣服	生活資材	生産資材	輸送用機械	一般機械	電気・電子機器	その他
1981年										
中心都市	浜松市	128,392	5.9%	15.7%	10.0%	11.0%	25.0%	8.8%	5.5%	18.1%
郊外内圏	磐田市	34,941	6.4%	17.2%	4.8%	12.9%	31.1%	10.2%	2.2%	15.4%
郊外外圏	湖西市など	32,388	6.8%	8.5%	8.1%	10.6%	21.9%	4.7%	30.7%	8.7%
都市圏全体		195,721	6.1%	14.8%	8.7%	11.3%	25.6%	8.4%	9.1%	16.1%
1996年										
中心都市	浜松市	118,360	7.1%	8.5%	7.5%	11.1%	30.4%	10.8%	9.2%	15.4%
郊外内圏	磐田市	41,381	4.9%	6.5%	4.4%	13.7%	34.7%	11.1%	7.9%	16.7%
郊外外圏	湖西市など	42,561	6.9%	2.9%	4.9%	10.0%	33.4%	5.7%	29.7%	6.4%
都市圏全体		202,302	6.6%	6.9%	6.3%	11.4%	31.9%	9.8%	13.3%	13.8%
2006年										
中心都市	浜松市	105,006	5.9%	4.3%	5.7%	10.8%	38.8%	10.6%	9.4%	14.5%
郊外内圏	磐田市	42,045	5.7%	2.6%	3.8%	14.3%	42.8%	10.8%	7.9%	12.1%
郊外外圏	湖西市など	39,292	7.0%	0.9%	4.6%	10.6%	35.6%	6.3%	29.3%	5.7%
都市圏全体		186,343	6.1%	3.2%	5.0%	11.5%	39.0%	9.7%	13.2%	12.1%

注）データは2005年の地域境域に合わせて算出。
食料品・飲料：たばこを含む。
繊維・衣服：なめし革を含む。
生活資材：木材・木製品、家具、パルプ、窯業。
生産資材：化学、石油製品、鉄鋼業、非鉄金属、ゴム製品、金属製品。
一般機械：精密機械を含む。
楽器・その他：プラスティックを含む。
出典）1981年・1996年・2006年事業所・企業統計。

二〇〇六年になると、都市圏全体の従業者数は減少に転じるものの、リーディング業種の交代という傾向はいっそう強まる。輸送用機械の比率は三九％にまで高まり、電気・電子機器が第2位の地位を占める。楽器を含むその他の業種の比率は低下を続け、繊維産業の比率はわずかに三・二％である。

一九八一〜九六年の間に生じた製造業業種における変動を、従業者数の増減からまとめたものが

表4　浜松都市圏における製造業従業者数の増減（従業地ベース：1981～2006年）

従業地		増減数合計（人）	食料品・飲料	繊維・衣服	生活資材	生産資材	輸送用機械	一般機械	電気・電子機器	その他
1981-96年										
中心都市	浜松市	−10,032	769	−10,038	−3,911	−1,030	3,927	1,465	3,783	−4,997
郊外内圏	磐田市	6,440	−181	−3,332	178	1,181	3,491	1,060	2,516	1,527
郊外外圏	湖西市など	10,173	734	−1,520	−528	837	7,134	917	2,700	−101
都市圏全体		6,581	1,322	−14,890	−4,261	988	14,552	3,442	8,999	−3,571
1996-2006年										
中心都市	浜松市	−13,354	−2,148	−5,527	−2,916	−1,773	4,705	−1,589	−1,077	−3,029
郊外内圏	磐田市	664	332	−1,577	−238	343	3,641	−78	43	−1,802
郊外外圏	湖西市など	−3,269	−182	−866	−296	−104	−220	43	−1,136	−508
都市圏全体		−15,959	−1,998	−7,970	−3,450	−1,534	8,126	−1,624	−2,170	−5,339

注）データは2005年の地域境域に合わせて算出
資料）1981年・1996年・2006年事業所・企業統計。

表4である。この間、都市圏全体では従業者は、六六〇〇人増加[5]し、浜松都市圏における製造業発展の勢いを示している。業種別にみると、繊維産業従業者数の減少が大きく、都市圏全体で一万四九〇〇人にもおよび、次いでその他の三六〇〇人、木材・木製品を含む生活資材産業の四三〇〇人の減少である。増加に寄与しているのは、輸送用機械の一万四六〇〇人、電気・電子機器の九〇〇〇人、一般機械の三四〇〇人で、先に述べたリーディング産業の転換の特徴が非常に明瞭にあらわれている。

一九九六～二〇〇六年の間では、都市圏全体で製造業従業者数が一万六〇〇〇人も減少し、輸送用機械を除く全業種で減少をみ、第五の危機の様相が如実にあらわれている。浜松都市圏を三地帯別にみると、中心都市浜松の従業者数の減少が一万三三〇〇人にも及び、一九九六年までの減少がさらに進んでいる。逆に、郊外内圏に位置づけた磐田市のみ従業者が増加している。

このように、従業者レベルの増減数でみると、浜松都市圏の製造業を牽引している業種の転換が明瞭である。

3　楽器技術にみる浜松の産業イノベーションの実態——危機からの再生

浜松地域には、ヤマハ、河合、ローランドという世界三大楽器メーカーの本社と主力工場が集積し、浜松地域の楽器生産は、一九八〇年二〇五〇億円、一九九二年一七八七億円に達していた。一九九〇年代以後、第五の危機ともいえる期間に生産額は減少し、二〇〇一年八五六億円、二〇〇九年にはついに六二六億円にまで落ち込んで、第五、第六の危機がここにあらわれていた。しかし現在でも（二〇〇九年現在）、浜松は、わが国のピアノ生産の一〇〇％、電気・電子ピアノ・電子オルガンの九八％、電子キーボード・シンセサイザーの八七％、管楽器の八〇％を占めて、世界一の楽器生産地域の地位を保っている（表5）。

（生産額の単位：百万円）

2001年			2009年		
生産台数	生産額	(%)	生産台数	生産額	(%)
118,814	42,090	49.1	93,390	24,775	39.6
128,436	19,959	23.3	79,048	16,351	26.1
68,767	8,784	10.3	29,759	5,982	9.6
197,836	14,019	16.4	166,490	13,957	22.3
18,681	796	0.9	20,064	1,535	0.2
	85,648			62,600	

このように、浜松における第五の危機の下、浜松地域での楽器生産額の減少は、消費者の好みの変化や国内外の需要の減少に対

表５　浜松地域における楽器生産額の変遷

	1980年			1992年		
	生産台数	生産額	(%)	生産台数	生産額	(%)
ピアノ	481,790	135,492	66.1	213,757	78,101	43.7
電気・電子ピアノ・電子オルガン	292,640	58,437	28.5	243,371	49,613	27.8
キーボード・シンセサイザー	n.a.	n.a.		1,828,186	33,508	18.8
管楽器	173,638	6,546	3.2	216,771	12,658	7.1
ギター・電気ギター	243,895	4,566	2.2	289,102	4,783	2.7
合　計		205,041			178,664	

資料：浜松市統計書、浜松の商工業、静岡県楽器製造協会調べ。

応して、一つめには楽器に新しい電子技術を導入し、エレクトーン・電子ピアノなど低価格の普及品の新製品を次々と開発したこと、二つめには、普及品を中心とする生産を海外へ移転させたこと、三つめには楽器企業が電子楽器技術を生かして楽器以外への分野に事業を展開したことに起因するといえよう。これまでの危機の克服の源は、電子楽器技術の分野での一九六〇年代以降の盛んなイノベーションにあるといえよう。しかしながら、電子楽器（電子ピアノ・電子オルガン・電子キーボード・シンセサイザーなど）は、音づくり・演奏が自由自在で、さらに普及品からプロ用まで用途と価格の幅が非常に広いため、ハイエンドの製品開発で楽器企業の再生を図る道もある。

Reiffenstein（2006）によると、アメリカ合衆国特許に登録された電子楽器関連の特許二三六八件（一九六五～九四年）のうち、特許権利者の所在地はアメリカ合衆国八六一件（三六％）なのに対し、浜松地域が一一〇四件（四七％）を占めているという。浜松地域の権利者のうち、ヤマハ八五六件、カワイ二三六件、ローランド三一件で、ヤマハが世界の電子楽器技術のイノベーションをリードしていたことが明らかである。本節では、この電子技術による楽器とその関連産業でのイノベーションについて、ヤマハを事例に述べることにする。

ヤマハの企業戦略の一つである「新製品の開発」の一環として、ヤマハの電子楽器への取り組みは早かった。一九五二年に社長命令で電子楽器の基礎研究が開始され[6]、一九五九年にはトランジスタを使ったエレクトーン（電子オルガン）の生産を開始している。そして電子楽器の生産は、一九七五年に多音方式のエレクトーン（GX1）、一九八三年にはデジタルシンセサイザーDX7・クラビノーバ（エレクトーンピアノ＝電子ピアノ）の生産が始まり、現在までさまざまなタイプの電子ピアノ・電子オルガンの開発・生産を続けてきた。

同時に、ヤマハではオーディオ機器の生産にも乗り出した。その発端は、戦前の一九二二年の手動蓄音機の製造開始を元にして、一九五五年にハイファイ機器が完成したことにある。一九七二年頃から、スピーカー、プリメインアンプへと、トータルなオーディオシステムの開発を進めていった。

ヤマハは、電子楽器・オーディオシステムを開発する過程で半導体生産へ事業を拡大した。半導体生産へ事業展開した理由は、優れた電子楽器をつくり出すために、楽器専用の半導体の開発が必要であったからである。一九六九年より半導体開発計画が開始され、東北大学電気通信研究所西澤潤一教授（当時）との共同により半導体開発技術を確立させた[7]。

一九七〇年にLSI・エレクトーン・管楽器を製造する豊岡工場（現磐田市）を設立した。さらに一九七六年に開発したLSIを量産化するため、鹿児島工場を設立し、汎用半導体の開発・生産に成功した。この後、一九七三年にＭＳＸコンピュータの生産開始、一九九一年に薄膜磁気ヘッドの生産開始、さらには一九九三年に四倍速ＣＤレコーダーの生産開始など、楽器の電子化に止まらず電子機器の生産へと事業を拡大させていった。

その後も、高度な音楽用半導体の開発を進め、天竜川工場（浜松市）を設立し、汎用半導体の生産も目指したが、第五の危機である一九九〇年代末からの半導体不況により、二〇〇〇年に天竜川工場を売却して汎用半導体事業から撤退した。しかしながらその後も、ヤマハに蓄積された音楽に関する非常に高度な半導体技術を活用して、半導体部門をデジタル音源ＬＳＩや携帯電話用音源ＬＳＩに特化して、高い世界的シェアを得て、この分野の世界的トップメーカーとしての地位を保っている。

ヤマハでのイノベーション技術の獲得手段をまとめると下記のように整理される。①アメリカ合衆国先行企業への社員派遣（一九五〇年代以降）、②電子技術をもった企業の買収（東京テレビ音響、東海精密工業など）、③新技術分野の専門企業（ＮＨＫ放送研究所・ＮＥＣなど）との協力、④大学（東北大学電気通信研究所西澤潤一教授など）との研究協力、⑤高度な専門的技術を有する研究者（電子オルガン基本システム考案者ラルフ・ドィッチェなど）の雇用、⑥特許（ＦＭ音源の元となるジョン・チョーニング教授の特許など）の買収によって、元々、ヤマハが持っていなかった技術を導入していったのである。また通常、どの企業でも行っている類似の他社製品の調査（リバースエンジニアリング）に加えて、浜松のもつ「木工・機械金属加工技術」や「エレクトロニクス技術」などさまざまな基本的な産業技術を活かした。ヤマハは今回の第六の危機をどのように乗り越えるのであろうか。

4　浜松製造業へのグローバリゼーション・不況の影響と再生の展望

本節での課題は、一九九〇年代初頭の冷戦体制崩壊を契機とする、アメリカ主導のグローバリゼーションの進行を土台に、特に浜松における第六の危機である二〇〇八年九月のリーマンショック以降の不況が、固有の歴史を有する浜松製造業企業群にどのような影響を与え、諸企業はこれにどのように対応しているのか、また新たな方向性はどのように見出されるのか、さらに東日本大震災の影響はどのようにあらわれているのかを検討することである。

(1)　リーマンショック以降の不況の影響

これまで見てきたように、全国の政令指定都市の中でも浜松市は第二次産業比率が高く（三六・九％）、特に輸送用機械製造業が多い（製造業従事者の三五・二％）。それ故、特に欧米・日本の自動車・二輪車ニーズを直撃した、リーマンショックの影響は浜松にはより深刻にあらわれ、二〇〇九年一月期の浜松商工会議所調査によれば、前年一〇〜一二月期の浜松製造業の景況感（ＤＩ）はマイナス八九・一％（前年比約五三ポイントダウン）、売上高も減少した企業が七七・六％、有効求人倍率は〇・四四と、史上初めて全国平均を大きく下回った(8)。

この直接の原因は、スズキ、ヤマハ、ヤマハ発動機、本田技研工業などこの地域に立地する大手企業の軒並みの業績ダウンである。各企業の有価証券報告書によれば、二〇〇九年三月期（ヤマハ発動機は二〇〇九年一二月期）の売上高・経常利益の前年度比はそれぞれ、スズキ本社（決算）、マイナス一七・〇％・マイナス九三・七％、ヤマハ本社、マイナス一三・〇％・マイナス七五・七％、ヤマハ発動機本社、マイナス四五・七％・マイナス三九四・九％、本田技研工業本社、マイナス一六・三％・マイナス一〇〇・九％と、特に激しく経常利益が落ち込んでいる。ところがアジアなどの事業所も含めた連結決算で比較すると、スズキ、マイナス一四・二％・マイナス四〇・二％、ヤマハ、マイナス一六・三％・マイナス六三・二％、ヤマハ発動機、マイナス二八・一％・マイナス二一六・一％、本田技研工業、マイナス一六・六％・マイナス八〇・一％となっており、本社決算よりは落ち込みが少なくなっている。日本（本田技研工業以外は浜松）にある本社での落ち込みを、アジアなど諸外国事業所が補填している構造が見られるが、反対にリーマンショックに起因する不況が浜松製造業に及ぼす影響の大きさを浮き彫りにしている。

「２０１１　静岡県会社要覧」[9]より、浜松に立地する輸送用機械製造業企業（一〇二社）全体の動向を見ると、リーマンショックをはさむ二〇〇八年四月期→二〇〇九年四月期→二〇一〇年四月期の売上高変化は、不明を除く七一社中、三年次とも一貫して減少しているのが五三社（七四・六％）、記載されている二年次のみで減少しているのが六社（八・五％）で、全体の八三・一％がこの期間に売上高を下げており、その落ち込み度も大きい。一貫して増加しているのは一社（一・四％）にとどまる。税引前利益についても、不明を除く四四社中、三年次とも減少しているのが二三社（五二・三％）、記載されている二年次で減少しているのが五社（一一・四％）、二〇〇九年四月期に減少し、二〇一〇年四月期に増加しているのが一〇社（二二・七％）となっており、八六・四％の企業がリーマンショックを機に利益を落としている。リーマンショックによる浜松の中核大手企業の経営指標の大きな落ち込みと、それに引きずられて浜松の輸送用機械製造中小企業の経営指標が落ち込んでいることを確認することができる。

(2) グローバリゼーションと工場移転の影響

リーマンショックは、一九九〇年代以降のグローバリゼーションの一つの帰結であるが、上記のように浜松の製造業大手企業はこれに大きな被害を受けたといえる。しかし他方では、これら諸企業はグローバリゼーションの担い手でもあり、とりわけ一九九〇年代以降はアジアへの工場や関連会社設立が続いている。また、海外展開拠点としての国内のマザー工場強化に向けての工場移転なども あり、この動向は浜松の関連中小企業にも大きな影響を与えている。

スズキは一九八二年よりインドに進出してマルチウドヨク社と合弁生産を開始している。二〇〇二年には子会社化、二〇〇七年以降はマルチスズキと社名変更し、現在まで大きく成長を続け、スズキの世界生産の中核を占めるまでになっている。国内的には、一九九二年より稼働している牧之原相良工場に四輪開発部門を集約し、マザー工場化することが予定されている。[10]

ヤマハもとりわけ一九九〇年代以降は中国各地に工場や関連会社を設立し、事業効率向上をめざし、二〇〇九年には埼玉工場閉鎖と浜松本社工場機能の移転を伴い、掛川工場や豊岡工場に生産機能を集約している。ヤマハ発動機は、二〇〇〇年代にインド、インドネシアなどに関連会社を設立するとともに、ロシアにも販売拠点を設立している。

本田技研工業は、より早い時期から欧米を軸に海外展開してきているが、二〇〇八年には浜松製作所の二輪生産・組立機能を集約し、熊本製作所のマザー工場化を進めた。

これら浜松に拠点を置く主要企業の海外展開や、国内の工場統合（浜松からの工場移転）は、浜松の中小製造業企業にとって大きな経営困難の要因にほかならず、この系列に依存度が高い場合は、自ら海外進出やあるいは取引先変更・新分野開拓なども選択せざるを得ない課題となりえる。

ＮＨＫ「クローズアップ現代」などでも話題となった、本田技研工業浜松製作所の二輪事業の熊本製作所への移転とその影響について、私たちが実施した調査[11]から見ておく。熊本製作所への二輪製造統合の目的は、もちろん世界にその生産システムを移植するための元となるマザー工場建設にあるが、それが浜松製作所でなく熊本製作所になった理由は、敷地の大きさ・浜松工場の老朽化・アジアの部品メーカーに近い九州の地の利・熊本県と大津町による優遇策などにあるとする。この移動に際して、浜松からは専門的な作業能力を有する約三〇〇名が熊本に移動した。浜松工場で二輪に従事していたそれ以外の従業者は、鈴鹿工場などに移動している。この移動時期はリーマンショックの影響時期と一致しており、本田技研の関係者はこの移動が半年遅れたらできなかっただろうと語っている。そのため、熊本製作所・大津町も二輪生産機能統合の経済効果はこの不況で打ち消された形になっている。

浜松の関連協力業者については、一次供給メーカーはほとんど熊本にも事業所を持っており影響はあまりないが、二次・三次メーカーへの影響はわからないという。

(3) 主要企業のリーマンショックからの回復と戦略

リーマンショックから二年半たち、この間アジア市場の好調を追い風に、浜松の主要企業の経営指標も回復・上昇しつつある。

スズキは、二〇〇九年度には売上高では前年度よりさらに低下したが、利益では復調の兆しがあり、二〇一〇年度には特にインドの好調もあって連続的に前年同期を上回り、最終的には世界生産で前年比一三・一%増の二八九万台弱で、リーマンショック前（二〇〇七年度）の二六三万台を超え過去最高を記録した。このうちインドは一一七万台（前年二三・九%増）でスズキ全体の四四%を占めるに至っている（中国は一〇%）。この経過について鈴木修会長は、リーマンショック後一年くらいは金融バブルの批判ばかりしていたが、「『こんちくしょう』と思い、自分の企業は自分で守るという原点に戻った。まず自分の身を清めるしかない」と考え、社内で経費削減を行って二年間で九六〇億円削減した、という[12]。今後の戦略として、中国の五〇万台体制（現在三〇万台程度）を追求するとともに[13]、インドでの成長重視などアジアをはじめとする海外展開は当然であろうが、他方では相良工場に四輪を集約して世界的なマザー工場としつつ、「日本国内で売るものは国内でつくる」、「ベースは日本の車であり、国内で技術を失うことは海外でも失う」ことだとして、国内での四輪一〇〇万台体制を維持するとしている[14]。この鈴木会長の姿勢は、リーマンショック以降の危機に対する浜松大手企業の姿勢と戦略を象徴しているといえる。

ヤマハでは、リーマンショックの影響はより深刻に現れ、欧米・国内市場の低迷によって二〇〇九年度まで売り上げ・利益とも減少が続き、本社利益が赤字となった。これに対し、ハイブリッドピアノなど高付加価値商品の生産と、反対に市場の低価格化に対応した普及価格帯商品群の拡大を目指して中国などアジアの生産拠点増強を進め、二〇一〇年度には減収増益となった。ヤマハの梅村充社長は、「リーマンショックを脱した新興国は将来の有力市場」であるとして中国全土でのシェア拡大を目指し[15]、音楽教室の拡充なども伴う販売網の拡大を進めている。

ヤマハ発動機も、欧米市場のレジャー需要が急減し、船外機やスノーモービル、二輪車の落ち込みが激しく、在庫圧縮のための出荷調整もあって、二〇〇九年度まで連結決算まで含めて赤字が続いた。この時期、電動ハイブリッド自転車だけは前年比倍増以上の伸びを示し、二〇一〇年度には、二輪事業・マリン事業も回復し、前年を上回る売り上げ・利益をあげている。

浜松ホトニクスや河合楽器も二〇一〇年度には大きく売り上げ・利益を回復させ、特に河合楽器は過去最高益となっている。

このように浜松の主要大手企業は、リーマンショック以降の不況にきわめて大きな打撃を受けたものの、特にアジア市場の拡張などで二〇一〇年度以降は回復・上昇している。このような動向に対し、浜松の地域諸機関や関連中小企業はどのように対応しているだろうか。

(4) 公的機関の対応と新産業生成の方向

リーマンショックの影響に対して、浜松市は、二〇〇八年一二月の商工会議所の申し入れ（「雇用対策緊急提言書」）を受け、中小企業への低金利融資や緊急雇用対策、外国人相談コーナー設置などを行い、商工会議所でも、セーフティネット事業として、小規模事業者への経営改善資金融資の利子補給や、雇用安定助成金の申請支援などを実施している。このような初期対応を経て、浜松（そして静岡県）の公的機関の基本的支援戦略は、地域中小企業の海外進出支援と次世代自動車など新産業分野開拓支援に収斂してきている。[16] また新産業育成の動きは広域でも生じており、三遠南信地域をなす静岡県浜松市、愛知県豊橋市、長野県飯田市は、「輸送機器用次世代技術産業」・「新農業」・「健康・医療関連産業」・「光エネルギー産業」からなる新産業創出の基本計画を提出し、二〇一〇年三月経済産業省の同意を得ている。そしてこれらのプロジェクトには、静岡大学、豊橋技科大学、浜松医科大学、光産業大学院大学（浜松）などとの産学連携が前提とされている。

こうした方向性は地域金融機関の経営戦略にも見られる。例えば静岡銀行中西頭取は、国際間のパワーバランス変化が時代の胎動であると認識し、「どこを伸ばして何を切り捨てるのか、新分野に参入すべきか。これまで金融機関は切り捨てる分野をおざなりにしていた」として、県内企業の海外進出の全面支援と、地域企業向け再生・経営改善支援・ビジネスマッチング・次世代経営者教育などへの選択的支援の姿勢を明確にしている。[17] 同様に御室静岡県信用金庫協会会長（浜松信用金庫理事長）は、現在の円高の為替水準を当たり前と認識する必要があるとしたうえで、「右手は海外、左手は国内」として、地域中小企業の海外戦略支援と輸送用機械の電動化など新産業創出支援を課題として挙げている[18]。

浜松の主要大手企業がアジアなど海外進出を軸にグローバリゼーションに対応しつつ、リーマンショック以降の不況を乗り越えつつある中で、地域中小企業に対する地域諸機関の姿勢もこうした経営環境に向けた中小企業の自立対応支援に据えられている。しかし浜松の製造業中小企業にとってこれはなかなか困難な道でもある。先にも見たように多くの企業が経営指標を落としており、二〇一〇年一〇～一二月期のＤＩでもマイナス四一と横ばいである[19]。

一例として、二〇一〇年一二月にインタビューした浜松の自動車他の機械部品の切削加工を行っている従業員一〇〇名弱のC社の状況を挙げる。C社は、大手二輪メーカーとの取引が多くアジアに合弁工場を有しているが、リーマンショックで売り上げが六割まで落ち、回復していないという。C社社長は、こうした状況への対応方向として、隙間商品販売や「耐震予防のバンパー」などオリジナル製品の開発を挙げ、特定メーカーに「おんぶにだっこ」でない自立を目指すとしている。また現在の日本や地域が置かれている状況について、日本の技術の海外移転に伴う空洞化に抗し、日本にブラックボックス的技術を残すべく、組み立てたユニットを完成商品として販売することが必要だという。また海外進出に突き進んでいる大手メーカーについても、何のための企業かを問い、顧客と社員を大事にしてほしいと要請している。

(5) 東日本大震災の影響

二〇一一年三月一一日の東日本大震災は、原発事故とも相まって、戦後最大といえる災害となっているが、リーマンショックの打撃から立ち直りつつあった浜松地域産業にも大きな影響を及ぼしている。関連会社の被災による生産停止に伴い、トヨタをはじめとする自動車大手企業は軒並み操業停止に追い込まれ、スズキも三月一四日以降、三月末まで操業を停止した。三月の自動車主要八社の国内生産は前年同期比マイナス五七・五%で、販売は、マイナス三六・九%、四月の国内販売もマイナス四九・四%（軽自動車はマイナス四四%）という落ち込みになっており[20]、正常化には年内いっぱいかかるとみられている。静岡県の中小企業においても、原材料・商品・部品の入荷遅延や計画停電による操業停止などで、調査対象企業の四分の三以上が震災の影響を受けている[21]。想定される東海大地震が発生した場合、浜岡原発はこの地域に大きな影響を及ぼすことは必至であるため、五月六日の総理大臣要請によって運転停止となったが、この地域の未来展望にとって、防災対策が重要な位置を占めざるを得ないことはいうまでもない。

おわりに

グローバリゼーションの流れが強力なインパクトを与え続けている中で、リーマンショックと東日本大震災のきわめて大きな打撃、そして東海大地震の予期など、現在の浜松企業群を直撃している事態は、戦後最大の（第六の）危機といって過言ではない。しかし、これまでもこの地域は、さまざまな危機を乗り越え、世界に通用する新たな産業・企業を輩出し続けてきた。今また、戦後のオートバイ開発競争にも似た電気自動車開発に向けた諸中小企業の試みが起こり、新たな技術・製品開発に向けた諸企業の模索が続けられている。浜松の地域産業・地域社会が、これまでの活力ある歴史の蓄積に立って、いかにこの危機を乗り越え、新たな展望を現実のものとするか。個々の企業、個人の次元にまで下りて検証し、展望のある端緒を育てていく課題は大きい。

なお、本章は、藤井、西原の共同討議によるものであるが、直接の執筆分担は、はじめに・1・2・3が西原、4・おわりに、が藤井である。

【注】

（1）正確には製造品出荷額等で、これには加工賃収入額、修理料収入額等も含む。以下、同様に「製造品出荷額」と記す。

（2）事業所・企業統計調査は、全事業所を対象としているため、工業統計に比べて捕捉率は高いが、その従業者数を国勢調査就業者数に比較すると、調査時の調査もれを否定することができない。事業所・企業統計を用いた理由は、製造業中分類レベルの動向を分析するためである。

（3）楽器についてのデータは、産業中分類レベルで捉えることができない。しかし、一九九九年工業統計によると、浜松市においては「その他」（中分類）の製造品出荷額のうち、「楽器」（小分類）が九〇・三％と非常に大きな割合を占めているため、「その他」（中分類）を「楽器・その他」と記した。

（4）　輸送用機械産業は、協力企業を中心とした多種多様な多くの部品生産・関連産業によって支えられている。同時に協力工場は輸送用機械部品の生産のみでなく、「電子部品」「建材、建築金物」「工作機械、家電製品」「楽器部品、音響部品」「自動計測システム」「コンピュータソフトウエア」など他分野へ生産品を多様化させている。したがって、本節では、産業中分類の「輸送用機械」のみ輸送用機械と分類しているが、実際には「電気・電子機器」「金属製品」「一般機械」などは深く輸送用機械生産にかかわっていることに注意する必要がある。

（5）　一般に、国勢調査従業地ベースに基づく製造業就業者数と事業所・企業統計調査による製造業従業者数（事業所・企業統計調査ではその性格上、従業地ベース）との間には、両統計間の従業の定義の違いと調査時点のずれに起因する差がある。本研究においては、その差がかなり大きいものの、増減の傾向は一致しているため、産業大分類ベースでは国勢調査データにより、製造業八分類ベースでは事業所・企業統計データによって議論した。

（6）　ヤマハ１００年史編纂委員会（一九八七年）による。

（7）　同前。

（8）　浜松商工会議所調査（二〇〇九年一月）より。

（9）　『２０１１ 静岡県会社要覧』（財団法人静岡経済研究所）。

（10）　静岡新聞、二〇一〇年一一月九日朝刊。

（11）　静岡大学情報学部社会学・人類学研究室のメンバー（笹原恵、金明美、藤井史朗）が二〇一一年二月に、本田技研浜松製作所及び熊本製作所、大津町・大津商工会に対して行ったインタビュー調査。

（12）　静岡新聞、二〇一〇年一一月六日朝刊。

（13）　静岡新聞、二〇一一年一月二一日朝刊。

（14）　静岡新聞、二〇一〇年一一月九日朝刊。

（15）　静岡新聞、二〇一一年一月一八日朝刊。

（16）　例えば、二〇一一年一月の浜松商工会議所新年会では、「浜松から『産業革命』を起こそう」と謳い、中心市街地活性化、地元企業の海外進出支援、次世代自動車の実証実験開始の課題を挙げている（静岡新聞、二〇一一年一月八日朝刊）。また、経済産業省のEV、PHX（(Plug-in Hybrid Vehicle）普及モジュール事業に静岡県の「ふじのくにEV・PHVタウン構想」が選定されている。

(17) 静岡新聞、二〇一一年一月九日朝刊。
(18) 静岡新聞、二〇一一年一月一二日朝刊。
(19) 静岡新聞、二〇一一年一月一八日朝刊。
(20) 静岡新聞、二〇一一年四月二六日朝刊、五月一〇日朝刊。
(21) 静岡新聞、二〇一一年四月五日朝刊。

参考文献

荒川章二（2002）「浜松地域近代産業成立期における産業形成の歴史的特徴」平成一〇年度～一三年度科学研究費補助金（基盤研究（A））研究成果報告書（研究代表者・鎌田哲宏静岡大学情報学部教授）、二〇—五二頁。
今井賢一（1984）『情報ネットワーク社会』岩波新書、215ps
大村いづみ（2000）「浜松地域の3大地場産業　2．二輪車産業」『帝京大学大学院経済学年誌』No. 8、一—二一頁。
大塚昌利（1986）『地方都市工業の地域構造——浜松テクノポリスの形成と展望——』古今書院、197ps
大塚昌利（2002）「地域論への視点」立正大学、70ps
小田宏信（1992）「浜松都市圏における機械金属工業の立地動態」『地理学評論』Vol. 65A、八二四—八四六頁。
小田宏信（2005）『現代日本の機械工業集積——ME技術革新期・グローバル化期における空間動態』古今書院、292ps
河合楽器70周年記念誌編纂グループ（1997）『創立70周年記念誌　世界一のピアノづくりをめざして』株式会社河合楽器、143ps
西原　純（2000）「産業構造の転換と工業都市の発展——浜松市——」平岡昭利・野間晴雄編『中部I——地図で読

む百年――』古今書院、八九―九六頁。
西原　純（2002）「浜松都市圏における１９８０年代以降の製造業の変貌」『統計』Vol. 53、No. 6、三二―三八頁。
浜松市役所（1980）『浜松市史　三』浜松市役所、729ps.
浜松市役所企画課（1955）『正・続　浜松発展史』浜松市役所、542+102ps.
ヤマハ１００年史編纂委員会（1987）『ヤマハ１００年史』ヤマハ株式会社、241ps
ローランド25周年記念誌編纂委員会（1998）『Roland Symphony――ローランド25年の歩み――』ローランド株式会社、95ps
Tim Reiffenstein（2006）: Codification, patents and geography of knowledge transfer in the electronic musical instrument industry, The Canadian Geographer Vol. 50, No. 3, pp. 289-318.

岡田 知弘（おかだ ともひろ）　〔第４章〕
京都大学大学院経済学研究科教授。
1954年生まれ。京都大学大学院経済学研究科博士後期課程単位取得退学、経済学博士。
著書に『地域づくりの経済学入門』（自治体研究社、2005年）、『増補版 道州制で日本の未来はひらけるか』（自治体研究社、2010年）など。

植田 浩史（うえだ ひろふみ）　〔第５章〕
慶應義塾大学経済学部教授。
1960年生まれ。東京大学大学院経済学研究科第二種博士課程単位取得退学、博士（経済学）。
著書に『戦時期日本の下請工業』（ミネルヴァ書房、2004年）、『現代日本の中小企業』（岩波書店、2004年）など。

加瀬 和俊（かせ かずとし）　〔第６章〕
東京大学社会科学研究所教授。
1949年生まれ。東京大学大学院経済学研究科博士課程中退。農学博士。
編著に『わが国水産業の再編と新たな役割――2003年漁業センサス分析』（農林統計協会、2006年10月）、『失業と救済の近代史』（吉川弘文館、2011年）など。

山田 伸顯（やまだ のぶあき）　〔第７章〕
公益財団法人大田区産業振興協会専務理事。
1947年生まれ。早稲田大学政治経済学部政治学科卒業
著書に、『地域振興と産業支援施設』（共編、新評論、1997年）、『地域ブランドと産業振興』（共著、新評論、2006年）、『中国義烏ビジネス事情』（共編、同友館、2008年）、『日本のモノづくりイノベーション』（著書、日刊工業新聞社、2009年１月）、『グローバル化と日本経済』（共著、財務総合政策研究所、勁草書房、2009年７月）など。

西原 純（にしはら じゅん）　〔第８章〕
静岡大学情報学部教授。
1952年生まれ。東北大学大学院理学研究科博士課程後期中退、理学博士。
著書に『地図でみる日本の外国人』（ナカニシヤ出版、2011年、分担執筆）、『日本の地誌　７．中部圏』（朝倉書店、2007年、分担執筆）など。

【編者・執筆者紹介】

伊藤　正直（いとう　まさなお）　〔編者、序章〕
東京大学大学院経済学研究科教授。
1948年生まれ。東京大学大学院経済学研究科博士課程単位取得退学、経済学博士。
著書に『日本の対外金融と金融政策』（名古屋大学出版会、1989年）、『戦後日本の対外金融』（名古屋大学出版会、2009年）、『なぜ金融危機はくり返すのか』（旬報社、2010年）など。

藤井　史朗（ふじい　しろう）　〔編者、第８章〕
静岡大学情報学部教授。
1951年生まれ。北海道大学大学院教育学研究科博士課程中退、教育学修士。
著書に『労働世界への社会学的接近』（共編著、学文社、2006年）、『情報社会の見える人、見えない人』（共編著、公人社、2000年）など。

増田　正人（ますだ　まさと）　〔第１章〕
法政大学社会学部教授。
1960年生まれ。東京大学大学院経済学研究科第二種博士課程単位取得退学。
著書に『国際経済政策論』（編著、有斐閣、2005年）、『通貨危機の政治経済学』（編著、日本評論社、2000年）など。

矢後　和彦（やご　かずひこ）　〔第２章〕
早稲田大学商学学術院教授。
1962年生まれ。東京大学大学院経済学研究科第二種博士課程単位取得退学、パリ第10大学歴史学博士。
著書に『フランスにおける公的金融と大衆貯蓄』（東京大学出版会、1999年）、『国際決済銀行の20世紀』（蒼天社出版、2010年）など。

菊池　孝美（きくち　たかよし）　〔第３章〕
岩手大学人文社会科学部教授。
1952年生まれ。東北大学大学院経済学研究科博士後期課程単位取得退学、博士（経済学）。
著書に『フランス対外経済関係の研究――資本輸出・貿易・植民地』（八朔社、1996年）、『戦後再建期のヨーロッパ経済――復興から統合へ』（共著、日本経済評論社、1998年）など。

グローバル化・金融危機・地域再生〈21世紀への挑戦 2〉

2011年11月7日　第1刷発行　定価（本体2500円＋税）

編者　伊藤正直
　　　藤井史朗
発行者　栗原哲也

発行所　株式会社　日本経済評論社
〒101-0051　東京都千代田区神田神保町3-2
電話 03-3230-1661　FAX 03-3265-2993
info8188@nikkeihyo.co.jp
URL: http://www.nikkeihyo.co.jp
装幀＊奥定泰之　印刷＊文昇堂・製本＊高地製本所

乱丁・落丁本はお取替えいたします。　Printed in Japan

ISBN978-4-8188-2120-0